정훈교 작가가 엮는
산사의 풍경소리 ❶

정훈교 작가가 엮는

산사의 풍경소리 ①

해암

| 작가의 말 |

　어느 때 생긴 한 공간에서 허우적대며 헤어나질 못하는 그곳에 마냥 머물러야했다.
　그러다 나는 인생의 뉴턴이라 할 불가에 입문하게 된다. 생활불교를 익히고 우바새가 되고 나아가 세 해에 걸친 백팔순례 이래 산사를 찾아 나서고 이 책을 펴낸 지금까지 근 십 년이다. 전업작가가 돼 청빈함 속에 산사길을 걷고 글로 엮어야 한다는 사명감은 곤궁함을 감내해야했다. 정훈교 작가가 엮는「산사의 풍경소리❶」가 마침내 시중에 나오게 됨으로써 청빈함도 곤궁함도 다 보람의 바탕이었던 것이다.
　책 겉표지에 이렇게 표현했다. '금수강산 고찰을 찾아 나서 풍경소리를 들었다. 아주 미세했지만 산사의 그윽함에서 차츰차츰 나를 채우게 했다. 장장 십 년 해를 다하기까지 나 자신의 걸음을 산사에 풀어 헤치고 다시 주워 담았다.'
　산사의 풍경소리는 소리만이 아니라 나에게 나침판이었다. 그리고 장중함을 맛보았다. 그래서 지난 날들이 과거가 아니라 다시금 펼쳐지는 금생이라 말하고 싶다.
　글을 엮는데 있어서 오랜 날들을 필요로 한데는 정제되지 않은 자료들이 난무하고 있거니와 심지어 절에서 표방하는 실체도 올바르지 않음이 있어서다. 이 작가는 절의 역사나 설화와 전설 등을 티 없게 다루고 먼 훗날 사람들의 손에서 멀어지지 않는 양서차원에서 혼신의 힘을 다해 글을 썼다.
　불교의 설화 내지는 역사가 두루 담긴 일연스님의「삼국유사」를 절의 적재적소에 인용했으며 국립문화재연구소가 탁본한 비문 해석문 또한 인용했다.
　산사길을 걷던 때와 책을 펴 내는 지금의 시기에서 보면 마곡사, 부석사가 세계문화유산으로 곧 등재될 단계에 가까워졌다.
　화암사 극락전이 2011년 11월 국보316호, 불국사영산회상도 및 사천왕

벽화가 2013년 2월 보물1797호, 상원사 목조문수보살좌상·복장유물과 복장전적이 보물1811호와 보물1812호, 사성암일원이 2014년 8월 한국명승111호, 고방사 아미타여래설법도와 직지사 대웅전수미단이 2015년 3월 보물1854호와 보물1859호, 대원사 극락전 관음보살·달마대사벽화 또한 2015년 3월 보물 1861호로 각기 지정됐다. 서산 부석사 소유라하는 금동관음보살좌상은 2012년 10월 한국으로 들어왔다.

또한 2014년 10월 골굴사 원효성사화엄종 범종각 첫 타종이 있었으며 같은 해 10월 세조가 마곡사에 행차한 때 군왕대를 가리켜 가히 군왕이 날 자리라 극찬한 역사를 재현하는 마곡사 군왕대재가 처음으로 열리게 된 변화를 작가의 말에 담는다.

하나 더 월정사 석조보살좌상보물139호은 지난 11월 8일 국보문화재로 지정예고 됐다.

나와 함께 산사길을 나선 금보살과 좋은 연인가 싶더니 선운사 산중 찻집을 끝으로 삼 년을 넘기지 못하고 더 맞닥뜨리지 못했다. 나를 불교에 심취하게 했던 금보살이 지금은 크리스천이 됐다. 불심이 깊었던 그의 노모마저 얼마 전 만난 길거리에서 "교회 가는 길이다."는 모녀간의 한 움직임에 아연실색하지 않을 수 없다. 그러나 세월이 더할 때면 불심의 본디자리로 돌아올 수 있다.

이 작가는 여러 불교단체와 문학단체 회원의 한 사람으로 서로 어울려 산사의 풍경소리를 들었다. 그 가운데서도 조계종부산불자회가 가장 큰 힘이 됐던 것은 무언가의 깊이와 부처님의 가피를 내게 가득 주어지게 했듯 그러한 울타리가 오늘까지 쭉 잇게 했기 때문이다.

말머리의 '어느 때 생긴 한 공간'이란 지금은 두 아들의 어머니이자 시어머니요 할머니기도한, 나의 평생 반려자가 극락정토에 들고 부터다. 어언 십 년이다.

2016년 겨울
지은이 정훈교

추천의 글 ── 서 영 옥 (주)화인테크놀리지 대표이사·국립부경대학교총동창회 회장

「산사의 풍경소리❶」를 읽고
기꺼이 추천의 글을 썼다

　산을 찾고 더욱이 고즈넉한 산사를 찾는다는 건 오늘날 우리들의 일상이라 할 수 있다. 더구나 웰빙시대 속 현대인들에겐 절실하리만큼 탁 트인 맑은 공간이 산사이기 때문이다.
　더는 '산사에 가면 우리나라 역사를 두루 살필 수 있다. 한국불교를 읽을 수 있다.' 세상 사람들의 흔한 얘기이듯 이를 스토리텔링으로 담아낸 정훈교 작가가 엮는「산사의 풍경소리❶」가 우리에게 바짝 다가선다.
　'춘마곡추갑사' 라 불리는 충남 마곡사를 시작으로 곳곳의 전통사찰을 계절의 맛을 더해 마치 쫀득쫀득한 참맛을 자아냈다는 나의 평이기도 하지만 누구나 공통된 평일 것이다.
　여기에서 비교적 딱딱한 느낌을 주는 종교적 관념에 치우치지 않고 사물 하나하나를, 역사 하나하나를 그러곤 작가가 바라보는 깊이를 '진선미' 차원에서 엮어진 글이었다.
　즉 진은 진실이라 할 차근하게 사실답게 접근한 창건역사나 한국불교사에서, 선은 선행 곧 절을 찾아 나선 실천궁행으로써, 마지막 미는 이를 바탕으로 독자에게 감동과 아름다움을 건네는 잘 조화된 작가다운 문장이기에 그렇다.
　좀 더 깊이 있게 들여다봄이다.
　산사의 풍광을 그려내는 것을 시작으로 그 절이 지닌 설화와 창건배

추천의 글

경, 왕조와의 관계에다 불교이념에 의해 나라가 지켜졌던 역사성이 심심찮게 이어주고 있다.
　물론 중생과의 불가분관계를 잇는 기도효험이 띄어 나다는 절도 그려 내고 있다.
　승려 일연이 쓴 삼국유사를 대체적으로 잘 안다지만 왕에서부터 고승은 물론 신비스럽고 기이하고 해괴한 부분 인용에서 단번에 읽어 내리는 속도감을 이어가게 했다. 연관성에서 흥미진진함 때문이다.
　가령 '신라의 화랑 구참공이 걷던 산길에, 구더기가 우글거리는 썩은 시체가 돼 뒹굴고 있는 혜공의 모습을 발견하고 한동안 비참해하다 말고삐를 성으로 되돌렸다.
　성으로 가는 시장가에서 몹시 취한 혜공이 춤을 추고 있다는 놀라운 이 내용과 다른 하나는 죽은 혜숙을 땅에 분명히 묻었는데 유유히 걸어가는 혜숙을 만난 사람이 이상히 여겨 무덤을 파보니 시체는 없고 짚신 한 짝만 달랑했다' 는 스토리의 더 해괴함은 혜공 이전 혜숙 이들은 시대를 뛰어넘는 하나의 몸이라는 데 있다.
　덧붙여 정훈교 작가가 「산사의 풍경소리❶」를 쓴 다른 이유도 엿볼 수 있다.
　유추해보면 부인을 잃고 혼돈된 자신의 삶을 산사에 접목시켜 나가는 내면들에서다. 읽는 이의 심경을 아리게 하는 데서 짙게 묻어난다.
　이러함에서 장장 십 년 동안 실천궁행으로 바닥을 다졌던 정 작가다.
　산사의 글을 쓰자면 생활불교 지식이 먼저이기에 불교공부에 매달리

추천의 글

고 우바새에 이르기까지 갖은 고행이 따랐기에 오늘날 이 책을 펴낼 수 있었다는데 다들 하나같은 공감이다.

한편 부인이 세상을 뜬지도 몇 달이면 만 십 년이라는데 이동안 자신의 허망함을 책에 쏟아 부은 셈이 아닐까 여겨진다.

주로 스님에 의해 산사의 글을 접하게 된다.

대중작가가 산사를 배경으로 한 권의 책을 낸 예는 흔하지 않다. 그럼에도 정훈교 작가가 엮는 산사의 풍경소리는 앞으로 연작으로 발표된다는 것이다.

곧 산사의 풍경소리 2권에 거는 기대도 큰 만큼 나는 추천의 글에서 불자를 떠나 모든 이가 꼭 정독해야 한다고 강조한다.

머리맡에 두고 손닿는 대로 즐겨 읽는 책으로 추천하는 것이다.

추천의 글

김 창 식 시인·수필가

작가다운 글 맵시가 돋보인
「산사의 풍경소리❶」에 젖었다

　정훈교 작가가 엮는 「산사의 풍경소리❶」를 독자들에게 추천함에 있어서 나의 첫 언급이다.
　'산사의 풍경소리' 제목부터가 서점에서든 책을 뒤적이는 손끝을 끌어당기게 한다. 아주 자연스럽게 목차에 눈이 가는데 우리나라 곳곳의 전통사찰이 눈에 쏙쏙 든다.
　무엇보다 절의 특징을 간결한 부제로 달아 책의 대체적 줄거리를 엿보게 함으로써 내용 읽기로 잇게 하는, 말하자면 독자와 작가 간의 교감을 먼저 나눈다는 표현이 적절하겠다.
　이렇게 하여 독자도 글 속에서 정훈교 작가를 따라 산사의 풍경소리를 함께 들으러 나서는 것이 된다. 계절 따라 계곡 물에 발 담군 여유로 산새소리를 듣고 단풍을 즐기고 눈 산에 흠뻑 빠져보기도 하는 자연의 정취를 마음껏 주워 담는다.
　그러다 깊숙한 산중의 산사에서 은은하게 흘러나는 풍경소리를 듣고 마침내 절간을 두루 돌아 법당에 든다.
　책 속에서 충남정신문화의 중심사찰이라 하는 마곡사를 시작하여 금수강산을 몇 바퀴 돌아 해를 머금고 있는 천혜의 도량 여수 향일암에 이르게 된다.
　우리들이 산을 찾고 절을 찾아 나서지만 거개 순간일 뿐 오래도록 지

추천의 글

니고 있지 못하는 건 순간이 지나면 쉽게 스러져 버리기 때문이다.
　반면 그 절의 창건과 관련한 바탕에서부터 소소하고도 사실다운 전설이라든지 역사적측면의 읽을 내용이 가득한 이 책으로 하여금 모두가 내내 내 것이 된다.
　「산사의 풍경소리❶」 요소요소가 감동 덩어리다.
　그중 괄목할만한 내용을 여기에 옮겨본다. 정 작가가 글 쓰는데 오랜 기간을 소요한 하나의 원인이 부정확한 자료가 난무함 때문이었다는 그것이다.
　한 예로써 미황사 창건과 관련한 우전국은 현재 중국 신장웨이우얼자치구인 허텐인데 미황사에서 '우전국은 지금의 인도'라고 잘못 인식하는데 있다.
　여러 절의 역사에서 잘못을 가려낸 일부분에 불과한 내용이다.
　이 책의 마무리가 되는 여수 향일암에 다다르면 자신도 모르게 불자는 불자대로 신도는 신도대로 한결 더 깊어진 불심에 있음을 느낌 받기에 충분하다.
　저마다 기도처에서 얻은 기도효험 또한 뚜렷할 만큼 자신에게 주어진 듯하다.
　또 하나의 언급은 정 작가의 대단한 열정을 말하지 않을 수 없다.
　전업작가라 하지만 하나의 책을 펴내고자 십 년을 투자하기란 쉽지 않다. 보통은 생각만으로 그치고 만다.
　그도 산사를 그리는 글을 쓰기 위한 지식을 갖기 위해 다년 간 생활불

추천의 글

교 속에 갇혀 공부에서부터 정 작가가 기획하는 의도를 시작부터 지켜본 나로서도 의아해했었다.

오랫동안 나와의 연분에서 줄곧 지켜본 가운데서 정 작가는 의지가 분명했다.

작가인 나도 반평생 전국의 명산을 헤집듯 두루 찾아 여러 권의 책을 냈지만 그러기에 정 작가의 산고를 누구보다 더 잘 안다.

「산사의 풍경소리❶」 표지에 적은 '금수강산 고찰을 찾아 나서 풍경소리를 들었다. 아주 미세했지만 산사의 그윽함에서 차츰차츰 나를 채우게 했다. 장장 십 년 해를 다하기까지 나 자신의 걸음을 산사에 풀어헤치고 다시 주워 담았다.' 이 하나만의 심중에서 독자의 심금을 한껏 고조시키고도 남음이 있다.

추천의 글을 쓰고자 300여 쪽의 장문을 정독하면서 십 년 동안 굴절하지 않고 오롯하게 정진한 정 작가의 열정을 다시금 들여다보게 됐다.

작가다운 글의 맵시마저 단연 돋보였다.

나의 추천 글 매듭은 이렇다.

이 책 「산사의 풍경소리❶」가 다양한 스토리텔링을 전개하고 있듯, 문장의 묘사를 전개하고 있듯 어떤 계층에 구분되지 않고 사랑받기를 바란다.

물론 불자에게는 반드시 읽혀져야 한다.

Contents

마곡사 춘마곡추 갑사 • 17
충남 정신문화의 중심 사찰
세 전설의 마곡사
힐링 공간으로 가득하다

신원사 공주 계룡산 • 23
가장 으뜸가는 산신기도도량
계룡산 아름다움의 극치를 한 몸에

갑사 추갑사의 파노라마 • 28
통일신라 화엄십찰의 하나로 번창
끝없이 펼쳐진다는 단풍자락
한국불교의 요람 갑사

운주사 화순 천불산 • 33
미완의 불가사의 천불천탑
야산분지를 길게 안은 운주사에 매료

쌍봉사 화순 계당산 • 38
오롯한 대웅전 역사
명부전 벽면 지옥이야기

대원사 보성 천봉산 • 43
창건주 아도화상에 대한 고찰
열반종의 8대 가람으로 크게 발전 돼

석굴암 군위 팔공산 • 50
아도가 불법을, 원효가 삼존석불 모신 석굴암
아도굴과 오도굴의 유래
주지스님의 고행으로 오늘의 석굴암 이뤄

동화사 대구 팔공산 • 55
불간자 떨어진 곳에 세워져
팔공총림 동화사
승시축제 등 수놓은 가을 만들어

은해사 영천 팔공산 • 60
경북의 대표적 사찰이자 천년고찰
팔공산의 정기로 가득 찬 미타도량

태고사 금산 대둔산 • 65
도천 스님은 태고사를 일으켜 세웠다
대둔산 낙조대 아름다움 다 지닌 절

안심사 완주 대둔산 • 70
산중 고요에 싸인 적멸보궁
전설의 쌍바위와 지장암 따라

화암사 완주 불명산 • 75
국보 극락전은 외롭지 않다
창건이야기를 소리 없이 듣는다

고견사 거창 우두산 • 82
세 볼거리와 자랑거리
의상봉에 올라 잠시 선정에 들다

도림사 곡성 동악산 • 87
천혜의 자연 속 도림사
연리지 사랑이 가득한 절간

태안사 곡성 동리산 • 92
동리산문의 본산 태안사
보물로 가득한 고찰

사성암 구례 오산 • 98
국가명승지가 될 사성암
천하제일 약사여래 기도도량

운흥사 고성 향로봉 • 103
까치밥 남긴 운흥사 정취 넘쳐
승병 넋을 기리는 영산대재
남해안을 한눈에 조망하는 향로봉

문수암 고성 무이산 • 108
문수보살이 나타난 문수암의 불가사의
남해한려수도가 가득한 절경

옥천사 고성 연화산 • 113
명수 100곳의 하나인 옥샘
화엄십찰의 하나였던 옥천사

부석사 영주 태백산 • 119
서방정토길 무량수전에 들다
선묘와 의상조사
부석사를 싸고 있는 천혜의 절경

축서사 봉화 문수산 • 125
축서사 안은 문수산 한 폭의 동양화
부석사의 큰집이라 한다
한량없는 무여 큰스님의 불사

각화사 봉화 각화산 • 130
3대 사찰의 하나였던 각화사
태백산사고 수호사찰이었다

금탑사 고흥 천등산 • 136
천연기념물 비자나무숲으로 감싸진 도량
화재 재난 속 오롯한 금탑사

능가사 고흥 팔영산 • 141
고흥10경 팔영산 자락 능가사
선녀 노니는 연못 둔 절간

보리암 담양 추월산 • 146
지눌이 날린 나무 매가 앉은 명당 터
부처의 깨달음에 이르는 수행의 길, 보리암
홍양이씨 충절이 깃들다

불국사 경주 토함산 • 152
한국 불교의 메카 불국사
유네스코 세계문화유산 불국사성전
아사달과 아사녀의 지극한 사랑

석굴암 경주 토함산 • 160
신라불교의 중심 석굴암
천신의 힘이 보태져 만들어진 석굴

오어사 포항 운제산 • 168
자네가 눈 뜬은 내 물고기
호반에 드리워진 오어사

김룡사 문경 운달산 • 174
문경 8경에 있는 김룡사
삼존불에서 발견된 복장유물

대승사 문경 사불산 • 179
하늘에서 불상이 떨어진 곳에 세운 절
영주 부석사 보물 한 점이 여기에 왔다

미황사 해남 달마산 • 184
중국까지 소문났다던 달마산 미황사
괘불재 및 그리고 미황사 음악회

백련사 해남 만덕산 • 190
백련결사로 고려8국사, 조선8종사 배출
차와 동백이 아름다운 만덕산 백련사

고운사 의성 등운산 • 196
고운사의 옛 모습을 그려본다
화엄·지장·교학·참회도량 고운사
최치원이 머문 고운사

Contents

기림사 경주 함월산 • 203
기림사 창건은 한편의 드라마틱이다
오랜 헌다벽화 여기듯 공양차의 음미를

골굴사 경주 함월산 • 210
우리나라 석굴사원의 요람
선무도의 총본산 골굴사

직지사 김천 황악산 • 216
한국불교 1600년이 살아 숨 쉰다
또 하나의 보물, 대웅전 수미단

고방사 김천 백마산 • 222
직지사와 나란한 고방사
보물선상에 든 아미타후불탱화

선석사 성주 선석산 • 227
세종대왕자 태실 수호사찰
조선왕실태실의 정기이은 태실기도도량

내소사 부안 능가산 • 232
기념물 내소사일원의 극치를 보다
서해 제일, 관음기도도량

선운사 고창 도솔산 • 238
매우 사실적인 창건설화
지장도량이자 미륵의 성지
추사 말년의 최고명작 백파비

개암사 부안 능가산 • 247
삼한시대 변한의 왕궁 터였다
변산4대 명찰의 하나

도리사 구미 태조산 • 252
신라 최초의 가람
우리나라 8대 적멸보궁에 들어

운문사 청도 호거산 • 258
비구니 청정도량 운문사
보양선사가 운문의 개산조였다

석남사 울산 가지산 • 266
울산시민의 휴식 공간
가장 규모다운 비구니 종립특별선원

인각사 군위 화산 • 272
삼국유사 민족성지
군위를 내세우는 중심에 선 인각사

유가사 대구 비슬산 • 281
일연스님이 반평생 머물렀던 곳
비슬산의 불교성지 유가사

월정사·상원사·중대사자암 오대산 • 287
오대산은 온통 문수성지
우리나라 최고의 종 보유한 상원사
5대 적멸보궁 중대 사자암
월정사의 시월은 오대산 문화축전으로 후끈

향일암 여수 금오산 • 307
해를 머금고 있는 천혜의 도량
기도효험 특별하다는 향일암

살핀 문헌 • 315
『산사의 풍경소리 ❶』 함께한 단체

정훈교 작가가 엮는

산사의 풍경소리 ①

해암

마｜곡｜사
춘마곡추 갑사

충남 정신문화의 중심 사찰

충남의 정신문화를 대표한다 할 전통과 불교의 문화가 잘 어우러진 사찰 마곡사는 널리 알려져 있다.

공주10경에 드는 만큼 '고즈넉한 절집 천년고찰 마곡사' 고유명사를 우리 스스로가 부여하는 것도 그만한 문화유산 가치가 있기 때문이다.

한국의 전통 산사 세계문화유산 반열에 드는 마곡사는 다른 7개 사찰과 함께 이미 잠정 목록에 등재됐다. 머지않은 날 세계문화유산 대열에 우뚝할 것이다.

절 길 닿기 바쁘게 마곡사를 스케치한다.

태화산 동쪽 산허리를 휘감은 마곡사를 '춘마곡추갑사라' 일컫듯 봄볕에 움트는 봄꽃들의 향연으로 그득하다고 하는데 여름 속에 묻어난 자태 또한 이에 버금하는 절경임을 한눈에 비쳐졌다.

고요한 산중을 일깨우는 잔잔한 계곡물 소리는 마치 가야금을 타는 소리와도 같다.

수려한 이곳 마곡사 절 길을 메우는 사람들 저마다 자연의 정취를 한껏 들이키는 모습은 역력하다.

세 해에 걸친 백팔산사길, 마곡사와 신원사에 이어 갑사를 찾게 되는 것도 이 같은 맥락에서다. 충남 공주 태화산과 계룡산에 앉은 고즈넉한 세 산사길에 들면서 한국불교 근간을 이저리 들여다본다. 예부터 우리나라를 보는 중국의 시각은 음주가무의 민족이라 했다. 이는 쌓인 한을 신명나는 흥으로 풀어냈다는 것으로 귀결된다.

한국불교가 왕실을 중심으로 처음 전래되면서 결국 호국신앙과 현세의 이익사상을 형성하면서부터 일반적인 대중 생활불교를 완성하게 됐다. 이를 반추해보면 토속적 숭배에서 높은 문화를 갖춘 불교를 받아들였던 것이다.

우리나라 불교는 일반적으로 삼국시대 고구려 소수림왕2년372년 때 처음 받아들여진 것으로 알려져 있다. 반면 중국 강남지방의 지둔도림314~366이 동진의 축법심을 고구려 고승에게 소개한 글이 있어 불교가 들어온 지가 372년 이전이라는 견해가 있기도 하여 또 다른 관심사다.

백제 불교의 시초는 침류왕 원년384년 인도 승려 마라난타가 진나라에서 들어오자 왕이 교외까지 나가 맞으면서 궁중에 머물게 하면서부터다. 그 이듬해 새 도읍 한산주에 절을 짓고 관에서 허가한 승려 10명을 둔 그때부터 백제불교가 시작됐다. 마곡사가 창건된 무왕 때에 부인과 함께 용화산으로 가다가 못에서 미륵삼존상이 떠오르는 걸 보고 부인의 원에 따라 미륵사를 창건했다. 무왕의 부인은 신라

진평왕의 셋째 선화공주라 전해진다.

또한 신라불교는 이차돈에 의해 불지펴진 내용 등으로 이어지는 사찰의 역사에서 엮어진다.

대한불교조계종 제6교구 본사에 걸 맞는 우람한 가람 마곡사다.

마곡사는 640년백제무왕41년 신라의 고승 자장율사가 창건하였다. 절을 완공하고 나선 설법에서 사람들이 빽빽하게 모여 들었다하여 마곡사라 하였다는 것과 신라의 승려 무염이 이 절을 지을 때 스승인 마곡보철을 기리는 뜻에서 마곡사라 하였다는 두 설이다. 더는 절을 세우기에 앞서 마씨 성을 가진 사람들이 이곳에 살았기에 마곡사라 하였다는 설도 따른다.

마곡사 창건 이후 신라 말부터 고려 초까지 약 일이백여 년 동안 폐사상태에 있어 한 때 도둑의 소굴이기도 했다고 전해지고 있다.

마곡사 중심법당 대광보전보물802호은 해탈문과 사천왕문과 함께 남북으로 일직선상에 놓인 게 특색이라 한다. 이처럼 일직선상으로 놓인 의미부터 궁금하다. 이 법당에는 부처의 몸에서 나오는 지혜의 빛이 세상에 가득하게 하는 비로자나부처가 있다.

천년고찰 마곡사는 보물급 중요문화재로 대광보전과 대웅보전보물801호, 5층석탑보물799호과 석가모니불괘불탱보물1260호이 있다. 이외 국립중앙박물관에 소장한 감색종이에 금박가루와 은박가루로 쓴 감지금니묘법연화경보물270호과 감지은니묘법연화경보물269-1호이 있다.

영산전은 대개 석가모니부처와 10대 제자, 16나한 혹은 500나한을 모시는데 유독 이 영산전보물800호은 한 가운데에 과거칠불과 그 주위에 1천의 부처를 모시고 있다. 과거칠불이란 석가모니 이전 이 세상에 출현했다는 일곱 부처를 말한다.

마곡사 19

영산전의 현판 글은 세조가 마곡사에 행차했을 때 직접 써서 내린 글이라 보더라도 마곡사의 비중 있는 역사를 가늠하고도 남음이 있다.

세 전설의 마곡사

아들을 낳게 해주는 대웅보전, 앉은뱅이를 걸어서 나가게 한 대광보전과 스님을 사모하던 끝에 그만 나무가 돼 버렸다는 세 전설로 하여금 천년을 넘나드는 마곡사를 더욱 짙게 풍겨준다.

먼저 '싸리나무 기둥을 안고 돌면 아들을 낳는다는 대웅보전' 뭔 말이냐고들 반문한다. 2층높이의 트인 공간에 우뚝하게 선 대웅보전 네 기둥이 아름드리 싸리나무란 데서 마곡사의 첫 전설이 비롯된다.

사람이 죽어 저승의 염라대왕 앞에 서면 "그대는 마곡사 싸리나무기둥을 몇 바퀴 돌았느냐?" 묻는다. 많이 돌았을수록 극락길이 가깝고 아예 돌지 않았다면 지옥으로 떨어지고 마는 가늠자였기 때문이다.

더는 아들을 두지 못했다면 싸리나무기둥을 안고 돌면 그 소원을 이룰 수 있었다하는가 하면 얼싸안고 한 바퀴 더 돌수록 여섯 해나 되는 수명이 늘어나는 전설이 오늘날까지 전해지고 있다. 그래선지 이 네 기둥은 하나같이 사람들의 손 때가 덧칠해져 윤기가 자르르하다.

지금도 대광보전에 깔려져 있다는 삿자리와 앉은뱅이가 걸어서 나오게 된 전설은 이렇다. 어느 날 앉은뱅이가 대광보전에 들어 나무껍질로 만드는 삿자리를 짜며 백일기도를 했다. 앉은뱅이 삶을 거두고 걸을 수만 있게 된다면, 그 자비광명을 얻게만 된다면 이 생을 넘어 세세생생 보시하는 삶을 살겠다는 맹세로 부처께 의지하는 동안 마침 백일이 되는 날 삿자리를 완성하게 됐다.

앉은뱅이는 지극정성 삿자리를 부처님께 올리고 비록 성치 않는 다리를 끌고 절을 올리고는 법당을 나왔다. 그런데 어찌된 일인가? 그가 걸어 나오고 있는 게 아닌가? 자신을 전혀 의식하지 않은 채 그는 걷고 있었던 것이다. 아마도 파란하늘과 푸른 숲, 말없이 흐르는 마곡개울을 바라보며 부처님의 한량없는 자비로움이 그의 가슴 가득히 전율을 타고 흘려 내리고 있음을 피로써 느껴졌을 것이다.

나머지 세 번째 전설은 절간에 우두컨 한 나무 한 그루가 여인의 하체인 엉덩이와 다리처럼 보이는 형상을 두고 전해지는 말이다. 먼 옛날 어느 처자가 마곡사에서 수행하던 스님을 사모한 끝에 절에 몰래 숨어들기까지 했다.

순간 그 스님이 자기 방향으로 다가오게 되자 당혹해했던 처자는 나무에 몸을 숨기면서 어서 나무가 되게 해달라고 애원한 게 그대로 나무와 한 몸이 됐다는 게다.

전설의 나무 앞에 섰다. 나무에 얽힌 전설을 요모조모 뜯어보니 보기에 따라 그래도 보였다.

힐링 공간으로 가득하다

잠시 이곳 마곡사 계곡물에 발을 담그는 것으로 한여름무더위를 식히고 여유를 부린다.

충청도판 올레길로 명명되는 마곡사 솔바람길이 눈앞이다. 도심의 삭막함을 죄다 날려 보내고 최상의 심신을 치유할 수 있는 힐링 공간에 닿아 있다.

수백 년 된 아름드리 소나무 군락지가 나를 이렇게도 사로잡는단 말인가? 천연삼림욕으로 더없는 공간이다. 길 따라 오르면 심심찮게 은적암과 영은암, 토굴암이 반겨준다고 안내되고 있다.

　마곡사가 힐링 공간으로 불리는 건 이처럼 솔바람길 말고도 맨발 산책길인 솔잎융단길, 김구선생이 일본인에게 시해당한 명성왕후의 원수를 갚고자 1896년 일본군 장교 쓰치다를 살해한 뒤 이곳에서 은거생활을 하며 거닐었다는 솔바람명상길이 있다.

　불교문화유적길이라 하여 다비의식이 치러지는 다비장과 공원, 옹달샘, 성보박물관을 거쳐 마곡사 절간으로 드는 길은 불교적 건축양식과 공간미를 연출해 내는 아늑한 구간이다.

　마곡사에 봄이 깃들면 태화산의 사방으로 펼쳐진 심산계곡과 빼어난 자연경관을 한껏 드러내는 '마곡사 신록축제'를 공주시 차원에서 매년 펼치고 있다.

　우리가 백제문화하면 대체적으로 부여와 공주를 든다. 그 가운데 공주하면 마곡사를 꼽는 만큼 이번 마곡사 산사길은 정훈교 작가가 엮는「산사의 풍경소리」첫 사찰로서 독자 또한 이러한 의미에 바짝 다가설 것이다.

신|원|사
공주 계룡산

가장 으뜸가는 산신기도도량

마곡사에서 자동차로 한 시간 가량 달리는 거리에 신원사가 있다.
 내가 찾아 나서는 절 길은 이처럼 자동차가 아니라 김삿갓 마냥 발길 닿는 대로 걷고 밤이 되면 처소에 아무렇게나 등을 기대는 그런 방랑길이었으면 더 좋지 않을까? 하면서도 금세 생각들을 거둬드린다. 내게 미친 환경이 못다 하기에 어디까지나 환상일 따름이다.
 공주 신원사는 산신기도 도량으로 알려져 쭉 이어지는 산길을 따르면서 으레 계룡산과 중악단을 떠올린다.
 계룡산의 기가 이 한 곳 중악단에 다 안겨져 있다는 파다한 소문에 우리나라 방방곡곡의 인파가 끊이지 않고 있다한다. 중악단에서 기도를 하면 한 가지 소원을 반드시 이룬다는 영험을 옆 사람들과 주고 받는다. 4대 명산의 하나이자 신성스런 산으로 이름난 계룡산의 신원사 경내에는 이 산사가 소유하고 관리하는 우리나라 최대 규모 산신각인 중악단보물1293호을 두고 있는 만큼 산신기도장으로 으뜸가는 절로 알려지는 원인일 게다. 기도의 효험은 물론이다.

조선시대 계룡산을 비롯해 묘향산과 지리산 등 세 악산을 신령이 있는 영산이라 여겼다. 그때부터 계룡산을 중악, 북쪽으로 뻗은 묘향산을 상악, 남쪽의 지리산을 하악이라 일컬었다. 통일신라시대에서 동악 토함산, 서악 계룡산, 남악 지리산, 북악 태백산 그리고 중악 팔공산을 오악이라 하여 그 시대의 상징적 존재이자 왕권의 버팀목으로 여긴 맥과도 같다.

당시 무학대사의 꿈에 산신이 나타났다하여 태조에 의해 중악단을 세우게 된 것이다. 따라서 1394년조선태조3년 처음 제사를 지내게 됐다는 설이다.

제사 또한 오랜 세월 나라에서 지냈다니 요즘과 달리 신의 가호를 얼마나 중요시했는가를 그 시대상황에 미루어 짐작케 한다.

계룡산에 얽힌 분분한 설화에서 산신제는 조선 태조와 깊다. 태조가 조선을 일으키고자 계룡산을 비롯한 국토 명산을 돌면서 기도를 했다. 계룡산 사연봉에 살고 있는 신모神母가 해몽에서 태조의 건국을 예언했다하여 신모를 위한 사당을 지었다하며 또 하나는 계룡산은 정씨 터이지 이씨 터가 아니라고 태조에게 가르쳐 주고는 홀연히 떠난 떡장수 할머니가 훗날 계룡산 신이었음을 알게 됐다.

조선시대 태조 이성계의 아들 태종에서부터 배불정책으로 돌아섰으나 태조는 독실한 불교신자였으며 선대부터 불교를 숭상했던 사실을 잘 이어받았다.

정도전과 조준 등 개국공신과 유생들마저 불교를 배척하는 주장을 폈으나 태조는 이를 받아들이지 않았다.

태조 원년1392년에 무학자초를 왕사로 봉하는가하면 승려 200여 명과 궁중에서 함께 공양했다. 제위 3년에 천태종 고승 조구를 국사로 삼았으며 6년에는 조계선종의 본사가 된 흥천사를 세웠다. 왕의 마지막해가 되는 7년에 강화 선원사에 있던 대장경판을 지천사로 옮겨 보존케 했다.
　스스로 송헌거사라 한 태조는 왕위를 떠난 뒤에 염불로써 잡념을 없애고 부처의 진리를 보게 되는 염불삼매로 만년을 보냈다.

　주목할 다른 하나는 중악단이 사찰 경내에 있으나 사찰과는 별개인 국행제의 처소였다는 게다. 즉, 나라에서 파견된 관리에 의해 국가수호신으로 추앙하는 계룡산 산신에게 나라의 안위를 비는 제를 올렸던 것이다. 중악단은 일종의 산신각으로 계룡산 산신을 모시는 제단이다. 오늘날 중악단 산신대제는 신원사에 의해 매년 음력 3월 16일 불가식으로 올리고 있다.
　한 때는 영산이자 명당으로 알려진 이곳 계룡산 계곡마다 무속신앙인 굿당과 신흥종교가 무수히 우글거렸다한다. 현대시대의 정책에 따라 그 자취가 점차 사라지고 본래의 명산 모습을 찾게 됐다는데 참으로 다행으로 여겨진다.
　신원사 중악단에서 산신을 모신 차원의 삼성각을 여러 절에서 볼 수 있다. 대개 이 삼성각에는 산신각을 포함하여 독성각, 칠성각 삼신을 모신다.
　좀 더 깊이에서 보면 자연신 숭배에서 높은 문화를 갖춘 불교를 수용하는 과정에서 토속신앙이나 민간신앙을 습합했다는 것이다.
　즉 이질적인 신앙을 불교가 포용한 것이라 하는데 반면 이를 두고

"무속적인 산신과 칠성을 신성한 절에서 내몰고 석가모니불만을 봉안해야 한다." 한국근대불교를 주창한 한용운이 조선불교유신론에서 이처럼 강조했음을 보면 현대사회 속 우리들의 생각은 어떤 식으로 회자될까.

이처럼 신원사의 내면들을 짚어보는 가운데 절 어귀에 이르자 "벌써 왔구나" 뱉어지는 한마디다.

신원사가 '기도 도량이란' 이는 기대만큼 내게 신의 가호가 다 주워 지기를 바라는 마음은 간절하다.

신원사가 산신기도 도량으로써 효험이 있다는 실감이 넘쳐났다.

밤을 지새가며 기도하려고 빼곡히 몰려드는 사람들 틈에 끼여 하나의 소원은 반드시 들어준다는 불당에 들어 나도 촛불을 밝혔다. "신이시여 바라옵건대 제게 기를 가득 주시고 내가 가고 있는 매끄럽지 못한 길을 터주시고 온갖 흙탕물이 맑은 청정수로 이루어지게 해 주시옵소서" 이 속세의 난무함을 산신께서 거두어서 내 가는 길이 편편하기만을 바라는 기도였었다.

호랑이를 옆에 끼고 앉은 중악단 산신은 붉은색 도포에다 머리를 위로 틀어 올린 형상으로 조선의 국가 이념인 유교의 가부장적 관념이 강조된 것임을 떠올린다. 이는 산신을 남성으로 비추는 데 비해 달리 민간에서는 산모나 할머니 형상으로 나타내고 있다하여 더욱 눈여겨봄직하다.

계룡산 아름다움의 극치를 한 몸에

신원사는 백제 말기인 651년_{백제의자왕11년} 고구려 국사 보덕화상이 백제로 오면서 창건하였다고 비교적 정확히 전해진다.

그 뒤 폐허가 됐다가 신라 말에 이곳을 지나던 도선신라말의 승려에 의해 중창되었다. 그 후 고종황제와 명성황후를 모시는 서원으로 재건된 것을 계기로 근래부터 매년 시월이면 고종황제 명성황후를 기리는 추모천도재를 신원사가 나서 올리고 있다.

중요문화재로 보물인 중악단과 노사나불괘불탱국보299호이 있다.

현재 불사에 든 1250분의 관세음보살 조성을 시작으로 머지않아 관세음부처도량으로 거듭날 거라는 훈풍이 절 마당에 가득했다.

부속암자로 660년 역시 의자왕의 명으로 창건된 고왕암으로 발길을 돌려봐야 겠다.

앞에서 살폈듯 계룡산의 계룡은 닭이 훼치고 용이 꿈틀 댄다는 의미를 지닌 자고로 신기한 기운이 흐르는 산이다.

이렇듯 신원사는 뛰어난 수려한 산세에다 봄부터 가을까지 수많은 꽃들로 둘러싸인 천혜의 숲이란 느낌은 이 절에 머무는 내내 코에 스미는 온갖 향기가 물씬함에서다. 무려 300년이 넘은 고목의 벚꽃과 600년이 넘은 배롱나무 그리고 즐비한 노송들로 하여금 말없이도 신원사의 천년이 넘는 역사를 고찰케 하고도 남음이 있다.

하루 가운데 해가 서녘일 때면 은빛물결 자태를 한가득 자아내는 대웅전마당가에 푸르른 잔디바닥을 디디면서 이런 생각을 쏟아낸다.

"나는 마곡사와 갑사에다 신원사를 한데 묶는 첫 풍경소리를 이 계룡산과 태화산에서 시작하길 잘했다"

대웅전 법당을 향해 합장을 하곤 발길을 되돌린다.

갑 | 사
추갑사의 파노라마

통일신라 화엄십찰의 하나로 번창

이어 계룡산 남쪽에 있던 신원사와는 비켜선 서편기슭의 갑사에 다다랐다.

나는 이처럼 절길에 들면서 미리 가고자하는 절에 대한 지식을 살펴야했다. 갑사가 창건된 이야기꺼리가 깊음도 살핀 지식에서 얻을 수 있었으며 갑사가 또 화엄 십대사찰로도 비중이 컸다는 것도 헤아리게 됐다.

먼저 갑사 또한 명산이라 일컫는 계룡산에 있고 앞서 신원사에서 살폈듯 세 악산 가운데 중악에 관련된 얘기 또한 갑사에서 같다.

신라 최초사찰인 도리사를 창건한 고구려 승려 아도화상이 자기 나라로 돌아가는 길에 백제 땅인 이곳을 지나게 됐다.

때마침 산중에서 상서로운 빛이 하늘로 뻗쳐오르는 신기한 장면을 목격한 아도화상은 그곳을 찾아 천진보탑이 있었음을 발견하고 이때 그 자리에 지은 절이 갑사다.

때는 420년백제구이신왕원년이다. 이렇게 보면 오늘날 갑사가 수말사로 속한 마곡사보다 오히려 역사적으로 220년이나 앞섰고 신원사와도 230여 년이나 앞선 것을 알 수 있다.

여기서 천진보탑을 살펴봐야 한다. 석가모니가 입적하고 400년이 지난 무렵의 일이다. 인도를 통일한 아쇼카왕에 의해 부처의 법도를 온 누리에 펼치고자 동서남북을 관장하는 사천왕들로 하여금 부처의 사리를 마흔여덟 방향으로 봉안케 하였다는 것이다. 이때 북쪽의 비사문천왕에 의해 동방의 계룡산에 봉우리처럼 우뚝한 자연 바위에 봉안한 것이 지금의 천진보탑이다.

그 후 통일신라시대 의상대사가 천여 칸의 크고 작은 절간으로 꾸려진 갑사는 화엄도량으로써 불교의 맥을 이은 화엄십대사찰의 하나로 크게 번창하기 까지 했다.

화엄종은 화엄경을 근본경전으로 한 불교 종파의 하나이며 모든 우주 만물이 대립적인 존재가 아니라 파도와 물의 관계처럼 서로 조화롭게 포용하며, 본질과 현상이 다름이 아닌 상관관계를 가진다는 가르침이다.

역사가 살아 숨 쉬는 계룡갑사는 화엄십찰로써 뿐 아니라 임진왜란 때 승병장 영규대사를 배출한 나라를 지킨 절이다.

임진왜란을 겪으면서 승병의 총수였던 서산대사를 비롯해 사명대사, 서산대사의 제자 처영과 영규대사는 승병으로써 대표적 인물들이다. 임진왜란 때 나라를 지키고자 승병으로 나섰던 비중이 그만큼 컸던 것이다.

스님들로 구성된 조선시대의 비정규군대를 승군이라고 했는데 불교에서는 나라를 사랑하고 지키는 건 호국불교라 하여 당연시하였다. 유사시에는 거침없이 승군들도 전장에 출전했다는 것이며 이는 불교경전에서도 스님이라도 군사로써 허용했다는 것이다.

이처럼 영규대사는 금산에서 왜군과의 전투에서 승군들에게 "조금도 굽히지 않고 죽게 되면 죽는 것이거늘 어찌 홀로 살겠다고 하겠는가?" 크게 호통을 치고는 흐트러진 전력을 다시 가다듬어 사력을 다하다 안타깝게도 그 또한 전사하고 말았다.

이후 나라에서 가장 높은 불도를 닦은 격의 '대선사' 칭호를 추증하고 갑사에 표충원을 세워서까지 휴정 서산대사와 유정 사명대사, 영규대사의 영정을 함께 모셨다.

밀양 표충사에서 처영과 함께 영규대사의 향사를 지낸다.

최근에는 영규대사의 정신을 계승 발전시키는 목적으로 갑사 주도 아래 추모관을 추진하고 있다는 말을 들을 때 수많은 불자와 국민들로부터 죽어간 승병의 충절을 기려내는 도량으로 거듭나는데 대해 감사하기 이를 데 없다.

끝없이 펼쳐진다는 단풍자락

춘마곡 추갑사라 했듯 가을의 갑사는 과연 어떤 모습으로 우리에게 다가올까? 마곡사도 그랬고 신원사 또한 아름다움의 극치가 가득했기에 계룡갑사의 가을 그림을 제철 아닌 지금에서 그려보고자 한다.

무엇보다 고전문학연구자이자 수필가인 이상보의 대표작「갑사로 가는 길」에서 남녀와 금수 간에 경계를 초월해 신묘한 전설을 바탕으로 갑사의 아름다운 풍경을 함께 그려냈다. 갑사로 가는 길에 놓인 남매탑을 엮은 내용이다. 신라 선덕여왕 원년에 당나라 승려 상원대사가 이곳에서 움막을 치고 있는 어느 때 큰 범 한 마리가 나타났다. 아가리를 흔드는 범의 몸짓에 상원대사는 죽음을 각오하고 잇몸에 걸린 인골을 뽑아 줬다. 여러 날이 지나고 그 범이 처녀 하나를 물어다 놓고 가 버렸다. 그 처녀는 상원대사의 인격에 반해 부부의 인연을 소망했지만 끝내 이뤄지지 않았다. 결국 둘은 의남매가 돼 불도에 힘쓰다 서방정토에 드는 감동적인 남매탑의 이 수필은 우리나라 대표적 현대작품의 하나다.

　이렇듯 갑사가 자리한 계룡산 서편 자락으로 끝없이 펼쳐지는 짙은 단풍과 사방에서 우수수 떨어지는 낙엽은 산 찾는 나그네의 심금을 무한히도 울리게 할 것이다.

　과연 가을이면 갑사계곡에 발 디딜 틈 없는 인산인해일까? 혼잣말이다.

한국불교의 요람 갑사

　한국불교문화의 요람이라면 단연 갑사를 꼽는다. 삼신불괘불탱화국보298호와 철당간및지주보물256호, 부도보물257호, 동종보물478호, 선조2년간월인석보판목보물582호, 갑사석가여래삼세불도보물1651호 등 불교문화재가 다양함에서다. 선조2년간월인석보판목은 15세기 당시의 글자와 말뜻을 그대로 표현하고 있는 우리나라 최초의 불교대장경이어서 우리말 변천을 알 수 있는 매우 귀중한 자료라는 데 고개가 끄덕여진다.

　근데 이 귀중한 문화재로서 갑사만의 템플스테이 프로그램을 통해 탁본을 한다는 젊은 스님의 말에 당장 체험해 보고픈 마음을 일게 했다.
 나는 이번 절길에서 우리나라 불교의 근간을 뒤적여 보았다.
 갑사의 역사가 1600여년이고 보면 이보다 약 50년 앞선 고구려 소수림왕 2년372년에 처음으로 불교가 전래 돼 한국불교가 시작되었다는 것은 앞의 마곡사에서 봤다.
 당시 우리나라의 전통신앙인 삼신사상과 자연숭배사상 등 토속문화에서 높은 문화를 갖춘 불교를 쉽게 받아들일 수 없었던 것은 익숙하지 못한 외래 종교였기에 그랬다.
 또 중국에서부터 불교가 고구려에 처음 전해 질 즈음은 일반 백성들이 아닌 왕실을 중심으로 하는 귀족들의 신앙이었기 때문이다.
 그로부터 점차 백성들에게 전파되기 시작하는 불교가 되었으며 따라서 신앙생활을 영위할 구심점인 사찰을 세워갔던 것이다.
 불교가 우리나라에 처음 전래된 이래 현존하는 가장 오래된 절은 381년소수림왕11년 아도화상에 의해 창건한 강화도 전등사라 알려져 있다.
 반면 그 소재를 알 수 없다는 375년에 세운 성문사와 이불란사가 한국불교의 최초 사찰이었음을 삼국유사에 적고 있다.

운│주│사

화순 천불산

미완의 불가사의 천불천탑

　화순 천불산 운주사 천불천탑하면 미완의 불가사의 전설에서부터 시작한다. 조상 대대로 와불이 일어나는 날 새 세상이 열린다는 말이 전해오지만 천년이 넘나들도록 와불은 일어나지 않았다.

　운주사나 천불천탑만큼이나 설화가 분분한 예는 그다지 없을 성싶다. 많은 사람들의 입에서 운주사처럼 신비롭고 해답 없는 궁금증을 자아내는 절이 또 있을까다. 수많은 불상과 탑이 왜 여기에 세워졌는지 미심쩍음은 하나같다. 이는 창건문헌이 없는데다 동국여지승람 능성현조기록에서 석불석탑의 유래만을 전해오기 때문일 게다.

　운주사 천불천탑의 창건설화는 이렇다. 통일신라말의 승려이자 풍수지리의 대가 도선국사가 우리나라 지형을 배 모양으로 관측했다.

　태백산맥이 있어 동서가 고르지 못한데다 동으로 기운 국토의 정기가 일본으로 새어나간다고 봤다. 도선은 이를 막고자 상대적으로 기운 전라도 땅 운주사 터에 천불천탑을 세워 균형을 맞추고자 했다. 덧붙여 동해안인 관동지방, 영남지방은 태백산맥으로 산이 높아서 무겁게 비유하여 안정감이 있다고 봤다.

　반면 호서호남지방은 평야가 많아 가벼이 보았고 이마저 동쪽으로 기울어져 나라가 평안치 못한데다 항상 변란이 잦았다고 본 것이다. 때문에 호남 땅 운주사 터에 탑을 많이 세워 돛대를 삼고 부처로써 짐을 많이 실어 놓으면 배가 균형을 잃지 않을 뿐더러 천불은 사공이 돼 나라의 안녕을 가져 올 것으로 믿었다는 데서다.

　이 실현을 위해 도선은 이곳에 절을 짓고 도력으로 하늘의 석공들을 불러 새벽을 여는 첫 닭울음소리가 나기 전 불과 하룻밤 사이에 천불천탑을 세우기 시작했다. 도선은 혹 시간이 부족하여 다 마치지 못함을 염려한 나머지 아무도 모르게 절 서편의 일괘봉에 해를 잡아매 놓기까지 했다.

　첫닭이 울면 석공들은 하늘로 돌아가게 돼 있기에 일은 빠르게 진행 돼 조각한 불상과 석탑이 거의 마무리 단계에 있었다.

　일마무리가 다 돼 가는 것을 본 도선은 잡아둔 해를 풀어 놓았다. 마침 절 뒤에 있는 공사바위에서 돌을 날라주던 동자승이 일을 하기 싫어 그만 '꼬끼오' 첫닭 울음소리를 내고 말았다. 이 울음은 운주사에서 잔심부름을 하는 동자승이 낸 울음소리였는데 이를 알 수 없는 하늘의 석공들은 마지막 작업이었던 와불을 마저 일으켜 세우지 못하고 그만 일손을 놓고 한순간에 하늘로 가 버렸다.

　그때까지 완성된 탑이 하나 모자랐고 하나의 불상도 누운 와불이고 말았다.

　화가 난 도선은 동자승을 머슴불로 만들고 "와불이 일어나는 날 새로운 세상이 올 것이다." 한마디 남기고는 사라졌다는 것이다.

　나름에서 보면 와불이 일어나는 날 새로운 세상이 올 것이다, 온 세상 사람들에게 미래로 가는 길에 희망을 싹터주는 메시지를 담고 있는 게 아닌가? 싶다.

　그래서 천년이도록, 앞으로도 영원불변의 운주사 천불천탑은 미완의 불가사의로 남는 것이다.

　여기에서 와불과 관련한 황석영의 대하소설「장길산」의 배경이기도 한 운주사의 전설이 근래 뮤지컬로 등장하기도 했다. 뮤지컬「얼씨구나 벌떡 와불와불」줄거리로 엉뚱하고 호기심 많은 소녀 단지가 자신의 소원을 들어 줄 와불을 일으켜 세우고자 운주사로 찾아가면서 벌어지는 이야기를 그리고 있다. 도선국사로부터 벌을 받아 머슴불이 된 동자승, 자신이 외계에서 온 돌이라고 믿는 칠성꼬마들과 단지, 이들 삼총사가 각자의 소원을 이루기 위한 극이다.

　달리 이곳 운주사 터를 여자의 음부형국으로 비유한다. 장차 임금이 나올 군왕 터와 같다하여 그 혈맥을 터놓기 위해 명당을 지키는 탑을 세우고자 도술을 부려 근처 30리 안팎의 돌을 모아 하룻밤 사이에 천불천탑을 세웠다는 간간히 흘러나는 다른 하나의 전설이다.

야산분지를 길게 안은 운주사에 매료

　임신한 처녀가 돌부처의 귀를 달여 먹으면 낙태가 된다거나 석불의 코를 달여 먹으면 임신 못한 부인이 임신이 된다고 하는 사람들의 미신에서 이곳 돌부처가 수난을 당했다는 재미난 말들을 떠올리면서 운주사 절 길을 든다.

모습이 다르고 표정이 다른 저마다의 불상들이 바위 밑으로 또는 그럴싸한 자리에 나란히 놓인 걸 보면 원래의 자리가 아닌 듯해 보였다. 이 역시 세파에 본디의 자리를 잃게 되면서 다시 놓여 진 모습일 수 있다.

갖가지 크고 작은 키와 몸집에다 홀쭉한 얼굴에 단순한 선으로만 그어진 눈과 입을 보면서 나의 키도 늘어났다 줄어지는 듯했고 눈과 입도 그렇게 인상지어보기도 했다. 분지에 흩어져 있는 돌부처들은 서너 뼘에도 못 미치는 자그마한 것들로부터 무려 10여 미터가 넘거나 그 크기가 매우 다양하다.

균형이 잡히지 않은 듯 평면적이면서 토속적인 느낌의 신체 구조를 띤 석탑이면서도 그 모양이나 무늬의 표현방식에선 매우 독특했다. 3층·5층·7층 등 층수도 다양하다. 공 모양의 원형탑이나 호떡 생김새의 돌을 올려놓은 원판형 탑을 보는 눈의 즐거움은 더해 갔다. 더러는 탑의 표면에 새겨진 기화학적무늬들이 눈에 띄기도 했다.

어느 하나도 귀중하지 않은 게 없다. 그 중에서도 우리나라에서 유일한 문화유산인 석조불감보물797호을 눈여겨 살핀다. 불감이란 불상을 모셔 두는 공간을 말한다.

두 석불 좌상이 판석을 사이에 두고 서로 등을 맞댄 이 석조불감은 높이 5미터 정도의 규모에 팔작지붕 형태로 만들어져 있다. 절을 오르는 길목에 이런 형태로 두 불상을 함께 모신 데는 상당한 의미가 있을 것이다.

할아버지부처 남편부처 아내부처 아들부처 딸부처 아기부처로 불리는 가족부처는 마치 우리 이웃들의 소박하고 친근한 삶을 잔잔하게 표현해 냈다.

이처럼 대웅전에 이르기까지 석불 군만도 6곳에 이른다.
여러 불상들로 한데 모여 있음은 비로자나불을 중심으로 하고 있기 때문이란 것도 이번 길에서 알게 됐다.
지금까지 둘러 본 보물 문화재인 석조불감과 9층석탑보물796호, 원형다층석탑보물798호을 비롯해 골짜기 가득한 탑과 불상으로부터 배어나는 돌 다듬는 징소리가 이 순간에도 은은하게 흐르면서 나를 파고든다.
칠성신을 신성시한 칠성바위가 인상적이다. 하늘의 북두칠성을 신앙의 대상으로 삼은 칠성신앙과 불교와의 습합과 혼융이라 하겠다. 앞서 신원사에서 살폈듯 칠성신은 인간의 수명장수는 물론 기우와 재물, 재능, 풍요, 평안까지 두루 껴안는 불교 안의 신앙이다.
이쯤에서 대웅전으로 방향을 틀기에 앞서 운주사 천불천탑 가운데 살아 숨 쉬는 와불이 있는 왼쪽 능선에 다다른다.
나란히 누운 두 불상을 세상 사람들은 부부 부처라 하듯 크고 작은 몸집과 바짝 붙어 누운 모습은 어쩜 금실 좋은 부부와 그토록 흡사할까? 대게 불상은 앉았거나 섰거나 하는데 역시나 미완의 불가사의 마지막 불상을 실감케 한다. 걸음은 다시 운주사의 용머리라 불리는 영귀산 8부 능선에 자리한 불사바위에 올라 자리를 튼다.
운주사 천불천탑이 시선 끝 산자락과 잘도 어울리게 굽어보인다. 도선국사가 천불천탑을 진두지휘할 때 이 바위 가장 중심자리를 지칭해 공사바위로 불려오던 그 위엄은 저 아래 장관과 맞닿아있다.

쌍|봉|사
화순 계당산

오롯한 대웅전 역사

전남 곡성 태안사에 있는 적인선사 혜철의 부도비에 적힌 쌍봉사의 창건이다. 혜철선사가 신라 신무왕 원년839년에 당나라에서 돌아와 쌍봉사에서 여름을 보냈다는 내용으로 봐서 적어도 쌍봉사의 창건시기를 이즈음 이전으로 보고 있다.

당나라에서 귀국한 철감선사가 쌍봉사에서 선풍을 펼쳤다하여 절의 앞과 뒤 두 산봉우리를 따 철감선사의 도호를 쌍봉이라 하였으며 절 이름 역시도 쌍봉사라 하였다는 설이다. 철감선사는 이 절에서 선문구산의 기초를 닦았으며 선풍을 이어받은 징효가 오늘날 영월의 법흥사예전 흥녕사에서 사자산문을 열었다.

전해지는 쌍봉사 창건설화에서 보면 철감선사가 창건한 것으로 보나 다음은 다르다. 즉 쌍봉사 절터에는 만금의 부자가 살고 있었다. 철감선사가 이곳을 관망해보니 뒷산은 사자가 누워있는 형상이요 집

터는 범선의 형상이었다. 철감선사는 만금의 부자에게 이를 알리고 그곳에 절을 세우게 했다.

이 지역의 형국이 범선의 모양을 띠고 있기에 당간 대신 높은 3층 석탑을 세웠다. 범선에 돛을 단 형상을 하게 만들고 뒷산에 우물을 파 선객들의 수도처로 정하니 스님들이 구름같이 모여 들었다.

쌍봉사의 절 이름에도 두 가지 유래가 전한다. 하나는 앞서 쌍봉사 측에서 말한 철감선사와 관련한 것이다. 다른 하나는 과히 명산이라 할 산의 한 갈래가 왼쪽으로 에워싼 형태로 우뚝하게 솟아 있어 마치 남북의 두 봉우리가 예를 갖춰 서로 마주보고 있다하여 붙여졌다는 것이다.

쌍봉사는 적잖은 중요문화재로 철감선사탑국보57호과 철감선사탑비 보물170호를 두고 있다. 시호가 철감인 도윤은 만년에 설악산에서 쌍봉사로 와 머물다 입적했다.

절 입구 일주문을 들어서면 곧바로 눈에 드는 3층 목조전각이었던 쌍봉사 대웅전보물163호이 있었다는 건 우리가 너무나 잘 아는 사실이다. 안타깝게도 1984년 촛불화재로 소실됐다.

이 대웅전이 목탑형식으로 된 법주사 팔상전과 금산사 미륵전과 같이 중요한 건축물이었다는 걸 알고서 그 여운에 한동안 젖었다. 건물 구조가 3층으로 층마다 단칸방으로 지어진 통일신라시대 양식의 탑형 건축물이며 원래 형체로 복원했다는 현재의 대웅전에서 원 모습을 상상해 볼 수 있으나 보물로서의 귀중을 지니지 못한 아쉬움은 못내 크다.

"비록 불에 타 본디 대웅전을 볼 수는 없으나 쌍봉사를 즐겨 찾는 관광객이나 신도들 눈앞에 선명하게 남아있다." 그렇다. 사라졌다기

보다 그 역사를 더욱 오롯하게 하고 있다. 어느 때나 쌍봉사에 발길들을 들이면서 마음 한 가운데 지니는 너와 나의 가짐이다. 불타기 이전인 1962년 보수하던 중 나온 상량문에서 이 대웅전의 원 이름은 삼층전이었다한다.

대웅전 뒤 왼편으로 대숲따라 오르니 신라 말에 건립됐다는 철감선사탑을 만나게 된다.

신라 때의 양식을 보여주는 것으로써 다른 석조부도와 같은 팔각원당형으로 이루고 있다. 당시 다른 탑들보다 부위마다 조각이 우수하며 아름다울 뿐만 아니라 가구수법을 정교한 목조건축의 양식을 그대로 구현하고 있다.

이 탑은 신라 경문왕의 어명을 받들어 세운 당대 최고의 걸작이라고 하는데 여기엔 이런 이유가 있는 듯싶다.

철감선사가 금강산에서 후학들을 지도할 때 임금의 신분이었던 신라 경문왕도 그에게 귀의하였다. 즉 철감선사에 의해 부처의 가르침을 깊이 깨닫고 의지한 지난날을 기려서 받든 때문일 지다.

쌍봉사는 불교가 억압받던 조선시대 때 성종 연산군 숙종 경종 영조 왕실로부터 끊임없는 하사품을 받았다. 이전 세조 3년1457년에는 쌍봉사에 토지와 노비를 내리는 능성 쌍봉사 감역교지보물1009호를 내리기까지 했다. 이 보물은 현재 동국대학교도서관에 소장돼 있다.

경내를 두루 돌아 지금에는 그 모습이 보이지 않는 자리에 고려시대 명종 때 김극기 문인이 지은 '쌍봉사 삼청각에서 읊다' 싯귀에 젖는다.

시내사이로 멋들어지게 지은 다리누각이여/ 삼청이라는 글씨만 봐도 눈이 상쾌하구나/ 못에 비친 달은 고기들의 맑은 거울이요/ 구름 걷힌 산봉우리 학은 둥지를 사랑하네/ 금빛들에 머문 안개는 항상 서기를 드러내고/ 옥빛계곡에서 부는 솔바람은 언제나 차가워라/ 난간에 기대어 처마 아래 흐르는 물 다시 보니/ 낙화도 뜻이 있는지 잔물결 따라 좇아가네

명부전 벽면 지옥이야기

명부전 벽면에 그려진 지옥이야기다.

어느 종교든 선을 추구하는 데는 매 한 목소리다. 불교에서는 심신의 괴로움이 없고 다만 즐거움만이 있다는 극락세계와 그 반대의 세계가 지옥이다. 그동안 지옥이란 말만을 들어왔을 뿐 지옥에 떨어지면 벽화에 나타난 그림처럼 그 끔찍한 죄 값은 상상조차 못했다.

실상을 살피면 이승에서 죄를 지은 사람이 죽으면 반드시 염라대왕 앞에 나가서 재판을 받게 된다는 건 평소에 듣는다. 사바세계에서 지은 죄질에 따라 층층의 지옥에 떨어지게 되는데 그때 거짓말을 하려해도 이미 소용이 없다.

염라대왕 앞에는 시간과 공간을 초월한 원하는 대로 모든 장면을 보여주는 요즘으로 말하면 폐쇄회로티브이와 같은 업경대라는 거울이 있어서 죄인이 지은 죄의 현장이 거울에 생생하게 나타나기 때문이다. 재판의 결과에 따라 굶주린 뱀들이 우글거리는 침침하고 어두운 곳으로 무자비하게 죄인을 떠밀어 넣는다. 비명을 지르며 살려달라고 애원하는 죄인의 모습이 처절하기까지 하지만 머리에 뿔이 달린 지옥의 옥졸들은 인정사정없이 형벌을 집행한다.

이 뿐 아니다. 유황불로 지글지글 달군 커다란 가마솥 탕 속에 장대에 꿰인 죄인들을 거꾸로 치켜들어 머리부터 쑤셔 박는다. 살은 삶기고 뼈는 물러져, 몸 전체가 녹아 없어지면 밖으로 끌어내 다시 살게 한 다음 또 뜨거운 가마솥에 집어넣는다.

죄인의 머리와 몸 모든 곳에 커다란 못을 박아서 죄인에게 참기 어려운 고통을 주는 장면도 있다. 톱으로 죄인의 몸을 자르기도 한다.

흔히 남을 비방하거나 이간질을 하거나 욕설을 하는 등 말로써 죄를 많이 지은 사람은 재갈을 물리는 게 아니라 날름거렸던 그 혀를 갈가리 가는데서 부대끼는 고통을 준다. 지옥에서는 아무리 살려달라고 비명을 지르고 발버둥 쳐도 동정하거나 도우는 이가 없다.

지옥에서는 죽음이란 게 없다. 차라리 죽을 수만 있다면, 죽어 버림으로써 모질고 힘든 그 고통에서 끝날 수 있으련만 지옥의 옥고는 죽음으로도 끝낼 수 없다. 죽을 지경의 고통으로 까무러치면 다시 살아나게 해서 몇 번이고 반복하는 고통을 받게 한다.

사람들은 무서운 지옥의 이 형벌을 잠시 보기라도 한다면 결코 죄를 짓지 않고 선한 길로만 갈 것이다.

쌍봉사를 벗어나면서 대웅전에 봉안한 석가모니 제자인 가섭존자만의 특징적 미소가 자아내게 한 나의 눈웃음을 쉬이 지우려하지 않는다.

대|원|사
보성천봉산

창건주 아도화상에 대한 고찰

전남 보성 대원사는 503년_{백제무녕왕3년} 아도화상에 의해 창건됐다고 절 측 창건설화에서 밝히고 있다. 백제 고찰이자 1500년 호남불교의 역사가 깃든 절이다. 보성군내 구경하고 싶은 9경의 하나다.

경북 선산군 모례네 집에 숨어살던 어느 날 아도화상의 꿈에 봉황이 나타나 이렇게 말했다. "아도 아도 사람들이 오늘밤 너를 죽이고자 칼을 들고 오는데 어찌 편안히 누워 있느냐 어서 일어나거라" 아도 아도 소리에 깜짝 놀라 떠진 눈에 봉황의 날개 짓이 창밖에 선명하였다.

그길로 봉황의 인도를 받아 광주 무등산 봉황대까지 갔었는데 그곳에서 봉황은 자취를 감추고 말았다. 봉황의 인도로 목숨을 구한 아도는 석 달 동안 봉황이 머문 산을 헤매다 마침내 하늘이 봉황의 알을 품고 있는 형상의 국소를 찾아내기에 이른다. 그때 산 이름을 중봉산이라 부르고 죽원사를 창건했다는 역시 대원사 측의 설명에서다. 그 후 천봉산이라 하고 절 이름도 대원사라 했다.

여기서 삼국유사를 빌려 아도화상이 죽어만 가는 왕의 딸을 살려내 불교를 신라 땅에 뿌리내리게 한 이야기나 아도가 생존한 연대가 이해하지 못할 만큼 길거나 기록에 따라 다른 부분들을 살피고자 한다.

일연스님이 지은 삼국유사의 「삼국사기 신라본기 제4권」에서 '묵호자는 고구려 사람으로 역시 신라 땅 지금의 선산에 이르렀다. 이어지는 줄거리는 도리사와 관련된 것이기에 뒤의 도리사에서 잇겠다.

또 이렇게 적고 있다. '신라21대 비처왕제위479~500년 때에 승려 아도가 시자 세 사람과 함께 모례의 집에 왔는데 거동과 모습이 묵호자와 비슷했다. 그는 이곳에서 몇 년을 살다가 병도 없이 세상을 떠났다. 시자 세 명은 머물면서 불경을 강독했는데 가끔 신봉하는 사람들이 있었다.'

「아도본비」에서 아도는 고구려 사람으로 19살 때인 신라 미추왕 2년263년에 신라에 당도하여 불법을 전하려 했으나 세상에서 미처 들어보지 못한 망령이라고 여겨 심지어 아도를 죽이려고까지 했다. 그래서 아도는 지금의 선산 모록毛錄의록錄과 예禮의 모양이 비슷하여 생긴 잘못이다. 고기古記에 따르면 아도가 처음 모록의 집에 오자 천지가 진동했다고 한다 집에 숨었다. 이즈음 미추왕 3년에 성국공주가 중병에 들었으나 아도에 의해 병이 나았다. 매우 기뻐한 왕이 아도에게 소원을 물었고 아도는 "소승에게는 바라는 것이 없고 다만 천경림에 절을 짓고 불교를 크게 일으켜 나라의 복을 빌고자 합니다." 왕이 이를 허락하여 이때 지은 절이 흥륜사라 했다. 집을 짓고 불법을 가르치니 이따금 하늘꽃이 땅에 떨어졌다고 한다.

나중 미추왕이 죽자 나라 사람들이 아도를 죽이려고 해 다시 모록의 집으로 돌아와 스스로 무덤을 만들어 놓고 목숨을 끊어 그가 다시는 나타나지 않았다. 물론 불교의 맥도 끊어졌다. 이후 514년에 신라 23대 법흥왕이 제위에 오르자 불교가 흥성하게 된다. 아도의 어머니 고도녕이 "신라는 지금 불법을 모르지만 앞으로 3000여 달이 지나면 신라에 성왕이 나타나 불교를 크게 일으킬 것이라며 천경림을 비롯해 일곱 군데를 가르켜, 네가 그곳에 돌아가 대교를 전파하면 마땅히 이 땅에서 불교의 개조가 되리라" 예단하고 아도에게 말한 현실이 252년이 흘러 법흥왕이 제위에 오른 514년과 맞닿았다. 이로 본다면 고도녕이 말한 3000여 달이 적중한 셈이다.

이와 같이 살폈듯 삼국유사에서의 신라「본기」와 아도「본비」두 설은 서로 다르다.

이어 「고구려기」본기에서 고구려 소수림왕 2년372년 전진중국 오호 십육국 시대, 하나의 나라 부견이 승려 순도를 보내 불상과 경문을 보내왔다. 또 4년인 374년에 아도가 진나라에서 왔다. 이듬해 375년 2월에 초문사를 지어 순도를 있게 하고 이불란사를 지어 아도를 머물게 했다. 이것이 고구려 불법의 시초다.

「백제본기」에서는 백제 침류왕이 즉위한 384년에 인도의 승려 마라난타가 진나라에서 오자 그를 맞아 궁중에 머물게 하고 예를 갖춰 공경했다. 이듬해인 385년에 새 도읍 한산주에 절을 지어 승려 10명을 두었다. 이것이 백제 불법의 시초다.

이처럼 삼국유사에서 순도가 처음으로 고구려에 불교를 전하고 마라난타가 백제의 불교를 열고 아도가 신라불교의 초석을 다졌다는 기록이다.

대원사 45

여기에서 아도가 고비마다 머물렀던 선산 모례의 배경에 있어서 신라 미추왕 2년인 263년 때와 417년 즉위한 눌지왕 때와 시대적 차이가 많이도 난다. 그럼에도 담고 있는 묵호자 또는 아도와 모례 혹은 모록에 담겨져 있는 얘기 흐름은 흡사하다. 신라미추왕의 성국공주와 눌지왕의 딸 병을.낳게 한 아도와 묵호자에 대해서도 그 시기가 다르긴 해도 역시 얘기의 흐름은 하나같다.

가장 아이러니 한 것은 아도의 존재기간이다. 아도본비에서 보면 아굴마와 고도녕 사이에서 태어난 아도는 신라 미추왕 2년인 263년에 신라에 올 때 19살이었다. 소수림왕 4년인 374년에 아도가 고구려에 왔다.

417년 즉위한 비처왕 때에 승려 아도가 나타났고 나아가 고도녕이 아도에게 말한 3000여 달 즉 252년이 흐른 514년이 법흥왕이 즉위한 때고 다시 불교가 흥성하게 되는데 고도녕이 아도에게 '네가 그곳에 돌아가 대교를 전파하면 마땅히 이 땅에서 불교의 개조가 되리라' 한 그 시점이 바로 514년임을 앞에서 살폈었다.

아도의 나이 19살에서 역산해 보면 아도가 244년에 태어났다. 법흥왕 514년에 아도가 등장한 것으로 볼 때 무려 270년이나 된다. 대원사 창건시기 503년에 비춰서도 이 시기 514년은 설득력이 있다.

이 부분에서 삼국유사를 지은 일연스님이 개적으로 논한 내용은 이렇다. '순도와 아도 두 법사가 소수림왕 갑술년 375년에 고구려에 당도한 것을 분명하게 전제하면서 만일 비처왕 때에 신라에 왔다면 아도가 고구려에 백여 년 머물다 오는 것이 되는데 위대한 성인의 나타나고 사라짐이 평범하지 않다 해도 반드시 그런 건 아니다.

만약 미추왕 시대에 불교가 있었다면 고구려보다 백여 년 앞선다.

이때 계림에는 문물과 예교가 없었고 국호도 정해지지 않았는데 어느 겨를에 아도가 와서 부처를 받드는 일을 청했겠는가? 또 고구려에 이르지 않고 신라로 바로 건너뛰어 왔다는 말은 맞지 않다.

불교가 동방으로 점점 퍼지는 형세는 반드시 고구려와 백제에서 시작 돼 신라에서 그쳤다 하겠으며 신라의 눌지왕과 고구려의 소수림왕 시대가 서로 근사하기에 아도가 고구려를 떠나 신라에 온 것은 눌지왕417~458 시대가 합당하다' 는 결론이다.

이에 일연스님은 덧붙여 묵호자는 이른바 진짜 이름이 아니라 그저 나라 사람들이 아도를 지목하여 달리 부른 말일 것이라 했다.

열반종의 8대 가람으로 크게 발전 돼

대원사가 발전돼 가는 데는 고구려 보장왕은 도교를 받들고 불교를 박해하면서 많은 고승이 일본과 백제 땅으로 망명하던 때였다.

평양에서 수도하던 열반종의 보덕화상이 박해를 피해 전주 고달산으로 절을 옮겨와 가르침을 베풀었으며 보덕화상의 제자 일승이 대원사에 머무는 이때 열반종의 8대 가람이 되는가하면 고려시대에 들어 송광사의 16국사 원오국사가 대원사를 크게 키웠다.

점차 정토신앙과 참선수행을 함께하는 절로 발전된 것이다.

극락전을 중심으로 뒤쪽으로 물러나있는 황희정승 영각에서 보면 조선시대에 들어서는 유교를 받들고 불교가 배척받던 때였다. 황희정승은 1419년 남원으로 유배돼 있을 당시 보성 대원사를 참배한 적이 있다.

그 후 그의 넷째 아들이 보성 땅에 내려와 살게 되면서 선친과 대원사의 인연에서 황희정승 영각을 대원사 안에 세우게 됐다. 이 때문에 조선시대의 불교박해에서 벗어나고 지금까지 유구한 역사를 이어오고 있다.

대원사의 본당은 극락전이다. 중생을 구제하는 아미타불을 모시고 있다. 1948년 여수·순천사건 화재에서 대원사가 거의 폐허가 됐음에도 유일하게 이 극락전만은 불에 타지 않았다. 극락전에 있는 관음보살·달마대사 벽화가 머잖아 보물로 지정될 전망이다.

대원사하면 무엇보다 떠도는 어린 넋들을 기리는 태아령 천도를 들지 않을 수 없다. 오른 손에 아미타불을 지닌 석장을 짚고 왼손에는 동자승을 안고 있는 태안지장은 다음과 같은 불교 설화에서 유래한다.

'이승과 저승을 넘나드는 강이 흐른다. 부모자식 간의 인연이 두텁지 못해 어려서 죽은 갓난아이와 햇빛조차 보지 못하고 죽어간 핏덩이들이 함께 이 강가 모래밭에서 고사리 손을 모아 탑을 쌓고 있다. 부처의 공덕으로 이승으로 가는 강을 건너려고 고사리 손을 모아 돌 하나를 들고 어머니를 생각하며 다시 하나의 돌로 아버지를 떠올리며 탑을 쌓는다. 가까스로 하나의 탑이 완성될 때면 저승의 도깨비들이 나타나 호통을 치며 쇠방망이로 탑을 부숴버린다.

애써 쌓아올린 탑이 무너져 내리면 어린 영혼들은 그만 모래밭에 쓰러져 서럽도록 울다 지쳐서 잠이 들어버린다.

그때 눈물로써 나타난 지장보살이 옷자락으로 어린 영혼을 감싸 안고는 지금 이 순간부터 나를 네 어머니라고 불러라하며 이승으로 가는 강을 건너게 해 준다' 는 슬픈 이야기다.

반면, 재미난 얘기가 이어진다. 1974년 당시 대원사 주지스님은 고물상에게 2만원의 빚을 갚지 못한 나머지 절 안의 범종을 내주게 됐다. 고물상은 쇠톱으로 범종을 36토막으로 잘라 고물로 가져갔다. 훗날 그 쇳조각들은 다시 대원사 본사인 송광사 사자루 지하에 보관돼 오다 오늘에는 티벳박물관에 옮겨져 쇳덩이 원형대로 보존돼 오고 있다. 그리 오래지 않은 이야기여도 요즘엔 가당찮은 일일지다.

아미타불을 믿고 따름으로써 그의 나라인 극락정토에 태어나기를 염원하는 정토신앙의 도량인 대원사를 에워싼 일곱 개나 되는 연못에서 제각기 피어나는 연꽃은 가히 자랑할 만하다. 마침 개화기인 8월의 자태가 너무나 아름답다. 수련 또한 자신의 자태를 빼 놓을 수 없다며 앞 다퉈 얼굴을 내민다.

서른 종류가 넘는 수생식물이 이곳 연못에서 가득히 내뿜는 극락의 향기에 젖고 젖는다.

입구에 티벳불교의 예술세계와 정신문화를 잇는 1천여 점의 유물이 상설 전시된 대원사 소유의 티벳박물관으로 닿는다. 대원사 현장 스님과 티베트 불교의 최고 수장인 달라이 라마와의 인연에서 이 박물관이 건립됐다.

죽음에 들어 마지막 몸을 간직하는 체험용 칠성판이 박물관 한쪽으로 있었다. 너도나도 칠성판에 몸을 눕혀보는 행렬에 끼어 잠시 의식에 드는 명상에 든다. 뚜껑이 여지없이 닫히고 만다면 과연 받아들일까? 아! 아직 닫혀서는 안된다는 초조함 속에 벌떡 일어나고들 만다.

대원사의 유물 지장보살도 및 시왕도 일괄 보물1800호도 이곳 티벳박물관에 소장돼 있다.

봄이 될 때면 호남에서 가장 아름답다는 대원사 들목에 있는 시오리길 긴 그리운 벚꽃터널은 언제 내게 있으려는가?

석|굴|암
군위팔공산

아도가 불법을, 원효가 삼존석불 모신 석굴암

고구려에서 들어온 신라불교가 경북 선산 땅에서 점차 신라의 도읍지 경주로 가는 관문인 팔공산 자락에 꽃피워지면서 불교성지가 활발하게 펼쳐졌다.

절에 의하면 지금으로부터 1550년 전 신라 눌지왕417~458년 때 아도화상이 일명 아도굴이라 하는 이 석굴에서 수도하면서 불법을 전했다. 이후 신라 원효대사617~686년에 의해 삼존석불을 모시면서 신라불교의 근본도량이 됐다고 덧붙이고 있다.

아도화상이 여기에 머문 때로 보면 신라의 불교가 흥성하게 된 법흥왕514년 제위 이전으로써 불교가 핍박받던 때였다. 시대상황으로 볼 때 당시 아도화상은 모례의 집에 숨어 살았듯 이 석굴에 은거하면서 불법을 전한 게 아닌가 싶다.

팔공산 삼존석불은 700년 경 조성된 것으로 보고 있다.

원효대사가 삼존석불을 모신 이후 세월의 수난 속에, 적어도 수백 년을 자연에 묻힌 채 내버려진 삼존석굴이었다. 1927년 인근 한밤마을 주민 한 사람이 마을 앞 돌산꼭대기 소나무에 밧줄을 매고 뭔가를 채취하려고 절벽으로 내려가는데 수직으로 뻗은 소나무 틈으로 어슴푸레 보이는 석굴을 발견했다는 것이다.

당시 석굴 아래바닥에는 주춧돌이 발견 돼 오래전에 절이 있었던 것으로 짐작을 가능케 했다.

"이토록 무슨 연유로 인고의 세월을 다하도록 암흑에만 갇혀 있었단 말인가?" 삼존석불을 향한 두 손 모은 합장에도 시원스런 대답은 들리지 않는다.

발견된 이후에도 세상 사람들의 관심 밖이다가 비로소 1962년 국보문화재로 지정되면서부터 널리 알려지게 됐다. 바른 명칭은 군위 아미타여래 삼존석굴 국보109호이다.

20미터 높이나 되는 절벽허리에 있는 굴의 높이는 4.25미터, 굴 속 깊이는 4.3미터이고 바닥은 평면이다. 네모 번듯한 형상으로 천정은 한 가운데가 높고 사방주위가 차차 낮아지는 하늘 형상 자연적 동굴로써 매우 놀라운 작품이다.

기록에 따르면 가운데 아미타불은 삼국시대 불상에서 보이는 친근한 미소가 아닌 엄숙하고 위엄스런 모습을 드러내고 있다. 양 옆의 대세지보살과 관세음보살 또한 같다. 문화재 보호 차원에서 삼존석굴에 다가가지 못하게 봉쇄하고 있어 내내 아쉬움이 따랐다.

경주 석굴암은 751년 조성 돼 774년 완성 된 인공적석굴인데 비해 이 삼존석불은 700년 경 팔공산 암벽의 자연동굴에 만들어진 통일신라 초기의 석굴사원이다. 경주 석굴암보다 조성연대가 훨씬 앞선다고 문화재청 유물자료에서 안내되고 있다.
 따라서 팔공산 석굴암이 토함산 석굴암 조성의 모태였다고 하며 오늘날 석굴사원의 효시라고 일컫고 있다.
 경주 석굴암은 섬세하면서도 화려하여 유네스코 문화유산이 되었다. 이와 달리 팔공산 석굴암은 오히려 꾸며지지 않은 자연 그대로측면에서 나름의 가치가 크다 하겠다.

아도굴과 오도굴의 유래

 전해 내려오는 옛 이야기에서 보면 삼존석굴은 아도화상이 도를 닦았던 아도굴이었다. 팔공산 비로봉에서 서쪽 기슭으로 이어진 산허리 높은 하나의 절벽에 있는 아도굴에 이르고 또 한편으론 갈라진 산허리에 있는 청운대 서당굴이라하는 오도굴에 이른다.
 이 오도굴이 있는 지명은 지금은 남산이라 하지만 옛 적에는 대율곡리였다. 이 두 곳 다 경북 군위군 부계면에 속한다. 여기 신라불교의 원조인 아도화상이 도를 닦았던 아도굴과 신라불교의 중흥조였던 원효대사가 도를 닦은 오도굴과 상존해 오면서 한국불교의 큰 맥을 잇는 성지였다는 것이다.
 이어 원효대사가 태어난 마을 이름에서 전해지는 이웃 이야기를 해 본다.
 오도굴이 있는 군위군과는 가까운 지금의 경산시 자인면에서 원효대사가 태어났다. 때는 617년이다.
 친정집에 가서 출산하는 예전 관습대로 만삭의 원효대사 어머니가 새벽에 급히 친정 길에 들었으나 도중에 그만 큰 밤나무 아래서 해산을 하게 된다. 급한 나머지 남편의 옷을 나무에 걸어 놓고 아기를 낳았다하여 그 밤나무를 사라수라고 불렀다. 그 나무의 열매 또한 예사롭지 않았기에 사라율이라고 불린다.

야사에 원효의 어릴 때 이름은 서당이고 또 다른 이름은 신당이었다. 스스로 원효라 한 건 불교를 처음으로 빛나게 했다는 의미임을 삼국유사에서 볼 수 있다. '원효'란 이름 역시 방언이며 당시 사람들은 새벽이라 불렀다.

어느 날 꿈에서 별똥별이 품속으로 들어오는 임신에 이어 출산을 하게 되자 다섯 색을 띈 구름이 땅을 덮었다. 원효는 나면서부터 총명하고 특출하여 스승을 좇지 않고 혼자 터득했다.

밤나무 아래서 아이를 낳았다하여 동네이름마저도 율곡리라 하다 훗날 원효가 크게 깨달아 성인으로 다시 태어났다하여 대자를 붙여 대율곡리라 불려 졌다는 연유다.

원효가 태어나 인연 맺은 마을 이름을 불지촌이라 하였다. 출가하고 나서 살던 집을 내놓아 초개사라 이름 짓고, 태어난 나무 옆에 절을 세우고 사라사라 하였다는 삼국유사의 기록에 주목하여 오늘날 경산시 자인면에 있는 제석사가 곧 사라사라는 주장을 펴고 있다.

주지스님의 고행으로 오늘의 석굴암 이뤄

삼존석굴암이 국보로 지정될 즈음 당시 박정희 대통령이 찾아와 시주한 돈으로 굴을 오르는 계단을 만들고 길트기를 겨우 하게 됐다고 주지스님이 말문을 튼다.

그로부터 이십여 년이 지나서야 사찰복원사업이 탄력을 받아 선방, 산신각, 법당 등을 짓게 됐다.

　이렇게 이루기까지 법등 주지스님의 뼈아픈 고행이 따랐다는 말을 이어가고자 한다. 법등스님이 동화사에 있을 때인 1984년 김장준비를 위해 시골장을 가던 길에 삼존석굴이 궁금하여 들른 게 뗄 수 없는 인연으로 이어지고 말았다.

　석굴을 이리저리 둘러보고 돌아가려는 순간 주지스님이 나타나 자기 역할로는 이 삼존석굴을 지키기 어렵다고 법등스님에게 맡아달라고 간청했다. 이때가 바로 부처께 다음과 같은 약속을 한 직후였다는 것이다.

　석굴이 있는 바위산에 흙바위가 많이 달라붙어 사람이 다치면 큰 일이라는 염려에 법등스님은 부처께 절을 드리며 "지금은 저무는 가을이므로 내년 봄에 수리를 해 드리겠다."는 다짐을 했다.

　그로부터 빗물이 스며드는 낡은 절을 지키면서 간절한 마음으로 부처에게 빌고 빌던 어느 날 한 신도가 찾아왔다. 그는 부처님의 계시를 받는 꿈을 꾸고서부터 이 절을 일으키는 시주를 하겠다고 자청했던 것이다.

　법등스님 또한 이때부터 불사는 내 몫이라며 팔을 걷어붙이고 삽과 괭이로 땅을 파고 터를 다졌다. 이렇게 삼존석굴이 오늘날 군위군의 대표적 관광자원이 되기까지 했다.

　세인들이 삼존석굴을 2석굴암이라 하는 건 옳지 않다. 굳이 그 전·후의 말머리를 붙인다면 석굴의 효시인 팔공산 석굴암을 1석굴암이라 해야 옳을 것이다.

동│화│사
대구 팔공산

불간자 떨어진 곳에 세워져

대구 동화사 창건에 있어서 493년 극달화상이 창건하고 유가사라 하였다. 그 뒤 832년 신라흥덕왕7년 심지왕사가 중창하였는데 그때가 겨울인데도 절가에 오동나무 꽃이 만발하여 동화사로 고쳐 불러지게 됐다.

다른 하나는 삼국유사에서 진표율사가 영심에게 전했던 불간자가 다시 심지에게 건네져 그 불간자가 떨어진 곳에 세운 게 동화사다. 이처럼 두 설이 있다.

극달화상에 의한 창건은 신라가 불교를 공인하기 이전의 시기이고 법상종의 성격을 띤 유가사라는 절 이름에서 보더라도 납득하기 어렵다고 동화사에서 전제하고 있다. 따라서 심지의 중창을 실질적인 창건으로 보는 게 보통의 견해라는 동화사의 언급이고 보면 삼국유사의 기록이 자연스럽다 하겠다.

심지에 의해 창건됐다는 일연스님이 지은 삼국유사는 이렇다.

심지는 신라 41대 헌덕왕의 아들로 태어났으며 효성스럽고 우애가 다분했다. 타고난 품성 또한 맑고 지혜로웠다. 열다섯 살에 머리를 깎고 승려가 됐으며 지금의 팔공산에서 부지런히 불도를 닦았다.

속리산에 있는 영심이 진표율사의 간자 미륵보살의 수계를 의미하는 징표를 받아 참회중심의 법회인 점찰법회를 연다는 말을 듣고 심지는 여길 찾아갔다.

하지만 제 날짜에 도착하지 못했다는 이유를 들어 참여를 허락하지 않자 심지는 그곳 마당에 엎드려 참회하고 예배하였다. 이레가 되는 날 큰 눈이 내리는데도 심지가 서있는 땅 사방 십여 자3미터가량 남짓에는 눈이 내리지 않았으며 눈발만 흩날리는 정도였다.

사람들이 신기하고 괴이하다고 여겨 심지를 불당에 들게 했으나 심지는 자신에게 병이 있다고 하고는 방으로 가서 불당을 향해 예를 올렸다. 마침 팔뚝과 이마에서 피가 흘러내리는데 진표율사가 선계산에서 한 것과 똑 같은 현상이 나타났다. 그날부터 지장보살이 날마다 심지에게 나타나 위문했다.

심지가 법회가 다 끝나 산으로 돌아가는 도중에 두 개의 간자가 자신의 옷깃 사이에 끼여 있는 것을 발견하고 곧장 영심에게 알리자 영심이 "간자는 함 속에 들어 있는데 그럴 리 있겠는가?" 하며 살펴 본 함은 원래대로였다.

그러나 열어 본 함 속에 그 간자가 있지 않았다. 영심이 이상히 여기고는 간자를 겹겹이 싸서 함 속에 간직해 뒀다. 심지가 다시 가는 길에 간자가 옷깃에 있으므로 또 뒤돌아가 영심에게 알렸다. 영심은 "부처님의 뜻이 그대에게 있으니 그대가 받들고 가시게" 그러고는 간자를 심지에게 건넸다.

　심지가 간자를 머리에 이고 산으로 돌아오니 두 선자를 데리고 나타난 산신이 심지를 산꼭대기에 앉히게 한 뒤 바위 아래에서 엎드린 자세로 정계 즉, 부처의 청정한 계행을 받기에 이른다.

　심지가 말했다. "이제 적당한 땅을 가려 부처님의 간자를 모시려는데 우리만이 정할 수 없으니 세 분과 함께 높은 곳으로 올라가 간자를 던져 점을 쳐 봅시다." 이어서 던진 간자가 바람에 날려 가는데 산신이 이렇게 노래를 지어 불렀다.

　"막혔던 바위가 멀리 물러가니 [땅이]숫돌처럼 평탄해지고/ 낙엽이 날아 흩어지니 앞이 밝아진다/ 부처님 뼈의 간자를 구해 얻어/ 정결한 곳에 맞이하여 정성스레 바친다." 노래를 마치고 안착한 것으로 보이는 서쪽의 숲 속 샘을 찾아 즉시 그 땅에 불당을 지어 간자를 모셨다. 지금 동화사 첨당 북쪽의 작은 우물이 바로 그곳이다.

팔공총림 동화사

　동화사 조사전에 창건주로 알려진 극달화상과 보조국사, 사명대사. 세장, 두여, 의첨, 지화, 총륜과 대한불교조계종 초대 종정을 지낸 석우스님 등 고승의 영정을 봉안해오고 있다. 역대 고승으로 홍진국사 혜영스님을 비롯해 기성 쾌선스님, 인악 의천스님, 사명대사 유정, 석우 보화스님을 기리듯 동화사의 역사만큼이나 명맥이 주는 느낌 또한 크다.

　팔공총림답게 가람의 면모가 우람한 건 누구에게나 와 닿듯 동화문 입구를 거쳐 봉황문을 들어서니 여지없이 나 자신을 짜릿하게 했다. 팔공산의 여름철 싱그러운 정기가 내 몸을 에워싸면서 동화사 여기저기 한 곳도 놓치지 않을 새라 금세 매료되고 만다.

동화사의 대표 불상인 약사여래대불 바닥을 합장한 채 몇 바퀴를 돌고 돈다. 칠천만 겨레의 숙원인 남북통일과 세계평화는 물론 인류의 행복을 염원하는 동화사의 이 불상이 약사여래대불이란다. 더구나 높이 33미터로써 석조불상으로 세계최대규모라니 입이 딱 벌어진다. 약사여래는 보살도를 닦으면서 세운 열두 가지 큰 원을 성취하고 중생의 고통과 하나의 아픈 사람도 없는 이상세계를 완성하는 부처임을 입안으로 외면서 그늘진 곳 사람들을 그린다.

길게 중심축으로 올라 동화사의 본당이자 팔공산을 대표하는 법당 대웅전보물1563호에 든다. 어간과 협칸 문짝이 빗솟을살에 활짝 핀 연꽃과 국화꽃, 금강저를 새기고 있다. 대웅전 불단 천장으로 세 용과 여섯 봉황이 화려하다. 그 밑 불단에 석가모니부처 그리고 양 옆으로 아미타불과 약사여래불을 모셨다.

아담한 비로암 전각 대적광전에 모셔진 석조비로자나불좌상보물244호과 비로암 삼층석탑보물247호에다 금당암과 극락전을 사이에 두고 나뉘 서 있는 동·서삼층석탑보물248호이야말로 정말 진귀한 보배들이다.

여기 금당암 자리는 심지왕사가 던진 불간자가 떨어진 영역이라 한다.

홍진국사부도보물601호와 금당선원 아래에 있는 당간지주보물254호, 봉황문 입구에 있는 마애불좌상보물243호 등 보물이 즐비하다.

이 뿐 아니다. 성보박물관에 소장된 사명당 유정진영보물1505호, 보조국사 지눌진영보물1639호, 목조약사여래좌상복장전적보물1607호, 아미타회상도보물1610호, 삼장보살탱화보물1772호, 지장시왕탱화보물1773호 등 보물문화재만도 무려 13점이나 된다.

승시축제 등 수놓은 가을 만들어

동화사는 앞서 본 보물문화재 외에 여러 유형의 볼거리를 지니고 있다. 중요무형문화재122호로 지정된 「형형색색달구벌관등놀이」를 먼저 떠올린다. 매년 봄, 부처님 오신 날 한 달 전부터 막을 올리는 연등축제다. 이를 시작으로 가을의 향연은 물씬하다. 닷새 동안이나 열리는 스님들의 시장이라 할 승시가 한 판 벌어진다. 승시는 고려 때부터 조선시대까지 사찰의 전통물품을 교역하며 번성했던 스님들의 산중장터문화를 오늘날 재현하는 것이다.

다음으로 역시 가을축제인 백만 송이 국화축제다. 약 한 달간 동화사를 찾는 가을나들이 관광객들에게 국화향을 가득가득 선사하고 있다.

동화사는 신라시대부터 오악 가운데 하나인 민족의 영적인 산이자 역사신앙의 중심축인 팔공산에 자리하고 있다. 팔공산을 축으로 관봉 정상에 갓바위, 남쪽 중턱에 부인사, 자연공원 울창한 숲과 맑은 계곡에 있는 파계사, 동쪽 기슭으로 은해사가 연을 지어 있다. 대구 도심지와도 맞닿아 있어 우리의 힐링공간이 된 동화사다.

은|해|사
영천 팔공산

경북의 대표적 사찰이자 천년고찰

 팔공산 자락마다 명당 터에 자리한 군위석굴암과 동화사를 거쳐 팔공산 동녘으로 있는 은해사에 닿았다. 경북 영천 은해사는 조선 사찰 31본산에 들 만큼 예부터 가람의 규모가 컸으며 경북 5대본산의 하나였다. 오늘날에도 대한불교조계종 10교구 본사자리를 지키는 경북의 대표적 사찰이자 천년고찰로 자리매김하고 있다.
 앞서 군위석굴암과 동화사와 같이 아미타불을 본존불로 모시는 미타도량이다.
 809년 신라헌덕왕원년 혜철국사가 해안평에 창건한 해안사로부터 은해사의 역사가 시작되었다.
 신라 41대 헌덕왕은 조카인 40대 애장왕을 폐위시키고 왕위에 올랐다. 당시 정쟁의 피바람 속에 죽어간 원혼들을 달래며 왕의 참회를 돕고 나아가 나라와 백성의 안녕을 위해서 창건한 사찰이 해안사였다.

동화사의 실질 창건주인 심지왕사의 아버지가 곧 헌덕왕이다. 해안사 창건 후 1270년 고려원종11년에 홍진국사가 중창하면서 절의 규모가 날로 확충됐으나 인종 2년인 1545년 큰 화재로써 사찰이 전소됐다.

화재가 난 이듬해 나라에서 내린 돈으로 천교화상에 의해 지금의 자리에 새로 절을 지었다. 이때 법당과 비석을 세우고 인종의 태실을 봉하고 은해사라고 이름하게 됐다. 인종의 태실이 이곳에 봉해진 1546년은 임금이 세상을 떠난 그 이듬해다.

은해사 일주문을 들어서서 소나무숲길을 따라 내딛는 걸음은 자연스레 해안평을 스케치해본다.

이곳에 올라 옛 흔적을 미리 살펴보고자하는 마음이 절로 이는 것이다. "그렇다. 성철스님이 수행한 곳으로 알려진 '운부암' 근처에 해안평이 있다하니 이참에 운부암까지 살펴봐야겠다." 늘 함께하는 그들도 이 말에 그러자고 했다.

금포정이라 이름한 아름드리 이 솔 숲길은 은해사 절 마당에 이르도록 길게 이어져 있다. 줄지어진 노송들이 "내 나이 백하고도 두 백이 더해 삼백이 훌쩍 넘었소" 사람들 귓가에 쨍하는 듯하다. 삼백의 연륜이 쭉쭉 뻗은 노송의 면모에다 늠름함에 그대로 묻어나 있다. 따라서 이 숲길이 살생을 금하는 공간이라 하듯 누구나 여길 걸을 때면 숙연한 가운데 자연을 음미하게 된다.

수종이 다른 참나무와 느티나무가 서로 엉킨 몸으로 피를 섞어가며 백년을 마다않고 사랑을 나누는 연리지사랑나무가 눈앞이다.

여기서 만난 사랑나무 그 본디가 나에게도 의미심장한 메시지를 던져주고 있다.

내겐 '사랑이란 갈증이' 남의 얘기가 아니다. 아내가 떠나간 자리에 무한한 공허가 생겨나기 마련이다. 한동안 메말라만 가던 공허 속 자리 잡는 무언가가 꿈틀거렸다. 생활불교를 공부하고 함께 나선 산사길 금보살이 그였다. 나보다 불교지식이 해박한 금보살로 하여금 이 글을 쓰는데 있어서도 일정 분의 촉매제역할을 했다. 그와 오래 연이 돼 글을 다 쓰는 날 나누는 기쁨이 하나였으면 하는 바람은 그 역시 다르지 않을 것이다.

팔공산의 정기로 가득 찬 미타도량

내치는 걸음으로 운부암으로 치닫는다. 인종태실을 더듬어 오른다. 운부암 가는 동쪽 산등성에 있다고 하는 해안평을 지척에서 그려본다. 천하명당 운부선원 돌비가 어서 이리 오라고 반가이 맞아준다. 암자 앞으로 앉은 작은 연못의 물빛이 시리도록 맑디맑다. 팔공산의 정기를 다시 맛보면서 운부암에 젖는다. 이곳에서 수행했다던 경호스님과 성철스님은 물론 주석했던 고승들의 혼이 물씬했다. 혜철국사가 신라 말에 인도에서 모셔왔다는 청동보살좌상보물514호은 세월의 변함에도 본당인 원통전 법당에 오롯하였다.

원통전 뒤 언덕으로 의상대사가 절을 창건711년할 때 짚고 온 지팡이를 땅에 꽂으니 금세 살아서 푸른 잎이 돋아났다는 전설의 그 천년나무를 볼 수 있었다. 노화가 된 나무속이 텅 빈 데서 세월의 무상함은 이거로구나 뱉게도 했다.

이른 새벽이면 안개와 구름이 하나 된 산중 평지가 눈 안 가득하다는 해안평을 눈가에 띄워 운부암 절 마당 저 아래를 내려다보며 은해사의 아름다움과 사랑에 젖는다.

은해사란 불, 보살, 나한 등 일체의 사물이 서로 관계를 지니고 얽힘이 마치 은빛바다가 춤추는 극락정토와 같다. 또한 안개가 끼고 구름이 피어날 때면 은해사 주위가 은빛바다가 물결치는 것과도 같다하여 붙여진 이름이다. 이 또한 이어진 생각들에서 음미케 된다.

운부암 아래로 있는 백흥암에 들러 극락보전보물790호과 수미단보물486호을 유심히 살핀다. 고르지 못한 산길의 중암암과 묘봉암을 가지 못한 아쉬움을 안고 발길을 되돌려 다시 은해사 마당으로 들여 놓았다. 괘불탱보물1270호, 청동북 및 북걸이보물1604호 등 많은 보물과 문화재를 차근차근 살핀다.

누구나 솔 숲길이 끝나자 먼저 반겨주는 보화루를 맞이하면 아래 기둥사이로 가까이 극락보전이 한 눈에 들어온다. 은해사 당우는 어머니 품안 마냥 짜임새 있게 펼쳐져 있다. 부족함 없는 여유롭다는 말이기도 하다.

'보화루' '불광' '대웅전' 현판과 문에 걸린 '은해사' 글씨가 추사 김정희가 썼다. 백흥암 현판과 주련도 추사의 글이고 보면 은해사 곳곳은 추사선생의 얼이 가득하게 서려있다. 당대 최고의 학자이자 서예가였던 추사선생의 작품을 현장에서 생생하게 본다는 게 예사로움이 아니다.

제주도 유배생활을 마치고 서울로 돌아가는 길에 불교에 깊이 귀의하게 된 추사선생은 자신의 진외고조인 영조대왕과의 묵은 인연에서 썼다고 적고 있는 은해사역사소개에서 짚어보게 된다. 더듬어보면 1847년 당우가 전소되다시피 했다. 그러자 삼년만인 1849년 중창이 완성되는데 이때가 추사가 제주 귀양살이를 마친 1848년 이듬해가 된다.

최완수 사학자가 문액 은해사 글씨를 "무르익을 대로 익어 모두가 허술한 듯한데 어디 하나에도 빈틈없이 둥글둥글 원만한 필적이건만 마치 철근을 구부려 놓은 듯한 힘이 있다"고 평하였다.

덧붙여 '불광' 현판에 대한 재밌는 일화 얘기를 해보고자 한다.

화재로 새로 짓게 된 당우에 현판을 걸고자 주지스님이 추사선생에게 부탁하여 받은 글씨가 '불광'佛光이었다.

한 날 부탁한 글씨가 오지 않자 주지스님이 추사선생을 찾은 자리에서 추사는 벽장문을 열어 그 안 가득한 불광 글씨 가운데 가장 잘 된 걸 하나 골라 내줬다.

주지스님은 그 글로 현판을 만들려하니 모양새가 나지 않자 '불' 자의 긴 부분을 '광' 자의 세로길이에 맞춰 잘라낸 현판을 만들어 걸었다.

훗날 은해사를 찾은 추사가 그 광경을 보고 현판을 떼내 절 마당에서 불 태웠다. 주지스님이 자신의 과오를 백배 사죄한 나머지 가까스로 만들어 걸게 된 것이 원래대로 '불' 자의 획을 길게 그은 지금의 현판이다.

그 뒤 불광각 당우가 없어지자 오늘날 성보박물관에 보존 돼 오고 있다. 지금의 극락보전 이전에 걸렸었던 대웅전 현판도 나란히 성보박물관에 보존 돼 있다.

거조암 영산전에 있는 오백나한은 국보급 보물이다.

머잖은 날 은해사 말사 거조암을 찾아 법화스님께서 신통력을 발휘하여 526분의 나한상이 스스로 제자리를 잡아 앉았다는 전설의 현장으로도 나설 것이다.

태|고|사
금산 대둔산

도천 스님은 태고사를 일으켜 세웠다

한 역사를 남긴 도천스님은 부처의 세상으로 들었다.

좁은 공간의 처소에 남은 거라곤 소박하리만큼 단출하다. 문 밖엔 스님의 고무신 한 켤레만이 달랑하여 보는 이로 하여금 눈시울을 적시게 한다.

도천은 102세의 일기로 화엄사 다비장에서 속세의 사람들과 영원한 이별을 함으로써 절간은 정적만 감돌았다.

도천은 이 깊은 산중 태고사를 홀로 지키며 반세기를 꿈쩍 않고 한 자리만을 지켜 왔었다.

"일하며 평생 그렇게 살았어" 도천스님의 이 말은 하루 일하지 않으면 하루 먹지 말라는 수월스님의 정신을 이어받은 것이다. 일을 수행의 방편으로 삼은 도천스님의 넋이 절간 가득함에서 읽을 수 있었다.

출가하기 이전 머슴살이를 했다는 수월스님이 일깨웠던 '하루 일하지 않으면 먹지도 말라' 던 —日不作—日不食 청규가 내리 엄격했던 것이다. 수월스님의 상좌이며 도천의 은사였던 묵언스님 또한 도통 말이라고는 한마디 없이 일만 했다고 한다.

도천에겐 산 중에 묻혀 "힘이 장사다. 축지법을 쓴다. 도를 닦는다." 따르는 풍문이 무성했다. 노승 도천은 이렇게 받아친다. "말은 말일 뿐, 좇지 말게 도인이 그리 쉬운가? 나는 그저 밤이 오면 밤인가 보다, 또 낮이 오면 낮인가 보다 엎드려 일만하고 살았네" "때 되면 밥 먹고 때 되면 잠자고 다 그래 사는 게 아닌가?"

해우소를 보더라도 딱 하나밖에 두지 않았다. 멀찍이 절 밖 입구에 둔 해우소, 매서운 눈바람 치는 겨울밤이면 누가 선뜻 가겠냐만 백수가 넘은 도천 노승에겐 조금도 걸림돌이지 않았다.

도천은 13세에 금강산 마하연사에 출가하여 그곳에서 이십여 성상 정진하다 해방을 맞아 남으로 내려오게 됐다.

당시 6·25전쟁으로 폐허가 된 태고사는 손을 쓸 수 없을 정도로 허물어져 있었다. 도천은 괜한 고생하지 말라는 도반스님들의 만류를 뿌리치고 1962년 절 마당에 움막을 쳤다. 그로부터 나물죽을 끓여 먹으면서 가파른 산자락을 타고 돌을 나르고 나무를 베어다가 법당을 짓고 점차 무량수전과 관음전까지 절집을 늘려나갔다. 반세기나 되는 긴 세월을 머슴처럼 일하여 오늘의 태고사를 일궈냈던 것이다.

작은 시주 돈이라도 푼푼이 모아 해마다 심은 잣나무 숲은 태고사의 든든한 살림울타리가 되었고 절간 곳곳에 잣 향기를 잔잔하게 뿜게도 했다.

얌체를 모르는 산짐승들은 잣을 으레 그들의 식량으로 삼았다. 도천은 산짐승에 주는 공양도 부처님께 올리는 공양과 다르지 않다고 손을 쓰지 않았다한다.

"워낙 깊은 산중이라 부처님께 올릴 양식을 마련할 요량으로 잣나무를 심었어. 열매가 익기도 전에 산짐승들이 거달을 내고 마는 거야. 하도 부아가 나 열매를 따먹는 청설모에게 냅다 돌을 던졌지. 하필 머리에 정통으로 맞은 거야. 죽지나 않을까 얼마나 가슴 졸였는지 그 뒤론 잣나무의 미련을 버렸어" 도천의 후일담이다.

대둔산 낙조대 아름다움 다 지닌 절

대둔산도립공원은 크고 아름다운 절경의 산이다. 암봉과 암벽으로 이뤄진 충남 금산 8경에 든다. 동쪽으로 금산이고 서북쪽으로 충남 논산이다. 남쪽으로는 전북 완주를 이루고 있다.

대둔산 허리자락을 감고 위용을 자랑하는 충남 금산 태고사를 비롯해 가까이 한 안심사와 화암사를 차례로 찾아 나선 것이다.

원효가 대둔산 정상에 올라 이 봉우리를 가리켜 하늘을 어루만질 만큼 높다며 마천대라 이름 하였다. 태고사가 된 터를 보고는 너무나도 기뻐 사흘 동안이나 덩실 춤을 추며 이 산에서 도인이 세세생생 나타날 것이라고 기뻐했다. 그렇듯 신라의 의상과 고려의 보우와 같은 많은 고승대덕이 배출됐다.

서산대사의 법손인 진묵대사가 오랫동안 이곳에서 수도했다. 더는 근대에 이르러서는 수월스님이 주석했다.

만해 한용운은 대둔산 태고사를 보지 않고는 천하의 승지를 논하지 말라고 극찬할 만큼 전국12승지의 하나다.

대둔산 낙조대의 정상이 해발 859미터이고 보면 태고사가 걸터앉은 자리가 660미터로 무척 높은 위치에 있다.
 조선시대 학자인 우암 송시열이 태고사에서 수도하는 동안 절 오르는 길에 서로 맞닿은 바위를 일주문이라 하여 자신이 쓴 석문石門글씨를 암벽에 새겼다. 이 석문바위 사이를 비집고 나오는 숙연함에서 곧장 대웅전 뒤로 우뚝한 의상봉과 관음봉을 바라보노라면 금세 마음 든든함으로 바꿔진다. 절 앞으로 탁 트인 오대산의 장관을 볼 때면 갑갑한 가슴이라도 다 스러져 내린다.

 문화재청 자료에서 태고사는 신라 신문왕 때 원효가 창건하였다. 정확한 창건연대는 전해지지 않는 천년고찰이다. 추론해서 원효 617~686년와 신문왕 제위681~692년에 비춰볼 때 최소 681년에서 686년 사이가 됨을 짐작 가능케 한다.
 한때는 대웅전만도 72칸에 이르는 웅장한 규모를 자랑했다고 한다. 인도산 향근목으로 만든 불상이 봉안돼 있었으나 6·25사변으로 소실되는 안타까움을 맞는다.
 태고사의 선방에는 해마다 동안거와 하안거에 열리는 스님들의 정진에 산토끼도 산새도 해가 될까봐 숨죽여준다.
 태고사에 내려오는 이런 전설이 있다.
 '태고사에 묵고 있던 원효대사가 하루는 밤하늘의 별자리를 보니 중국의 한 절에 불상사가 날 괘가 나왔다. 이내 널빤지를 중국을 향해 던졌다. 마침 중국의 그 절 동승이 용변을 보다가 하늘에서 커다란 황금덩이가 절 쪽으로 날아오는 것을 보고는 하늘이 진동할 큰 소리를 질러댔다. 동승의 소리에 놀란 사람들은 집 밖으로 우르르 뛰어나오기 무섭게 절 뒷산이 무너져 절을 덮치고 말았다.

사람들은 황금이 떨어진 곳으로 몰려가 보니 황금은 보이지 않았고 널빤지에 '동방의 원효가 이 널빤지를 던져서 많은 사람들을 구했다'고 적혀 있었다는 것이다.

또 이 절의 영험설화 즉, 바라는 바를 들어주는 신령한 힘이 있다는 '전단향나무로 조성된 삼존불상에 금칠을 하고나자 갑자기 뇌성벽력과 함께 폭우가 쏟아져 내려 말끔히 씻었다는 성스런 전설이다.'

현세 도천스님의 닦은 도술을 다 담으려면, 산짐승들을 위해 베풀었던 자그마한 마음까지도 다 담으려면 우리는 가고 또 가야 할 태고사 마당이다.

안|심|사
완주 대둔산

산중 고요에 싸인 적멸보궁

대둔산 서남쪽 깊숙한 자락에 있는 전북 완주 안심사가 고요 속, 다시 하루를 맞아들인다.

안심사를 안고 있는 대둔산의 아름다움은 앞서 태고사에서 들여다본바와 같다하지만 여기 절 마당에서 바라다 보이는 무르익은 붉은 단풍물결 산세는 또 다른 아름다움을 만발하고 있다.

여기저기 우뚝한 각색의 바위마저 극치를 한껏 고조시켜준다.

안심사가 6·25사변을 맞기 이전에는 서른 채나 되는 전각과 십여 개가 넘는 암자를 둔 웅장한 가람이었다는 기록에 비춰볼 때 어쩜 단출한 절 마당에 발을 들여놓으면서 세월의 무상함을 느끼게 한다.

안심사의 글월에서도 안심사 비문에 의해 석가모니의 진신사리와 치아사리를 봉안한 적멸보궁과 사찰의 규모와 역사를 겨우 더듬을 뿐이라는 깊은 아쉬움으로 표현돼 있다.

기도하던 자장율사에게 부처가 나타나 열반성지 안심입명처를 가리켰다. 곧 온 주위가 축복과 은총으로 가득하여 한없이 편안한 그곳이 이 안심터였다. 기도에서 떠올려진 이곳 산세가 너무나 열반상과 같아 자장율사가 절을 짓고 안심사라 하였다. 이 같은 설화와 안심사의 창건연대가 638년신라선덕여왕7년으로 전해지고 있다.

그럼에도 대개 창건 설 혼돈은 이렇다. 국립문화재연구소가 안심사 사적비 비문을 탁본한 해석문에 따르면 주지 처능 화상이 요청하여 우의정 김석주가 지은 원래의 비문은 다음과 같다.

'구가 절을 짓고 능이 비석을 세웠도다. 지금에 와서 구가 어떤 인물인지 알지 못하니 지금 이후로는 또 그 누가 능이 어떤 인물인지 알겠는가. 비록 구와 능이 과연 어떤 인물인지 알지 못하더라도 만약 후인이 절은 구가 지었고 비석은 능에게서 시작되었음을 알게 된다면 그것은 이 삼척의 비명 덕분이 아니겠는가.'

그 후 비가 건립1759년될 당시 사적비음기에는 '처음 창건은 638년 자장법사이다. 두 번째 창건은 875년 도선대사이며, 세 번째 창건은 조구화상으로 신라 말의 일이다.' 적고 있다. 음기는 비의 뒷면에 새긴 글이다. 이 부문이 안심사의 내세움과 같다.

석가세존과 생일이 같아 이름을 선종랑이라 했던 자장은 정신과 의지가 맑고 슬기로우며 날로 풍부해지는 문학기질이 출중하여 세속에 빨려들지 않았다. 더욱이 속세의 시끄러움을 혐오한 나머지 처자식과도 이별하고는 깊숙한 산속으로 들었다. 이리와 호랑이도 피하지 않았으며 '고골은 죽은 사람의 뼈를 말하는데 시체가 썩어서 백골이 되는 모습을 보면서 인생의 덧없음을 깨닫는 수행법'인 고골관을 닦았다.

작은 움막을 짓고 그 가운데 알몸으로 앉아 조금만 움직여도 가시에 찔리도록 하는가하면 머리는 들보에 매달아 혼미한 정신을 쫓았다.
 때마침 재상자리가 비어 왕명에 의해 조정에 오게 했으나 자장은 하루라도 계율을 지키다 죽을지언정 계율을 어기면서까지 백년 살기를 원하지 않는다고 거절했다.
 왕은 체념하고 자장의 출가를 받아들였다.
 자장은 깊숙한 바위사이에 숨어살아 아무도 먹을거리를 대주지 않았다. 이때 이상한 새가 과실을 물어다 줘 공양하게 했다. 그로부터 얼마지 않아 꿈에 천인이 나타나 오계 곧 불가에서 지켜야하는 다섯 계율을 받았다. 그제야 밖으로 나오니 마을의 사람들이 몰려와서 계를 받아갔다.
 자장은 변방에서 태어난 걸 한탄하다 생각대로 638년 당나라로 들어가 청량산 문수보살로부터 감응을 받고 승려가 입는 법의와 사리 등을 받기에 이른다. 태화지의 용신에게서 신라에 돌아가 황룡사에 탑을 세우라는 간청을 받고 선덕왕 12년643년에 당나라에서 받은 대장경 4백여 상자 등을 지니고 귀국했다. 선덕왕은 승려의 신분으로 가장 높은 대국통으로 삼아 승려의 모든 규칙과 질서를 확립케 하였다. 자장은 율학의 대가였으며 화엄사상을 실현한 고승이다.

 안심사금강계단보물1434호앞에 선다. 석가모니불의 사리와 의습을 봉안한 불사리탑이다. 한 가운데 탑을 중심으로 네 귀퉁이에 작은 모형인 장군형상의 신장상으로 에워싸여 있다.
 부도를 받치고 있는 바닥의 돌과 연꽃무늬를 새긴 조각수법에서 장식성과 섬세함을 두드러지게 나타내고 있다. 갑옷과 신체의 부분을 세련되게 표현한 신장상의 조각 또한 그렇다.

불사리탑의 이러한 미술사적 가치를 높이 평가하여 근래에 유형문화재에서 보물로 승격되었다.

이 석조조형물에서 묻어나는 감미로움에 젖어 좀체 발길이 옮겨지지 않는다.

경내에 우람한 당우 한 채가 한창 건조 중이다. 대웅보전이라 한다. 머잖은 때 불자께서"새 법당에 자리할 것이라"고 비구니스님의 말에서다.

이저리 옮겨가며 묻는 질문에 비구니스님은 연꽃마냥 밝은 얼굴을 띠며 안심사의 역사를 소상한 설명으로 이어갔다.

진리를 형상화 한 부처 비로자나불을 본존으로 한 적광전 법당에 든다.

깊은 선정과 가득한 지혜의 빛으로 깨어나야 한다는 스님의 말에 서듯 여느 때보다 엄숙한 합장을 한다.

왼쪽에 만수대성이라고도 하는 문수보살과 오른쪽에 자비로써 인간을 구제하는 보현보살이 있다.

절간에까지 탐스럽고 볼그레하게 익은 안심골의 감나무향기가 그득하다. 비구니스님은 "향기만 맡아서야 되겠냐고" 하면서 빛깔고운 몰랑한 곶감과 생감을 곁들여 내 놓았다.

스님은 적막하여 세인의 발길이 뜸한 곳으로 알겠으나 "철따라 잎이 피고지고, 이름 모를 산새가 찾아들듯 그래도 올 사람은 다 다녀가는 안심사라 했다." "지금 이 가을 온 산에 붉은 단풍물결이 출렁이는데 어찌 아니 그럴 수 있냐"며 이어지는 말이었다.

그러면서 안심사와 친구인 쌍바위와 지장암 그리곤 지장폭포에 대한 심심한 얘기들을 나누며 꼭 들러보라고 했다. 내년에도 곶감과 생감을 우리의 몫으로 따로 준비해 두겠다는 수수한 말에 내심 당겨져 갔다.

6·25전쟁이 아니었으면 658편이나 되는 소중한 문화재 한글경판이 오늘날 보존되고 있을 텐데 한마디씩 주고받는 아린 말들이었다.

전설의 쌍바위와 지장암 따라

안심사를 나와 쉬엄쉬엄 오르는 오솔길 따라 '쌍바위와 지장암'을 찾아 나선다. 건네는 전설줄거리는 그럴 법한 얘기였다.

쌍바위 아래로 있는 지장바위가 먼 옛적 한 장수가 금강산과 설악산을 버금가는 산을 만들 욕심으로 설악산 남쪽벼랑의 덩치를 그대로 옮겨놓았다는 데서 말문을 잇는다.

여기에다 울산암 남벽의 하나 남은 바위마저 가져와 던져 놓으니 땅에 떨어지면서 두 쪽이 돼 쌍바위라 부르게 됐다. 그로 하여금 이 계곡을 지혜로운 장수란 뜻의 지장골이라고 대대로 불리어졌다.

바위도 지장암이다. 아이를 갖지 못한 여인네가 이 바위에 지성을 드리면 사내아이를 가지게 됨은 물론 그냥 태어난 아이보다 힘이 장사고 마음 또한 너그럽고 온유하기에 만인이 안심하게 살 수 있다하여 마을 이름을 안심마을이라 명명하게 됐다. 지장폭포의 전설도 흥미진진하다.

화|암|사
완주 불명산

국보 극락전은 외롭지 않다

전북 완주 화암사는 완주9경 보고에 드는 만큼 기대도 크다.

기대 속 치고 오르는 계곡길이 약간 완만해 지는듯하더니 화암사 우화루보물662호가 바로 눈앞이다. 그리 폭넓지 않은 계곡을 송두리째 안고 길게 이어진 돌길을 올라온 터라 반가이 여겨진 우화루였다.

올랐던 길을 내려다보며 이런저런 생각들을 다시 매만져본다.

대둔산 지맥이자 천년고찰 화암사를 품고 있는 불명산의 사계절 아름다움을 읊조리지 않을 수 없었다.

봄이면 개나리와 산 벚꽃을 시작으로 여름이면 기암괴석과 어우러진 녹음, 가을에는 온 산이 만산홍엽에다 겨울이면 장관인 은백색 설경을 말이다.

거기에 열한번이나 이리 굽고 저리 굽은 계곡 철 계단을 걷노라니 발밑 암반을 깔고 흐르는 물은 그토록 맑을 수가 없으며 이곳만의 알

연한 소리를 내며 잘도 흘러내렸다.

화암사를 담은 안도현의 '화암사 내사랑' 시구가 내 걸린 철 계단은 계단이라기보다 시와 그림이야기가 있는 포근한 오솔길로 다가온다. 안도현시인이 갓 구워낸 '잘 늙은 절, 화암사' 전문이 완주군 관광정보에 있는데 여기에 옮겨 만천하에 다시 내보내고자 한다.

'절을 두고 잘 늙었다고 함부로 입을 놀려도 혼나지 않을지 모르겠다. 하지만 이 나라의 절치고 사실 잘 늙지 않은 절이 없으니 무슨 수로 절을 형용하겠는가. 심지어 잘 늙지 않으면 절이 아닌 것처럼 여겨지는 심사도 무의식 한쪽에 풍경처럼 매달려 있는 까닭에 어쩔 수가 없다. 잘 늙었다는 것은 비바람 속에서 서로 비뚤어지지 않고 꼿꼿하다는 뜻이며, 그 스스로 역사이거나 문화의 일부로서 지금도 당당하게 늙어가고 있다는 뜻이다. 화암사가 그러하다. 어지간한 지도에는 그 존재를 드러내고 밝히기를 꺼리는, 그래서 나 혼자 가끔씩 펼쳐보고 싶은, 작지만 소중한 책 같은 절이다. 십여 년 전쯤에 우연히 누군가 내게 귓속말로 일러주었다. 화암사에 한 번 가보라고, 숨어 있는 절이라고, 가보면 틀림없이 반하게 될 것이라고…'

화암사의 우화루는 여느 절과 달리 첫 관문인 일주문이기도 하다. 이곳 절을 찾는 사람들을 가장 먼저 맞이하기에 그렇다. 드나드는 방향이기도 하다. 우화루가 바로 보이는 앞면은 복층 형태이나 안쪽에서 보면 단층인 게 특징하다.

옛 고풍을 고스란히 가진 화암사는 우화루와 극락전이 남북으로 불명당과 적묵당이 동서로 서로 마주하고 있는 입구口자형태다.

입놀림을 함부로 하지 말라는 절영제가 극락전 왼편으로, 적묵당 뒤로는 산신각이 있고 우화루 옆으로 명부전이 자리하고 있다.

극락전은 우리나라에 하나 밖에 없는 하앙식 구조물이다. 바깥에서 처마무게를 받치는 부재를 하나 더 넣어 지렛대 원리로 일반구조보다 처마를 훨씬 길게 내민 건축양식이다.

중국 남조시대에 유행하던 하앙식 건물로는 우리나라에선 화암사 극락전이 유일하다. 고건축학자들에게 귀중한 유물자료가 되고 있다.

극락전 앞쪽인 바깥 하앙은 용머리를 조각한 반면 마당 쪽 하앙은 용머리가 아닌 간결한 형태다.

현재 보물663호에서 국보승격 고시가 돼 내달 국보지정을 앞두고 있다.

창건이야기를 소리 없이 듣는다

화암사 창건에 대해서 전하는 기록이 없다. 화암사중창비에서 1425년 다시 세웠음을 살필 수 있는데 한국문화재연구소에서 탁본하여 해석한 화암사중창기문을 비교적 세세하게 옮겨본다.

'조선에 들어와 고려와 조선시대 무신이자 성삼문의 할아버지인 성달생은 서찰을 잘 짓기로 알려진 만큼이나 승려 해총, 신해 등과 함께 1425년 화암사를 일으켜 세우게 된다.'

비문 시작에 '1441년 여름 5월 21일 화암사 주노 민암총공이 그 문도인 선사 해돈을 보내 나에게 급히 서찰을 전하면서 절의 내력을 적어 줄 것을 요청했다. 또 원나라 성종의 제위기간1297~1307년에 화주 달생이 보시한 중창 목판기록에 절이 버려진지 오래되었다.

'1425년 판중추부사 달생이 원찰을 세워 부처님을 받드는 도량으로 삼고자 하였으나 그 땅을 찾기가 어려웠다. 그런 가운데 이 절이 산천의 청정한 지역에 위치하고 있어 승려가 불법을 연마하기 위한 도량으로 삼았다는 것을 들었다.

이에 절의 승려가 말하기를 "내가 비록 그 절을 직접 보지는 못하였지만 그 곳이 복된 땅이라고 들은 지는 오래되었다. 내가 거듭 새로이 하여 부처님 계신 절을 넓히고자하니 누가 이 일을 맡아보겠는가 내 기꺼이 물건 따위를 봉양하는 일을 하겠노라" 하였다.

해총과 신해·해보·해돈·신흥·홍제 등이 한 목소리로 맞장구치며 뛸 듯이 기뻐하며 혹 재물을 내놓거나 보시를 권하였다. 기와를 구워 먼저 불전 세 동을 올리고 그 화려함을 지극히 하였다. 승당·조성전당과 여러 대중이 기거하는 방과 향을 쌓아두는 창고 등을 선별하고 전각과 뒷간 등을 청소하였으며 모든 낡은 것을 넓히니 일이 차례대로 이루어졌다. 절을 한창 짓던 그해 한 여인이 이 절에 이르러 산천의 뛰어남과 절이 창건된 연유를 살폈다. 무릇 목판에 기록된 화주 달생이란 이름이 우연히 조선시대 영의정과 좌의정·우의정을 통틀어 일컫는 상국의 휘죽은 사람의 이름와 같음을 알았다. 이에 부처님의 생사·왕래·인과·쟁화의 설을 문득 떠올리며 이와 같이 말하였다. "내가 현재 장수와 재상을 아울러 이르는 장상의 지위로 부귀를 누리고 있음은 전세에 선한 인연의 씨앗을 심었기 때문 아니겠는가" 하고는 금은과 그림 그리고 많고 많은 재물을 보시하였다. 또한 공사를 감독하여 용마루 기와와 마룻대의 위용이 드러남을 보고 끝마쳤다.'

비의 뒷면에 '나는 총각 때에 화엄종의 극원스님'을 쫓아 이 절에서 공부하였기 때문에 산의 수려함과 절의 내력에 대해 자세히 알고 있다. 절은 고산현 북쪽 불명산 속에 있어서 깊은 계곡과 골짜기와 봉우리들이 연이어져 있고 사방을 둘러보아도 길이 없어 사람과 말의 발자취도 끊겨있으니, 비록 나무꾼과 사냥꾼이라 할지라도 이르지 못하였다.

　계곡 입구에는 바위 절벽이 있는데 높이가 수십 길에 이르며, 많은 골짜기로 물이 흘러가며, 아래쪽 계곡 입구에는 폭포가 있고, 바위 벼랑 허리쯤에는 좁은 길이 나 있다. 넓이가 한사람 앉을 정도여서 여기를 들어가면 이내 절의 넓은 골짜기에 일만 마리의 말도 숨길 수 있는 광활함이 나타난다. 기괴한 바위와 고목들로 오목하고 깊지만 툭 틘 곳이다. 참으로 하늘이 땅에 은밀한 곳을 만들어 사람에게 준 복된 땅이다. 옛날 신라의 원효, 의상 두 조사께서 중국과 서역을 유람하고 도를 얻어 돌아오다가 이곳에 지팡이를 걸어두고 절을 얽어 머물렀다. 절의 당주인 수월관음의 용모와 자태는 바로 의상대사의 영혼이 도솔천에서 노닐 때 수월관음의 참모습을 직접보고 만들어진 등신원불이다. 절 동쪽 언덕에 당이 있는데 원효대라 하며, 절의 남쪽 언덕에 있는 하나의 암자가 의상암이라 하는데 모두 두 조사가 정신수양을 하던 곳이다. 절 앞에는 단향목이 있다. 오래된 줄기로 여러 겹 둘러져 있으며, 가지와 잎 향기와 열매는 인간 세계에 있는 것과는 품격을 달리하기 때문에 승려들에게 "의상대사가 서역을 유람할 때 향단목의 씨를 가져와 심어 얻은 것이었다. 그중 특이하게 누런 잎을 가진 세 그루가 있었는데 이것 역시 의상대사가 심은 것으로 꽃과 잎의 특이함 때문에 상국당시 우리가 조공을 받치던 중국의 한 나라에까지 알려졌다. 훗날 상국의 황제가 사신을 파견하여 왕궁 안 정원에 옮겨

심게 했다.

절이 화암이란 이름을 얻게 된 것은 이러한 연유 때문"이란 고사가 전해져 온다. 절이 창건된 것은 신라시대로, 쇠함과 흥함을 되풀이하면서 지금에 이르렀다. 반드시 상국과 여러 조사들을 만난 후에야 비로소 옛것을 회복시킬 수 있었으니 숙세의 인연이 아니면 가능했겠는가. 그것을 세우는 어려움은 그것을 지키는 어려움만 못하며 그것을 지키는 어려움은 부흥시키는 어려움만 못하다. 앞으로 이 절에 기거하는 사람들은 상국의 진실 됨을 받들고 조사들의 노력을 상념에 담아야 한다. 꺾인 것은 바로잡고 기울어진 것은 세워주며 썩은 것은 고쳐주며 망가진 것은 보수하여 계속 새롭게 하고 이어서 닦아주면 아마도 거의 상국의 뜻을 져버리지 않게 될 것이다.'

이와 같은 화암사 중창비에 의해 원효와 의상이 여기에 머물면서 수도했다는 기록에 미뤄 신라 문무왕 이전에 지었다는 대체적인 시각이다.

이 중창비는 1572년에 세웠다. 비문은 1441년에 지어졌다. 그러나 비문서두에 비문을 요청해 왔다고 적고 있음에도 지은이는 물론 글을 쓴 이도 미상이다.

이 비문에서 대덕 연간1297~1307년에 화주 달생이 중창하였다. 조선에 들어 성달생1376~1444년이 다시 중창하였는데 이 대목에서 같은 이름의 '달생'이 같은 이 아닌가? 자꾸만 아이러니하게 와 닿는다.

한편 창건에 얽힌 이런 설화도 따른다. '옛날 어느 왕의 딸 연화공주가 병에 걸려 사경에서 벗어나지 못했다. 그러던 어느 날 왕 꿈에 부처가 나타났다. 이미 너의 갸륵한 불심에 감동했노라하며 왕의 앞에 꽃 잎 하나를 던져주고는 사라졌다. 그 길로 수소문 끝에 부처가 던져준 꽃을 찾은 게 불명산 깊은 산봉우리 바위에 피어있는 연꽃이었다.

연못이 아닌 바위에 핀 꽃을 임금은 은혜의 꽃이라 여기고는 신하들에게 조심스럽게 가져오도록 명령했다. 이를 기이하게 여긴 신하들은 누가 이 꽃을 키우고 있는가를 지켜보고 있었다.

마침내 산 밑에 있는 연못 속의 용 한 마리가 나타나 연꽃에 물을 주고 있는 게 아닌가? 신하들이 놀라 다 도망쳤지만 한 명의 신하가 그 꽃을 꺾어 궁에 돌아왔다. 이 꽃을 먹은 공주는 병이 씻은 듯 나았다. 임금은 부처의 은덕에 감복하고 그곳에 절을 짓고 부처를 모시게 했다. 임금과 여러 신하들이 불공을 드리면서 절 이름을 화암사라고 했다는 것이다.' 극락전 법당 아미타삼존불 앞에서 시월의 풍요를 가슴에 담는 합장을 한다.

창건내력과 전해지는 여러 설화를 법당에 앉아 더듬어보면서 옛 그대로를 고스란히 간직한 고풍 화암사에 젖는다.

후불탱화 신중탱화 그리고 사람이 죽어 사흘 후에 받는 심판을 주재하는 현왕여래를 중심으로 묘사한 현왕탱화도 진지하게 살펴본다. 명부전에 지장탱화가 소장되고 있다는 것도 새겼다.

극락전에 보존돼 오던 경판 200여 장은 근래에 전북대학교 박물관으로 옮겨 소장되고 있다한다.

이 심산유곡 절간 한 쪽에 또 하나의 보물이라 할 지프차가 보였다. 스님에게 찻길 없는 자동차가 무슨 소용이 있는지를 물었더니 저 뒤쪽 가파른 고갯마루를 가리키며 사륜구동엔진을 장착한 자동차로 겨우 바깥세상을 볼 수 있다고 했다.

고|견|사
거창 우두산

세 볼거리와 자랑거리

경남 거창 우두산과 고견사하면 문화관광지로 널리 알려진 곳이다. 그 가운데 대표적 명산이며 천년고찰이다.

저무는 가을 문턱에 우두산 고견사 길, 운치가 너무나 그윽하다. 고견사 뒤쪽 의상봉에 오르면 "내리 보이는 절경을 이루 말로 표현이 다 될까?" 사람들의 입에 오르내리는 말이란다. 부산을 벗어나면서부터 사뭇 이어지는 말들이었다. 이번 절 길은 조계종부산불자회의 가을 사찰순례다. 봄·가을 정례적으로 산사를 찾아 나서고 있다. 산사의 풍경소리를 듣고자 함께 나서는 집합이 이외에도 불교대학과 포교단 그리고 문학인들로 구성된 단체로 여럿 엮여져있다. 나름마다 사찰을 음미함에 있어서, 귀의함에 있어서 더불어 자연과 친구를 함에 있어서 나름마다 독특함을 구가해가고 있다.

우두산 자락의 산내음을 마시며 장장 80미터 높이의 거장을 자랑하는 가정산폭포가 옆이다. 세상 사람들이 꼽는 고견사의 세 볼거리 가운데 하나에 막 닿았다. 폭포를 비롯하여 고운 최치원선생이 심었다는 1000년의 연륜을 지닌 은행나무와 의상대사가 수도할 때 날마다 두 명이 먹을 분량의 쌀이 나왔다는 쌀굴이 그것이다.

이외 세 자랑거리는 화강암에다 불상과 광배를 조각한 여래상 석불과 동종보물1700호, 조선 숙종이 원효대사를 기려 친히 써서 내린 강생원 현판이다. 고견사대웅전에 소장되는 보물 동종은 조선후기 보편적 인것과 다르다. 사찰의 연혁, 동종 제작에 소요된 실제 기간과 재질은 물론 고견사를 달리 이름 했던 견암사까지 새겨졌다는 독특함을 문화재청 자료에서 볼 수 있다.

고견사는 667년신라문무왕7년 의상과 원효 두 조사가 창건하였다고 한다. 고견사라 한 까닭은 원효가 이 터에 절을 세우면서 전생에 왔었던 자리였음을 미리 깨달은 데서 붙여졌다는 것이다. 절 이름은 역사와 함께 견암, 견암사, 견암선사라고도 불리어졌다. 임진왜란을 겪으면서 폐허가 되다시피 한 사찰이 중창되면서 고견사 원래 이름으로 다시 불리게 됐다고 한다.

한때 해인사의 창건주 순응, 이정스님과 고려시대 명승 희랑대사가 머물기도 했다하며 앞에서 살폈던 고운 최치원의 발자취는 더욱 물씬하다. 조선 태조 이성계는 고려 왕조의 명복을 빌고자 고견사에 대궐의 향을 내리고 토지를 내려 수륙재를 행하도록 했다. 수륙재는 505년 당나라 무제가 처음으로 행했던 것이다. 한 스님이 무제의 꿈에 나타나 이르기를 수륙재를 베풀어 고통 받는 중생들을 제도하는 것이야말로 으뜸가는 공덕이라 하였다고 유래한다. 그로부터 우리나라에도 건네져 고려 때인 971년 수원 갈양사에서 처음 행했다고 한다.

우두산의 매력에 홀려 어느새 고견사 일주문이 눈 앞 성큼했다. 고석축에서 절의 역사가 한껏 묻어난다. 최치원이 심었다는 아름드리 은행나무도 "내 여기 있소" 했다. 과연 우람하다 뿐인가? 나 아직도 건재하다 잇는 말머리마다 시원스런 자문자답을 자아내는 진귀함이 깃든 성역이기도 하다. 대웅전 마당에 들어 절의 면모를 살핀다. 아담하면서도 천년고찰의 풍모를 한 몸에 다 안은 대웅전이다.

만추를 넘나드는 산들바람에 대웅전 풍경소리가 은은하게 부서지면서 중생들의 응어리를 풀어헤쳐준다. 순간을 놓치지 않을세라 여기 잘 왔다고 본당을 에워싼 나한전, 범종각, 석불, 삼층석탑과 절의 맨 뒤쪽 암벽에 조각된 석불마저 나서 반겼다. 우두산 속 고견사의 자태는 물론 틈새 운치마저 감흥의 도가니에 한껏 빠져들게 했다.

짙붉은 고견사 단풍물결에 젖는다. 가을의 여유를 맛보고자하는 마음은 매 하나같다. 절 마당 여기저기 그늘에 앉은 저마다의 생각이 다를 테지만 나는 불교의 가장 근본적 일면을 다시 뒤적인다. 석가모니를 교조로 부처의 가르침을 따르며 수행하는 불교 발상지가 인도에서 시작 돼 스리랑카 다시 동남아시아로, 서역을 거쳐 중국으로, 중국에서 한국으로 들어왔다.

또한 한국에서 일본으로 전개되면서 약 2600년 역사 속에 그리스도교와 이슬람교와 함께 세계 3대 종교의 하나가 됐다. 우리나라에는 고구려 소수림왕 즉위 2년372년에 진나라 왕 부견이 승려 순도로 하여금 불상과 경문을 전해 옴으로써 불교가 최초로 들어왔음을 이미 앞에서도 들여다봤다. 이어 2년 뒤 역시 진나라에서 아도가 왔으며 그 이듬해 2월에 초문사를 지어 순도를, 이불란사를 지어 아도를 각기 머물게 했던 것도 살폈었다.

반면 한 시대를 넘어 인류의 스승으로 추앙받는 석존이 살아 숨쉬는 4대 성지 즉, 오늘날 네팔의 영토에 속하는 석존이 탄생한 룸비니동산, 부귀영화를 다 버리고 깨달음을 얻었던 부다가야 보리수나무, 갠지스강을 건너 최초로 법을 설했던 녹야원으로 불리는 사르나트와 45년간 전법을 하다 열반에 든 쿠시나가르를 다시금 떠올려본다.

의상봉에 올라 잠시 선정에 들다

우두산은 거창의 명산에다 그 옛날 원효와 의상에 의해 선택받을 만큼 수려한 산세임을 정상으로 치달으면서 더욱 실감한다. 고견사를 벗어나 의상봉에 오르는 면면마다 아름다움으로 가득한 봉우리의 연속이었다. 굽이굽이 펼쳐지는 경관에 감탄의 연발을 토해내게 했다. 가파른 비탈길과 철 계단은 이곳만의 매혹을 지닌 산유물이라고들 했다.

가장 빼어나다고 알려진 의상봉의 자태는 한마디로 극치였다. 의상이 참선한 곳이라 하여 붙여졌다는 의상봉, 이름의 원류를 짚고도 남음을 있게 했다. 서쪽으로는 덕유산이 남쪽으로 지리산이 장대하게 뻗어진 가운데 시원스럽게 시선에 닿는 가야산 중심 맥이 의상봉이다. 잠시 나도 의상봉에 오른 만큼 좌선을 하고 선정에 든다. "부처님의 가피가 그득한 가운데 오늘도 내일도 두루 살펴가는 나일지다" 또 하나 "그, 지금 극락정토라지만 항상 내 곁에 있으리다." 나 자신을 추스르는 주문에 대해 곧장 해답이 주어진 신비의 의상봉 정상이었다.

일본의 역사서 「일본 서기」에 우두산에서 살다 배를 타고 건너가 세운 나라가 일본이었다는 기록이 있는가하면 역사 사가들에 의해 고대 가야인들이 경남 일대 우두산에 살다 일본으로 건너가 나라를 세운 것으로 해석하고 있다고 역시 같은 흐름의 내용들이 전해진다.

    우두산 의상봉과 장군봉으로 닿는 길목과객이 고견사랄까? 구름이 밀려오듯 절 찾는 발길이 넘쳐난다 하여도 결코 넘침이 아니다.

도|림|사
곡성동악산

천혜의 자연 속 도림사

동악산 도림사를 알리는 나들문에 닿자 저기 올려다 보이는 산세는 물론 계곡의 풍치에 매료돼 간다.

성출봉 중턱에 유별나게도 포근하게 안겨져 있는 도림사라고 듣고 있다.

정상에 오르면 4미터나 되는 높이에 널따란 자리를 틀고 있는 신선바위에서 내려다보이는 전망이야말로 이루 말로 형용할 수 없는 장관이라 한다.

산줄기의 형제봉은 산을 찾는 사람들에게 빼 놓을 수없는 등산코스라 한다.

그 아래로 암반계곡이 흘러내리는데다 흔히들 도림사 골짝이라고 불린다.

혹한 가뭄에도 그칠 줄 모르게 유유히 흘러내리는 광경을 눈에 담는다. 이 계곡에 발달해 있는 암반은 위쪽 1반석으로부터 아래 9반석에 이르기까지 무려 1킬로미터나 이어지고 있다. 세상에서 일컫기를 이 암반이 펼쳐 보이는 시원시원함은 삼남에서 즉 전라도 충청도 경상도에서 최고라 해도 과언이 아니라는 말들이 이곳에서 실감케 된다.

우리나라 암반계곡으로서 열여섯 구비나 길게 굽이쳐 내리는 유일한 곳이 이곳이다. 널찍하고 비교적 평탄한 반석에 흐르는 물길과도 반질하게 닳고 닳은 암반과 너무나 조화롭다.

이러한 계곡에 산 속의 숲과 폭포가 함께 어우러진 절경에 예부터 근세에 이르기까지 풍류를 읊는 시인과 묵객이 줄을 이은 곳이라 하듯 암벽과 암반에 선현들이 새긴 한시와 같은 여러 글귀가 이어지고 있다. 옛 시인과 묵객들이 남겨 놓은 풍류를 깊이 있게 엿보게 한다.

과연 이리하여 전라남도기념물101호로 지정된 도림사계곡인가하면 절경 속의 도림사 또한 전남문화재자료22호로 지정돼 오고 있다.

여기에다 도림사오토캠핑리조트가 자연 속의 청정고을 곡성을 빛나게 하고 천년고찰 도림사의 역사를 잘 조명해주고 있다.

연리지 사랑이 가득한 절간

전남 곡성 도림사의 창건은 660년신라무열왕7년 원효대사가 사불산화엄사로부터 옮겨지었다고 전한다. 그 뒤 876년 도선국사가 중창하던 때로부터 사명대사와 서산대사 그리고 여러 도인이 숲같이 모여들었다하여 도림사라 이름 하였다.

원효대사가 도림사를 창건할 때 산의 온 풍경이 동요되어 아름다운 음악의 소리와 가락을 자아냈다하여 동악산이라 했다하며 비슷한 이런 유래도 따른다. 동악산의 개산조인 원효대사가 동악산 최고봉인 성출봉 아래 길상암을 짓고 원효골에서 도를 닦던 어느 날 성출봉과 16아라한이 꿈에 나타났다.

곧장 성출봉에 올랐다. 솟아난 한 척30.3cm 남짓한 아라한 석상들을 원효가 열일곱 차례나 오르내리며 길상암에 모셨다.

불교에서 말하는 하루를 여섯으로 나누어 염불과 독경을 하는 때에 천상에서 흘러내리는 음악이 온 산에 퍼졌다. 그래서 '움직일 동' 자와 '풍류 악' 자를 쓴 동악산이라 하였다는 것이다.

곡성 마을에서 장원급제한 사람이 나오면 이 산에서 노래가 울려 퍼졌다는 마을 사람들에게서 전해지는 전설도 한 맥락이라 하겠다.

오늘날 없어진 길상암 터에 돌절구와 우물흔적만이 남아있을 뿐이라 한다.

작은 절집으로 알려진 도림사 절간에 든다. 아담하게 한 눈에 보였다. 가장 중심으로 있는 보광전 왼쪽으로 응진당과 오른쪽으로 명부전이 있다. 여러 당우가 가깝게 다닥다닥하다.

역시 천혜의 자연 도림사계곡을 오르면서 느낌 받았던 도림사였다. 절간에서 풍겨나는 그윽한 자연의 숨소리와 묻어나는 그 무엇인가가 절을 찾는 이에게 가득하게 안겨주고 있다.

본당인 보광전 법당에 들어 목조아미타삼존불을 익히 아는 만큼이나 실물을 차근하게 살폈다. 도림사가 소장하고 있는 괘불탱보물1341호은 평소에는 볼 수 없으며 특별한 행사 때 개방된다. 본존상 좌우 대칭으로 선 보살상은 서로 비슷한 형태이나 왼쪽 보살은 머리에 쓴 보석관에 자그마한 부처가 묘사된 게 특징이다.

절간 한쪽으로 연리지 사랑나무가 자기네의 사랑을 보여주기라도 하듯 어서 오라고 만추의 옷깃을 팔랑거리기에 그쪽으로 다가선다.

연리지 사랑나무의 애정에 대해 은해사에서 말했다. 여기서는 양귀비와 당나라 현종이융기 간의 사랑에 비유하는 연리지로 적었다. 왕비를 잃은 현종은 열여덟 번째 아들 부인을 빼앗아 자기의 여인으로 맞은 양귀비와 깊은 사랑에 빠진다.

원래 양옥환 이름을 가진 이 여인은 중국 4대 미녀였다. 현종 이융기 나이 61세에 27세였던 양옥환이 귀비에 책봉돼 양귀비라 불리어졌다. 현종은 양귀비 품안에만 있다 보니 나라는 엉망이 되는 줄도 모르게 된다.

이 틈에 양귀비 일가의 전횡이 뿌리를 내리게 되고 결국 안사의 난이 일어나게 된다.

이런 결과로 그 뜨겁던 사랑은 더 사랑일 수 없었으며 현종에 의해 양귀비를 처형하라는 명령이 내려지기에 이르렀다. 이에 양귀비는 스스로 목을 매 죽는 처참한 최후를 맞는다.

훗날 당나라 시인 백거이가 쓴 서사시 '장한가'에서 현종이 달밤에 양귀비 무릎에 누워 생전에 나눈 사랑을 이렇게 묘사했다.

"하늘에선 날개를 짝지어 날아가는 비익조가 되게 해 주소서."

"땅에선 두 뿌리 한 나무로 엉킨 연리지가 되자고 언약했지요"

여기 비익조는 전설상의 새로 암수의 눈과 날개가 각각 하나씩이어서 짝을 짓지 않으면 날지 못함이다. 연리지와 한 뜻이다.

이 두 사람 간 사랑을 나눴던 역사의 현장, 오늘날 중국 서북지역의 산시성 서안 화청지에서 장한가 공연을 상시로 펼치고 있다. 양귀비를 잃은 현종의 슬픔과 도사의 환술로 양귀비의 영혼과 만나는 장면을 극적으로 그려내고 있다는 것에서 이곳 연리지가 주는 느낌은 슬픔보다는 현란하기까지 하다.
 작아 보이면서도 아담한 도림사를 또 하나로 에워싼 늦가을 단풍을 뒤로하고 절길을 내려선다. 사철 언제라도 다시 발걸음을 해달라는 도림사 연리지와 나눈 "그래" 석별의 인사가 귓전에서 멀어지지 않는다.

태|안|사
곡성동리산

동리산문의 본산 태안사

도림사와 그리 멀지않은 곳에 태안사가 있다.

태안사는 통일신라 시대인 742년 신라경덕왕원년에 세 신승이 세웠다는 설이 전해진다.

혜철선사가 산문을 열기 이전부터 있었던 절이 태안사인 듯하다.

고승 혜철이 당나라에서 귀국하면서 곡성 동남쪽 산에 들어 구산선문의 하나인 동리산파를 일으켜 개산조가 되었다. 이때 산 이름을 동리산이라 하고 대안사란 절 이름을 붙였던 것임을 기록에서 살필 수 있었다. 동리산은 봉황이 산다는 오동나무 열매가 열린 숲 속 뜻을 담고 있다한다. 상서롭고 고귀한 뜻을 지닌 상상의 새가 봉황이다. 태안사가 우람한 사찰로 발돋움한 데는 윤다스님에 의해서다.

거슬러 윤다스님에 이르기까지 역사를 다음과 같이 살펴본다.

앞에서 봤듯 대안사는 혜철스님에 의해 당시 중국에서 성행한 달마의 선법을 이어받아 이 땅에 선종의 종풍을 일으킨 아홉 가지 선문 가운데 동리산문 본산지가 됐다.

적인선사탑보물273호 비문에 '산 중에 사람이 없더니 오늘에야 돌아오다. 나라가 보물을 얻음이라, 이제야 부처의 지혜와 달마의 선법을 모두 갖추게 됐다.' 또 '교학과 선을 배우려는 사람이 구름처럼 모여든 모두가 주인공이 되었다.' 적고 있다. 절터에 대해서도 '수많은 봉우리, 맑은 물줄기가 그윽하고 깊으며, 길은 저 멀리 아득하여 속세의 발길이 없고 고요하여 승려가 심성을 닦고 기르고 머물기에 마땅한 곳'이라고 비문에 표현하였다.

신라를 치세하던 문성왕은 혜철스님을 스승으로 여기면서 신하를 보내 나라를 다스리는 요체가 무엇인지 물었는가 하면 위문의 글을 빈번하게 내렸다.

문하에 풍수지리설의 대가 도선국사와 여선사如禪師 등 수 백 명이 있다. 여선사는 제자 윤다에게 선법의 법통을 잇게 한다. 윤다는 동리산문의 혜철, 여선사에 이어 3대조다.

혜철선사가 입적한 이후 경문왕은 7년 뒤 혜철의 시호를 적인이라 내리고 탑의 이름을 조륜청정이라 하였다.

비문에 나오는 간추린 혜철선사의 일대기다.

'어머니가 혜철선사를 임신했을 무렵 꾼 꿈에 서역의 한 승려가 침상에 나타나 "반드시 불법을 받드는 아들을 얻을 것이요. 마땅히 국사가 될 것이라 하였다." 이렇게 태어난 선사는 강보에 싸인 어린 때부터 예사가 아니었다. 떠들고 노는 가운데서도 떠들지 아니하고 고요함에 이르면 스스로 정숙했으며 누린내나 비린내를 맡으면 피를 토하고 도살을 보면 상하는 마음을 감추지 못하였다. 학문에 이른 15

세에 출가하여 화엄을 배웠는데 다섯줄을 한꺼번에 읽어 내리는 유달리 총명함을 보였다.

선사는 814년 8월 당나라로 들어가 서장 지장에게 법을 얻고 839년 2월 고국으로 돌아왔다.

선사의 신통력은 뛰어났다. 햇볕이 너무 뜨거워 산천이 말라붙을 때면 비를 내리게 하였다. 골짝에 들불이 일어 사방불이 암자를 태우려드는데 선사는 단정히 앉아 묵묵히 생각만 거듭하는 끝에 세찬 소나기가 쏟아져 내려 막간에 불을 꺼지게 했다.

일찍이 천태산 국청사에 머무를 때 화가 있을 것이란 걸 미리 알고 그곳을 떠났는데 사람들이 그 까닭을 알지 못했다. 오래지 않아 전염병이 돌아 죽은 사람이 십여 명이었다. 선사가 77세 되던 861년 2월 6일 질병 없이 앉아서 평소와 다름없는 흔들리지 않는 지체로 눈을 감았다.

임종 전에 세 번 머무르던 산의 북쪽에 가서 베어내게 한 삼나무의 크기가 네 아름이었다. 선사가 이르기를 "사람에게는 죽음이 있으니 장차 이것으로 관을 만들어 장사 지내거라" 하고는 절에 돌아와 벽 위에 관 그림을 그리게 하였다. 그리고 제자들에게 말하기를 "만물은 봄에 피고 가을에 시드나니 나는 곧 돌아 갈 것이다. 이후로는 너희들과 함께 선을 이야기하고 도를 맛볼 수 없을 것이라." 하였다. 임종을 맞으면서 들짐승들이 슬피 울부짖어 산과 골짜기가 다 흔들리고 갈까마귀와 참새가 모여들어 슬피 울었다.'

적인선사탑을 벗어나 발길을 광자대사 윤다의 혼이 서린 부도밭 끝자락에 있는 광자대사탑보물274호과 광자대사탑비보물275호 앞에 옮겼다.

탑비의 글이 현재로선 판독이 어려울 만큼 세파에 부대꼈다. 다행히도 광자대사가 출가하여 법을 받고 전한 과정과 고려 태조로부터 극진한 대우를 받았던 일과 여러 사료가 조선금석총람에 전문이 실려 있다고 문화재청 문화유산정보에서 볼 수 있다.

윤다스님 역시 945년 입적하자 왕은 광자란 시호를 내렸다.

윤다스님은 대안사에 머물면서 태조 왕건의 존경을 받으며 끊이지 않는 지원을 받았다. 때문에 동리산파의 선풍을 크게 일으켜 100여 채가 넘는 당우와 1천여 명의 승려가 운집하는 번성한 때를 지녔다. 오늘날 가람의 규모가 큰 송광사나 화엄사, 선암사와 쌍계사 등 이 지역 대부분의 사찰이 태안사의 말사였음을 볼 때 윤다와 대안사의 위상이 드높았음을 짐작케 한다.

절 이름이 광자대사 시대 이후 조선 후기에 태안사로 바뀌어졌다. 태종의 둘째 아들 효령대군이 이곳에 머물렀다고 하는데 태조를 비롯해 왕가와의 인연이 매우 깊었음을 보는 대목이다.

아쉽게도 광자대사의 스승으로 알려진 여선사에 대한 고증을 살필 수 없다.

덧붙여 참선 수행으로 깨달음을 얻는 선종의 전래는 이렇다. '경덕왕742~765 때까지 활발했던 신라불교는 그 후 점차 침체돼 갔다. 이 무렵 선불교가 중국에서 들어오게 된다. 새로운 이 선풍은 중국에서 달마 이래 종풍이 확립되어 독특한 선종으로 발전돼 왔다. 중국의 선종이 6대 혜능에 이른 때 유학한 신라 학승에 의해 선법을 들여온 것이다.

이로써 신라의 선종이 형성케 된다.

이를 살피면 9세기 통일신라 말 당나라로 건너간 유학승을 통해 이 땅에 새로운 시대정신 남종선이 들어오면서부터다. 점차 백성들의 호응을 받게 되자 도의가 구산선문 가운데 가장 먼저 가지산의 개산조가 되면서부터 선풍이 일어나게 된 것이다. 이 부문은 석남사에서 다시 잇고자 한다.

고려 대 이엄은 12세에 가야갑사에서 출가하여 중국으로 건너 가 도응의 법을 이어받아 귀국했다. 태조가 지어 준 황해 해주 광조사에 머물며 수미산문을 열었다.

또한 이 대 긍양은 일찍이 출가하여 900년신라효공왕4년에 중국으로 가서 도연에게 법을 얻었다. 924년 귀국하여 호랑이의 인도로 발 딛게 된 곳이 경북 문경 희양산 봉암사였다. 긍양은 폐사에 있던 이 절을 다시 일으켜 세워 선풍을 드날렸다.

보물로 가득한 고찰

절을 오르면서 태안사의 첫 경치 능파각을 만나게 된다. 계곡을 따라 맑고 시원하게 흐르는 물 위에 덩그러니 있어 이를 건널 때면 철마다 들려오는 느낌이 다를 듯하다. 능파각은 다리와 누각과 금강문을 두루 갖춘 것이다.

능파란 물결 위를 건넘을 뜻한다. 곧 세속의 번뇌를 버리고 부처의 세계로 듦이다.

세인들이 그가 산수에 자적함을 즐겨하는 것을 가리켜 신선 중의 사람이라는 고려 전기의 문신 임보가 능파각을 '개울 위에 다락을 세웠으니 누각이요/ 개울 위에 다리를 놓았으니 교량이요/ 개울 위에 절문을 얹었으니 산문이다/ 동리산 계곡 물 위에 뜬 봉황의 집'이라고 짧은 시로 읊었다.

　절간에 여유롭게 자리를 튼 연못을 빙 돌면서 조태일 시인의 생애를 생각하게 된다. 조 시인은 대처승이었던 태안사 주지스님의 아들로 태안사 절간에서 태어나고 유년을 보냈다. 생전에 시인은 '나의 시는 태안사에서 비롯됐고 태안사에서 끝이 났다.' 할 만큼 생의 터전인 태안사를 안고 있다. 그래선지 조태일문학관이 바로 코 앞 태안사 어귀에 자리하고 있다.

　오늘날 태안사와 조태일문학관과는 한 묶음이 돼 사람들의 발길을 닿게 하고 있다.

　태안사 대바라보물956호에 효령대군이 이곳에서 세종과 왕비, 왕세자의 안녕을 빌기 위해 만들었다는 글이 남아있다고 한다. 이 바라는 사찰에서 의식을 행할 때 쓰이는 악기다.

　대웅전에 들어 동종보물1349호도 살펴본다. 송광사가 참선을 수행하는 본사로 독립하게 되고 조선 초기 억불정책에 밀려 거개의 절들이 그랬던 것처럼 점차 쇠락을 맞았다는 태안사의 역사를 대웅전 법당에 앉아 다독여 본다.

　더구나 6·25전쟁으로 대웅전을 비롯한 대부분의 당우가 소실됐으나 옛 모습을 본 따 대웅전을 복원하는 등 절의 면모를 다시 갖추었다.

　천년고찰 태안사에 가득한 선종의 가르침을 가슴 속 깊이 새긴다. 태안사로 드는 길게 뻗어진 계곡 길은 과객의 걸음을 더욱 힘차게 한다. 지금처럼 잘 익은 단풍으로 말미암아 겨울을 낳고 봄에는 신록을, 여름에는 시원한 계곡과 울창한 녹음을 다시 만들어 내기 때문이다.

사|성|암
구례오산

국가명승지가 될 사성암

사성암 하면 '구례 사성암'을 퍼뜩 떠올린다. 속세의 사람들 발길이 끊임없이 닿는 오늘날 사성암이기에 그렇다.

여기에 깎아지른 바위와 맞닿은 유리광전을 먼저 꼽지 않을 수 없는 건 이 법당에 들면 암벽에 조각된 마애여래입상 불상과의 만남에서다. 3.9미터 높이의 마애여래입상은 원효가 선정에 들어 손톱으로 그렸다는 사성암의 불가사의한 전설이다. 무려 25미터나 되는 가파른 암벽에 새겨진 음각 마애여래입상이다.

호남정맥의 끝자락이기도 한 광양 백운산에서 흘러내린 산줄기가 오산과 맞닿는다. 오산이란 이름은 구례 땅에 새 형상을 이룬 하나의 산이 지리산을 바라보며 섬진강 물을 마시는 형국이라 하여 붙여졌다. 더러는 자라산이라고도 한다.

그다지 높지 않은 오산은 기이한 경관으로 뛰어나 구례향교에서

1800년 발간한 「봉성지」에 기록하기를 '그 바위의 형상이 빼어나 금강산과 비견할만하며 예부터 불리기를 소금강이라 하였다.' 한다.

사성암이 자리한 오산은 오산명품 휴양 숲으로 명명되고 있다. 현재 구례10경의 하나로 머잖아 국가명승지가 될 전망이다.

절의 창건에 대해서는 백제 성왕22년544년에 연기조사가 처음 건립했다는 말이 전해질 뿐이다.

그 후 원효, 의상, 도선, 진각 네 고승이 수도했다고 하여 붙인 이름이 사성암이다. 창건 당시는 오성암이었다.

사성암을 오르는 내내 가을하늘을 휘감은 뭉게구름이 나타나 섬진강도 평야도 지리산도 가렸다 폈다하는 묘기가 발길을 가벼이 한다. 까마득히 내려 보이는 굽어진 섬진강과 기름진 곡성평야가 왼쪽으로 한눈에 든다.

오른쪽으로 구례평야가 이어져 펼쳐있다. 농촌 마을도 가을 추수를 들여선지 흐릿하나마 마당 가득 풍요로움이 넘쳤다.

저 멀리 지리산 준령은 늘 그렇듯 굽이쳐 이어지는 위용을 드러낸다. 저마다 지리산 명품이라 하는 견두산, 간미봉, 성삼재, 노고단, 왕시루봉과 천왕봉이 경쟁적인 시선을 이끈다. 광양 백운산 일대의 고봉들 또한 내딛는 방향에 따라 이리보이고 저리보이기를 반복해 한다.

절경이 가히 금강산이요 예부터 소금강이라 한 실감이 짙게 묻어났다.

거기다 가을 산을 즐기는 등반객의 형형색색 색감흐름이 도심 밤의 도로가를 메운 자동차 불줄기와도 같았다.

유리광전의 신비스런 비경을 놓치지 않을세라 비좁은 계단에 몸을 부대끼면서도 연방 찰칵 찰칵 눌러대는 틈새에 끼여 사람들은 잘들 오르내린다.

  금강산 보덕암과 닮은꼴 유리광전 앞에서 겉모습을 스케치한다. 수직의 거대한 암벽이 보덕암과 거의 비슷한 느낌이다. 이 절벽에 의지하여 다리발을 세운 다락건물의 형태도 같다. 떠받친 기둥이 보덕암은 7미터에 이르는 하나의 구리기둥이라는데 사성암은 콘크리트형태 기둥인 게 서로 다른 점이다.

천하제일 약사여래 기도도량

  유리광전 법당에 들어 자세를 가다듬는다. 마애여래입상배경의 하나인 광배를 눈여겨본다. 광배란 붓다의 몸에서 나는 신령스럽고 밝은 빛을 상징한 불상의 한 구성요소다. 불꽃무늬와 덩굴무늬로 된 광배가 불상머리부위와 몸 전체를 감쌌다. 덩굴무늬 광배는 경주 골굴사 마애여래좌상에 표현된 것과 비슷하다고 하겠다.

  약사전이나 유리광전이나 약사여래를 모신 법당으론 서로 같다. 유리광전은 몇 해 전부터 약사전에서 바꿔 불리는 사성암 중심법당이다.

  약사여래 기도도량으로 천하제일이라고 세상에 알려진 만큼이나 내내 법당 가득히 기도효험이 배어있는 듯하다.

  사람이 살아가는 데 있어서 어려움과 질병을 없애주거나 고통에서 벗어나게 하는 사성암의 기도발이 유별나다는 선입감에서다.

  또한 예부터 원효에 의한 불가사의 전설을 지닌 사성암이기에 더욱 그렇다할 것이다. 나도 사람들의 틈에 앉아 참선에 가까운 자세로 합장을 풀 줄 모른다.

  법당에서 좌선한 나머지 마음의 여유로움이 생겼다고나 할까 느릿하게 유리광전 뒤쪽으로 올랐다. 800년 수령 귀목나무와 가까이 한 소원바위가 반겨주기까지 한다.

한 가지 소원은 꼭 이룬다는 소원바위이기에 너도나도 기도의 표정이 진지하다.

나 또한 두 손 꼭 부여잡았다. 정훈교 작가가 엮는 「산사의 풍경소리」 글을 쓰고자 우리나라 전통산사를 찾아 나선지도 다음 달이면 해가 바뀌어 두 해에 든다. 반면 생활불교를 익히고 우바새가 되면서까지 사찰을 찾고 책을 엮는 목표가 어느새 세 해가 저무는 셈이다. 목적을 이루기까지 좌절하지 않고 나아가야 한다는 자신에 대한 다짐이라 하겠다.

소원바위에 전해지는 하나의 전설은 이렇다.

'뗏목을 팔러 하동으로 내려간 남편이 돌아오지 않자 나룻가에서 기다리다 지쳐 세상 떠난 아내와, 아내 잃은 한 많은 설움에 남편마저 숨을 거둔 애통함을 이 소원바위가 감싸 안았다.'

도선국사가 참선한 곳 도선굴을 비좁게 빠져나간다.

오산은 지리산 도사들이 닦은 도를 마지막 단계에서 마무리하는 곳이라 한다. 이에 동양학자 조용헌 저 휴휴명당 사성암의 글월을 옮겨본다.

'고려 초기 최유청이 지은 도선국사 비문에서 도선은 젊었을 때 구례의 사도촌에서 지리산의 이인을 만났다.

이인의 나이가 수백 살 먹었다고 하니 지리산의 신선이 아니었나 싶다. 사도촌은 사성암 꼭대기에서 내려다보면 밑으로 보이는 동네다. 섬진강 모래가 쌓여 형성된 사도촌은 모래로 그림을 그렸다고 하여 붙여졌다.

사도촌의 현재 이름은 상사도리와 하사도리로 나뉘어 불린다. 도선이 이곳 사도리의 모래로 지리산 도사로부터 산의 모양과 강물의 흐름이 어떻게 흘러야 만이 과연 명당인지를 연마하였다는 것이다.'

전남 구례의 사성암은 이처럼 도선이 풍수를 연마한 곳이었다, 우리나라 지형을 배 모양으로 관측하고 상대적으로 기운 전라도 땅에 천불천탑 운주사를 세웠다는 통일신라 말의 도선국사가 정립한 풍수 철학은 십 수 세기가 지난 지금에도 풍수의 요체에 있다. 승려이기도 했던 도선국사가 죽은 후 제자들이 증성혜등이라 명명되는 탑을 옥룡사에 세워 스승을 영원히 기리게 했다.

나라에서 신라 효공왕은 도선의 시호를 요공선사라 내렸고 고려 숙종은 대선사라 추증함과 더는 왕사란 호를 추가하였다. 고려 인종은 선각국사로 추봉하고 의종은 비를 세우기까지 했다.

도선굴을 들고나면서 오산에서 숨 쉬는 도선의 유래와 그가 남긴 업적을 주워 담기에 충분했다.

여기 우뚝 저기 우뚝 솟은 풍월대 망풍대 뛰어난 열두 봉우리가 도선굴 주위에서 다시 펼쳐지는 풍광에 마냥 젖고 젖는다.

"솔솔 피어나는 나뭇잎 향기가 이다지 좋단 말인가요." "그러게요" 낙엽을 디디며 도반과 주고받는 속삭임은 자연의 정취와도 잘도 숙성이 된다.

절을 오르내리는 미니버스가 좁은 길을 교차하는 곡예주행을 잘도 하는 가운데 사성암은 온종일 분주했다.

이번 사성암과 도림사, 태안사 세 사찰이 대한불교조계종 20교구 화엄사의 말사에 속한다. 머지않은 날 화엄사와 구례 연곡사와 천은사를 찾겠다는 마음을 미리 다잡는다.

운|흥|사
고성향로봉

까치밥 남긴 운흥사 정취 넘쳐

 절간이 어머니의 손길이 닿은 포대기를 두룬 것처럼 무척 포근하다. 깊은 산중이면서도 그다지 높 잖은 와룡산의 소담스러움이 있기에 그런가싶다.
 다른 때보다 좀 이른 아침나절에 첫 코스로 들른 느낌에선지 운흥사에 드는 햇살 따사로움은 한층 더 겨울 맛을 자아냈다.
 텃밭 감나무 가지에 앙증맞게 달린 감 몇 개가 동지섣달 까치밥이라지만 운흥사의 훈훈한 인정미를 풍겼다.
 요사채 처마 밑에 웅크려 앉은 삽살개 한 마리의 무던한 눈빛에서도 같은 훈훈한 인정미를 넌지시 건네 왔다.
 대웅전에서 흐르는 목탁소리가 가득하다. 젊은 아낙의 흰 손수건이 눈가를 훔치는 것으로 보아 가슴 아픈 영가재인 듯하다.
 운흥사는 이번 고성군에 있는 문수암과 옥천사를 차례로 찾는 세 천년고찰 가운데 하나다. 모두 쌍계사의 말사에 속한다.

　오랜 역사 속에 임진왜란을 맞으면서 승병의 본거지가 됐는가하면 귀중한 문화재로 보물 두 점이 있다. 관음보살도보물1694호는 본사 쌍계사 성보박물관에 따로 보존돼 있다. 운흥사에 소장하고 있다는 괘불탱및괘보물1317호는 1730년조선영조6년에 만들어진 것으로 불화가인 의겸스님의 대작 가운데 하나다.

　같은 무렵 흥국사 수월관음도와 한국불교미술박물관에 소장되고 있다는 수월관음도 그리고 앞에서 본 보물 제1694호 관음보살도가 의겸에 의해 만들어졌다.

　듣기로 괘불탱의 본존 석가모니불을 화면의 절반을 차지할 정도로 입상형체로 크게 했으며 문수보살과 보현보살을 양 가로 하여 삼존불을 배치하였다.

　이 그림에서 주된 인물을 가장 정점으로 했으며 그 외 인물을 뒤로 물러나있는 표현의 구도법을 지녔다. 가장 큰 특징은 빈틈없이 채워진 여러 문양들과 저마다의 인물마다 붉은색의 표기문자 '범자' 라고 한다.

　즉 고대 인도의 산스크리트어를 적는데 쓰였던 하나의 문자가 그것이다. 좀 더 살피면 '문양은 연꽃, 덩굴꽃, 구름, 잔꽃, 둥근무늬와 점무늬이다.

　그 가운데서도 덩굴꽃무늬와 연꽃무늬, 구름무늬는 삼존을 두드러지게 한 주된 문양으로써 화면 전체에 걸쳐 화려함을 더했다. 범자는 인물마다의 이마 가운데와 두 눈썹 위 눈꺼풀, 목 윗부분과 가슴 위, 아래 그리고 발목과 여타 다른 부위에도 씌어져 있다' 는 걸로 볼 때 매우 정교하고도 의미부여가 깊다고 본다. 국보의 하나인 진주 청곡사 영산화괘불탱과 비교해도 손색이 없다고 평가하고 있다.

일제강점기에 운흥사의 여러 유물이 일본으로 유출됐으나 괘불탱만큼은 수차례 시도에도 불구하고 번번이 뜻을 이루지 못하였다한다.

문화재제자리찾기 대표 혜문스님의 활약에 의해 일본으로 흘러들어갔던 조선왕실의궤와 문화재서적이 근래 다시 찾아오게 됐다는 뉴스를 접하면서도 일본의 못된 소행에 격분이 치민다. 조만간 일본에서 한국으로 돌아올 것으로 전망되는 충남 서산 부석사 소유 금동관음보살좌상을 비롯한 귀중 문화재가 하루 빨리 우리 땅에 돌아와야 할 것이다.

운흥사는 676년신라문무왕16년 의상이 창건하였다.

승병 넋을 기리는 영산대재

매년 삼짇날 운흥사 큰 마당에서 영산대재를 봉행하는 만큼 비록 그날은 아니다 해도 마당가 사방에서 숙연함이 밀려온다. 나라를 구하고자 나선 승려가 전장에서 목숨을 많이도 잃었던 뼈아픈 임진왜란을, 그 혼이 서린 역사의 현장에 발을 딛고 보니 생생한 기억이 물밀듯 밀려온다.

운흥사가 승병활동의 근거지이자 조선 수군의 주요 전적지였던 것은 지리적으로 요새였기 때문일 게다. 임진왜란 때 사명대사가 육천명의 승병을 거느리며 왜군과 맞섰던 곳이었고 이순신 장군이 수륙양면작전을 수차례 세우기도 했던 곳이 이곳이다.

수륙양면작전에서 이곳 땅 고성 출신 최강 장군 형제가 혁혁한 전공을 세운 웅천대첩을 이 대목에서 살피고자 한다.

당시 왜구는 지금도 진해에 남아 있는 '웅천왜성'을 쌓아 이 일대에서 약탈과 우리 백성들을 마구 죽이기를 일삼았다.

이순신 장군은 이 같은 왜군의 만행을 막고자 최강 장군에게 수륙양면작전을 제의하였던 것이다. 곧 최강 장군 형제와 역시 고성 출신 제만춘 장군이 합세한 전력으로 십여 척의 왜선을 격파하는 대승의 전적을 올릴 수 있었다. 이 승전이 충무공이 왜군과 싸워 십여 차례나 이긴 가운데 하나다.

훗날 최강 장군이 순천부사에 부임한 때의 일화는 너무나 감격적이다.

오랜 전쟁으로 고을엔 몸이 성치 않은 사람과 혼자 된 아낙네에다 노약자나 어린 아이들 뿐으로 당장 기근을 면치 못하는 참혹함을 보다 못한 최강 장군은 눈물을 거두지 못하였다.

장군은 관곡을 풀면서까지 백성들의 굶주림을 달랬으며 직접 쟁기질을 하거나 지게를 지고 농사일을 돕는가하면 바다에 나가 노를 젓고 그물을 던져 백성에게 먹일 고기까지 낚았다는 것이다.

더 뭉클함이 있다. 이처럼 장군의 선정이 지극하여 그때부터 순천에서 굶어 죽는 백성들이 없었다고들 한다. 어느 날 최강 장군이 세상을 떠났다는 소식에 순천 사람들이 몰려들어 그의 묘소에서 삼년상이 나는 동안 시묘를 했다는 것이다. '시묘'란 예전에 부모가 죽으면 자식이 삼년 동안 묘소에 지은 여막에 살면서 조상을 섬긴 상례의 하나였다.

자기 부모에 대해서도 하기 어려운 시묘를 순천 백성들이 이토록 섬겼다니 그 위업이 얼마나 드높았음을 알게 한다.

운흥사 영산대재는 임진왜란에서 싸우다 숨진 승병은 물론 지방의

병, 관군, 수군의 넋을 다 아우르는 재이다. 오늘날 나라의 안녕을 비는 깊게는 문화행사로 발돋움하고 있다. 이때면 유일하게 모습을 드러내는 보물 괘불탱이 내 걸리는가하면 보통 1천여 명의 관객이 운집한다. 함께 열리는 산사음악회가 더해 봄의 향취를 한껏 돋우는 운흥사만의 독특함이다.

남해안을 한눈에 조망하는 향로봉

평범한 산세를 지닌 향로봉의 원래 이름은 와룡산이었다. 남쪽 기슭에 유서 깊은 운흥사를 비롯한 천진암과 낙서암을 안고 있어 산의 풍모는 더욱 고즈넉하게 보여 진다.

천진암에서 정상으로 조금 오르니 낙서암이다. 듬직한 보리수 두 그루가 반가이 맞아준다. 낙서도인이 수도했다는 낙서암은 물이 세다고 하는데 이 물로 술을 빚으면 효모가 생성되지 않을 만큼이나 세다는 것이다.

저 널찍한 삼천포 앞바다 한려해상국립공원이 중심에 있다. 그 좌우에 사천 신수도, 옥녀봉을 떠올리는 사량도와 그 옆 수우도가 훤히 보이는 뛰어난 전망이 펼쳐졌다. 과연 아름다운 해상 경관을 낙서암과 향로봉이 몽땅 안고 있다.

탄성이 산 속 여기저기 그치지 않는다.

문|수|암
고성무이산

문수보살이 나타난 문수암의 불가사의

문수암 창건 설화부터 열어가고자 한다. 의상이 지금의 남해 금산으로 기도 길에 들었다. 날이 저문 나머지 고성군 상리면 무선리 한 민가에 하룻밤을 묵게 된다. 꿈속에서 한 노승이 "날이 밝으면 만나게 될 걸인을 따라 불가에서 청량산이라 불리기도 하는 무이산으로 먼저 가라"는 것이었다.

마침 무이산을 잘 안다고 나타난 걸인을 따라 산 중턱에 이르렀다. 남해에 자리한 수많은 섬들이 비단에 수를 놓은 듯 절경이 펼쳐진데다 동 서 남 북과 가운데까지 솟은 다섯 바위 형상이 마치 오대산의 중대산과도 같은 놀라움을 자아냈다.

순간 함께 온 걸인이 중대를 가리키며 "저기가 내 침소다" 하고는 난데없이 나타난 걸인과 손을 맞잡고 홀연히 바위 틈새로 사라져 버렸다.

의상이 다가간 그곳 석벽사이엔 문수보살상이 보였으며 걸인들은 어디에도 흔적조차 없었다. 의상은 여기에서 '꿈속의 노승은 관세음보살' 이다.

'두 걸인은 문수보살이고 보현보살' 이란 걸 깨닫는다.

따라서 무이산을 두루 살펴 여기야말로 불교증진에 있어서 최적의 수도장이라 직감하고 "이곳은 족히 사자를 길들일 만한 곳이요 산수 수도장이로구나" 외쳤다.

의상에 의해 석벽에 문수와 보현 두 보살상이 깃들어 있다하여 문수단이라하고 문수암을 세우게 됐다는 것이 창건 얘기다. 지금도 석벽사이를 들여다보면 천연의 문수보살상이 나타나 보이는 불가사의가 신기할 따름이다한다.

이때가 전하는 대로 문수암 창건 688년신라신문왕8년이다.

무이산의 옛 이름 청량산은 문수보살이 머물고 있다는 중국의 산 이름을 빌려온 것으로 이곳에 문수신앙이 있음을 알게 하고자 함이다.

기암절벽이 암자 뒤를 병풍처럼 둘러싸고 있는 천년고찰 문수암이다.

법당 문수보살상 뒤편을 투명한 유리벽으로 하여 문수보살이 보인다는 암벽을 눈에 들게끔 했다.

일체 중생을 애민하게 여긴다는 문수보살의 지혜와 자비가 가득한 보현보살이 빚어내는 영험으로 말미암아 문수암 마당가가 사람들의 발길로 빼곡하다.

남해 금산 보리암과 청도 운문사 사리암과 영남지방 3대 기도처로 잘 알려진 문수암이다.

고시기도, 합격기도와 출세기도가 쇄도하는 만큼이나 이어지는 목탁소리가 줄곧 문수암 법당에 끊이지 않는 참배객의 심금까지 울려

준다.

　문수보살은 보현보살과 짝하여 석가모니 왼쪽에 앉은 부처로서 지혜를 맡은 보살이다.

　여기에서 중국 오대산에서 비롯되는 문수보살과 우리나라 오대산 일만 문수성지에 대해 살펴보고자 한다.

　역자 김원중이 옮긴 일연스님의 삼국유사 일부분이다. '신라 선덕왕 시대 636년에 자장법사가 유학 갔던 중국 산서성에 있는 오대산에서 문수보살에 감화 돼 불법을 전수받았다. 문수보살이 자장법사에게 일컫기를 "산천이 험준한 탓에 사람의 성품이 거칠고 사납다. 때문에 사회에 해를 끼치는 그릇된 종교를 믿게 됨으로써 때때로 천신이 내리는 재앙이 있기도 한다. 그러나 법문을 많이 아는 승려들이 나라 안에 있어 군신이 편안하고 모든 백성이 평화롭다."는 말을 남기고 문수보살은 이내 사라졌다.

　다시 신령스런 사람이 나타나 "어찌하여 여기까지 왔는가?" 물어왔다.

　자장은 "보리를 구하기 위함입니다." 즉, 불교 최고의 이상인 부처에 이르는 길을 걷고자함이라고 말했다. "고국에 돌아가 무슨 일을 해야 이롭겠습니까?" 자장의 물음에 황룡사의 호법용이 바로 내 큰 아들인데 인도 바라문의 최고신인 범왕의 명령 아래 절을 보호하고 있다. 본국으로 돌아가서 탑을 세우고 절을 하나 짓고 나의 복을 빌어주면 나 역시 덕을 갚을 것이라 했다.'

　한편 '자장은 중국 태화지에 있는 돌부처 문수보살에게 이레 동안 경건한 기도를 드렸더니 부처로부터 네 구의 게를 받는 꿈을 꿨다. 그러나 고대인도 아리안의 말인 범어여서 뜻을 풀 수가 없었다.

다음 날 나타난 승려가 네 게는 「일체의 불교 이치를 깨달았다」, 「본래의 성품은 가진 바 없다」, 「불교 이치를 깨달았다」, 「부처의 진신을 높이는 노사나 부처를 곧 본다」는 뜻임을 일깨워줬다.

그러고는 "이것은 우리 스승 석가모니께서 쓰시던 물건이니 그대가 잘 보관하십시오" 이어서 또 말했다. "그대의 나라 동북쪽 명주 경계에 오대산이 있는데 일만의 문수보살이 언제나 그곳에 머물러 있으니 가서 뵙도록 하시오." 명주는 지금의 강릉이다.

자장은 너무나 기이하고 신령스런 일이 있었던 자취를 찾아보고는 승려가 말한 대로 돌아가려 했다. 그런데 태화지의 용이 나타나 재를 부탁하여 역시 이레 동안 공양했다. 그러자 용이 자장에게 말했다.

"지난번 게를 전한 노승은 참 문수보살입니다."

이렇게 말하며 또 절을 짓고 탑을 세울 것을 간곡하게 부탁했다.

자장은 643년 오대산에 이르러 문수보살의 진신을 보려 했으나 사흘 동안이나 어둑한 날이어서 보지 못하고 발길을 돌려야 했다. 달리 머무른 원녕사에서 문수보살을 보게 됐다. 그 후 칡덩굴이 서려있는 곳으로 갔는데 지금의 정암사다.'

뒤이어질 일만 문수성지 오대산 월정사와 정암사를 찾아 문수보살을 더 살피고 신라 정신대왕의 태자 보천과 효명 두 형제가 오대산에 숨어드는 지극한 옛 얘기도 잇고자 한다.

남해한려수도가 가득한 절경

창건 이후 문수암은 수도 도량으로 많은 고승들을 배출하였다. 아쉽게도 중창과 중건의 역사가 전래되지 않고 있다.

지금의 문수암은 사라호 태풍에 붕괴돼 새로 지었다.

삼국시대부터 해동의 명승지로 유명했거니와 신라 때 유·불·선과 삼덕과 오계를 중시한 화랑도 정신이 이 산에서 길러졌다고 전해진다. 암자 경내에 1974년 세운 절에서 수도한 청담 대종사의 사리를 봉안한 탑이 있다.

앞 창건설화에 언급됐듯 무이산의 동서남북이 웅장할 뿐더러 문수암 조망은 빼어났다. 눈 앞 멀리인 듯 가까이인 듯 바라다 보이는 한려수도전망은 운흥사의 경지와 비견해도 모자람이 없다.

해맑은 쪽빛이 내리쬐는 한낮의 남해바다는 은빛가루를 아주 잘게 토해내고 있다. 사량도 뿐만 아닌 저기 추도를 둘러싼 자그마한 섬들마저 문수암을 빛내기에 경쟁적이다.

문수암에서 내다보이는 바다조망이나 좀 더 오른 무이산 정상에서 와 닿는 남해바다의 아름다움 깊이가 나름마다 달랐다.

문수암은 지형적인 조건에서 좁은 공간에 있다지만 저 밑 산자락에 널따란 약사전이 문수암과 마주하고 있어 결코 작은 절간이 아니다.

이 약사전에 있는 약사여래불은 대불이라 불릴 만큼 크기가 매우 웅장하다. 조화의 하나라 할 약사여래불 정 방향이 문수암이 있는 무이산과 마주보고 있다. 약초산이라 불리어지는 무이산과 말이다.

"약초산에서 배어나는 정기를 문수암의 약사여래가 다 안아 중생들의 질병을 말끔하게 씻어주는 약사전이 아닌가?" 혼잣말로 뱉다 내려오는 발길을 약사전으로 들여 놓는다.

역시 기도처로 알려진 문수암이니만큼 이곳 약사전의 기도발도 못잖게 묻어났다.

옥|천|사
고성 연화산

명수 100곳의 하나인 옥샘

고성 연화산 마디마디 봉우리를 감싸 안은 천년고찰 옥천사다. 사방 나무며 계곡이며 흐르는 물이며 돌과 흙이며 산짐승과 벌레는 물론 온 산에서 뿜어나는 숨소리마저 한껏 어우러진 아름다움 이 일대가 경남기념물140호이다. 절을 길고도 널따랗게 에워싼 연화산 일원 또한 경남도립공원이다.

연화산은 반쯤 핀 연꽃과 같다하여 붙여졌다는 이름이다.

"이 얼마나 아름다운 곳인가?" 유래되듯 연꽃을 그리며 바라보게 되는 연화산에서 눈을 떼지 못한 목청에서 새어나오는 말이다.

고성엔 진산이라 하는 천왕산과 한려해상을 바라보는 문수암이 자리한 무이산, 운흥사가 자리한 향로봉은 그야말로 명산이다.

뿐만 아닌 바다조망이 유별난 벽방산, 거류산, 좌이산 또 구걸산과 정상 가까이 공룡발자국 화석이 있다는 적석산에다 하늘나라 선녀가 나뭇꾼과 사랑을 싹틔웠다는 선유산이 다 명산이다.

유달리 산의 멋을 아는 한 도반의 의견에 좇아 연화산 등산로를 미리 밟고 내려오면서 옥천사에 닿기로 했다.

우람한 나무둥치 사이를 비껴 토끼 똥을 밟아 나가는 산길에서 찰진 겨울 맛을 자아낸다. 낙엽 수북한 숲길로 이어질 때면 더욱 그러하다.

떡갈나무 낙엽 밟는 바스락 소리가 앞서거니 뒤서거니 하는 일행들의 침묵을 으깨주는 공간에서 또 하나의 음률을 만들어낸다.

등산길을 따라 옥천사의 공양미 전설을 듣는다.

'의상대사가 이 절을 세우기 이전부터 바위틈에서 신비하게도 구슬물이 흘러내렸으며 매일매일 일정분량의 공양미가 쏟아졌다. 하루는 욕심이 생긴 보살은 바위를 깨뜨리고 샘을 헐어 단번에 많은 공양미를 얻으려 했다.

그런데 공양미는커녕 물마저 나오지 않았다. 그 후 어리석은 공양주의 탐욕을 참회하는 노스님의 지극정성 기도로써 샘물은 종전대로 흘러내렸으나 공양미는 아예 끊어졌다는 것이다.

다행히 다시 물이 나올 때 신통한 연꽃 한 송이가 피어나 그때부터 마시게 되는 물은 정신이 맑아질 뿐만 아니라 만병에 효험이 있다는 파다한 소문까지 낳아 끊이지 않는 발길로 이어졌다. 절 이름도 달고 맛있는 구슬물이 끊이지 않고 흐른다하여 옥천사라 하였다.

이러한 전설의 역사에서 옥천사 터가 된 옥샘을 보호하고자 옥천각을 세워 신성시하고 있다.

오늘날 우리나라 명수 100곳에 선정 돼 뛰어난 수질은 물론 물에 얽힌 유래와 전설, 옥천사의 지명도를 드높이고 있는 옥샘이다.

이런저런 얘기에 어느덧 등산로를 따라 옥천사 마당에 든다.
무엇보다 갈증도 나서지만 전설의 옥샘 물을 두어 잔 연거푸 마신다. 역시 달고 맛이 있다고들 한마디씩 뱉어내 물 값에 대신한다.

화엄십찰의 하나였던 옥천사

676년신라문무왕16년 의상이 창건하였다는 옥천사의 안내다. 덧붙여 '옥천사를 부석사 창건연대인 676년으로 보는 것은 그 전후에 옥천사가 창건 됐다.' 하는 불명확함에서 아쉬움을 남게 한다. 이래선지 고성군은 670년으로 밝히고 있는가하면 또 어디서도 670년 여러 갈래다. 창건연대에 대한 고증 또는 정립이 필요하다.

의상은 당나라 지엄으로부터 화엄을 공부한 뒤 670년 신라로 돌아온 그해 강원도 낙산사 관음굴에서 기도와 더불어 화엄종을 펼쳐나갔다.

676년 왕명에 의해 화엄종의 중심사찰이 된 영주 부석사 창건을 시작으로 당시 비슬산 옥천사를 비롯하여 두루 살핀 신라 땅 곳곳에 화엄십찰을 일으켰다.

의상은 제자들을 길러내는데도 게을리 하지 않았다.

일연스님이 지은 삼국유사에 '제자 오진은 하가산 골암사에서 매일 밤이면 팔을 뻗쳐 부석사의 석등에 불을 켰다, 지통은 추동기를 지었는데 즉 의상이 설법한 화엄경 강의를 간추린 책으로 그 가르침대로 글이 조예 있고 오묘하게 엮어졌다, 표훈은 일찍이 불국사에 있는 동안 항상 천궁을 오갔다.'

이처럼 훌륭한 제자를 둔 의상 또한 신통력이 뛰어났다.

의상은 '절 황복사에 머물 때 한 탑돌이에서 허공을 딛고 올랐기에 돌사다리를 필요로 하지 않았다한다. 제자들마저 딛는 표면에서 세 자나 떨어진 공중을 밟곤 했는데 의상은 이를 가리켜 세상 사람들이 보면 괴이하다 할 것이므로 널리 가르칠 수 없다.' 각기 적고 있다.

지금엔 쌍계사의 말사에 있다하나 신라시대 화엄십찰에 든 매우 큰 도량 옥천사였다.

자방루와 대웅전, 탐진당과 적묵당 안에 놓인 절마당, 시원스러울 만큼 널찍했다. 이처럼 널찍한 절마당과 상당한 규모의 자방루는 연유가 있다.

임진왜란이 일자 승려들로 하여금 왜군에 대항하는 장이 옥천사였으며 1743년조선영조19년부터는 조선 조정에서 해안 사찰을 위주로 강제로 승군을 두도록 했다.

이때 옥천사의 승군 정원은 역대 가장 많은 340명이나 됐다. 그 뒤 1764년에 지은 이 자방루에 비가 오거나하면 모두 들어앉았다는 것이다. 이만한 승군의 훈련장 또한 옥천사 마당이 감당했다.

자방루에 그려진 피리를 불며 하늘을 나는 선녀, 용이 꿈틀대며 날아오를 듯 형상과 수십 종의 새 그림은 우리나라 여느 건물에서 볼 수 없는 가장 많이 그려진 예술적 건물이라 한다.

대웅전은 대개 석가모니불을 주불로 하고 있다. 이에 반해 아미타불을 둔 이유는 옛날 석가모니부처를 둔 대웅전 전각에 걸렸던 현판을 그대로 이어가는 차원이라 한다. 현판은 영조 때 동국진체풍의 대가였던 동화사 기성대사의 글씨다.

옥천사 대웅전 아미타삼존불에 기도하면 바라는 바가 이루어지고 이 절에서 공부하면 반드시 이루고자하는 고시에 붙게 됨은 물론 출세 길이 탄탄하다는 정설이 있다. 그 아닐지라도 대웅전 법당에 든 기도마음은 차분하게 가라앉고 뭔가의 그득함으로 받쳐주는 듯하다.

옥천사에는 청동북보물495호이 있다. 원래 지리산 안양사에 있던 것이나 언제부턴가 옥천사가 지니게 됐다고 전한다.

고운 최치원이 쓴 쌍계사 진감선사 대공탑비에, 가까이 또 하나의 옥천사가 있어 헌강왕이 고쳐 쌍계사라 하였다. 바로 연화산의 옥천사를 지칭한 것이다.

'의상이 화엄십찰을 창건하는데 있어서 대부분 옛 고구려와 백제의 도읍지와 멀지않은 곳에 배치했다. 이곳 고성에 옥천사가 세워진 것도 이 지역이 소가야였으며 금관가야가 멸망한 532년까지도 백제와 연합하여 신라에 항거했다는 기록에 미뤄 소가야지역민들을 선무하기 위함이었을 것' 이라는 옥천사의 견해다.

옥천사는 대대로 많은 고승대덕이 주석해 왔다. 고려시대 혜거국사를 비롯하여 근세에 이르러서 옥천사에서 출가하고 부패한 불교집단을 정화해야 한다고 앞장섰던 청담스님이 그 중심에 있다.

아무리 작은 법회에서 청하는 법문일지라도 불원천리 마다않고 달려갔거니와 어린 초행자의 인사를 합장으로 공경했던 청담스님은 우리의 기억에서 생생하다. 매사에 인내하며 견디며 인욕하는 육바라밀 수행에 남달랐던 청담스님의 가르침은 옥천사 안팎에 가득하다.

옥천사는 1949년 제정 공포된 농지개혁법 이전에는 소유한 전답이 많아 부유한 절이었다. 그러나 이 법 시행으로 소작농에게 고스란히 전답을 넘겨주는 대변혁을 맞아 하루아침에 가난한 사찰로 전락하고 말았다.

그렇지만 현대사회에 들어 교통 소통이 활발해지면서 절을 찾는 이가 점차 늘어나면서부터 곤궁에서 벗어났다고 한다.

옛 우람했던 때 지녔던 많은 문화재를 소장한 유물전시관에 닿은 발길을 다시 바람도 잠자는 듯한 고요한 분위기에 싸인 절간 찻집으로 돌렸다.

연잎에서 우려낸 연차를 입가에 살포시 포개며 이번에 고성지역 옥천사를 막 순으로 세 사찰 풍경소리가 아주 자자하게 다시 스며드는 저녁나절에 있다.

부|석|사
영주 태백산

서방정토길 무량수전에 들다

어간문 느낌의 정문을 통해 무량수전 법당에 든다.

법당 정면이 아닌 오른쪽 측면이 되는 동쪽을 보고 앉은 부처소조여래좌상국보45호를 마주보고 섰다. 대개 어간문을 정방향으로 한 불상과 다르게 좀체 보지 못하는 현상이다.

때문에 법당 측면 쪽 문이 없는 이유를 알듯하다.

이승을 떠나 이미 극락세계에 온 느낌들이다. 일주문에서 안양문을 올라 무량수전에 들기까지 곧 서방정토에 이르는 길이라 했거늘 그 길을 밟아 오르면서 묻어나는 생각이 그랬다. 무량수전과 가까워질수록 상념에 젖는 오묘함은 과연 다른 이도 그럴까? 사뭇 깊어져만 간다.

영주 부석사는 의상이 당나라에서 돌아온 뒤 676년신라문무왕16년 왕의 명령을 받아 태백산에 세운 화엄종찰이다.

삼국유사에서 살피면 '의상은 스물아홉 살에 황복사에 몸을 맡겨 머리를 깎고 승려가 되었다.

661년 당나라로 들어간 의상은 지엄에 의해 화엄경의 새로운 이치를 깨치고 스승을 뛰어넘는 경지에까지 이르렀다. 그 무렵 당나라에 갇혀 있던 신라의 재상 김흠순김인문이라고도 한다과 김양도 등이 나서 당나라 고종이 동쪽을 치려한다고 의상에게 알렸다.

곧바로 신라로 돌아온 의상은 조정에 알렸고 마침 용궁에 들어가 비법을 전수받았다는 명랑법사에 의해 해법을 찾았다. 비단으로 곱게 물들인 사천왕사를 지어 기도를 했다. 격침도하기 전에 우리 국경 바닷가를 맴돌던 당나라 군사들의 배가 모두 침몰돼 나라가 곧 위기에서 벗어날 수 있었다.

명랑은 자장의 생질이며 일찍 당나라 유학을 했다. 불교의 11종파 가운데 하나인 신인종의 종조로 받들어졌다.

한편 의상은 조정의 명을 받들어 부석사를 세우고 대승의 교법을 포교하니 영감이 많이 드러났다.' 한다.

부석사는 마치 화엄종의 華화자를 형상화한 가람의 배치에서부터 불교 교리의 하나인 정토사상과 화엄사상이 공통적으로 나타나있는 게 특징이란 것이다.

이는 부석사의 배치 및 조영 형태가 정토사상에 바탕을 두었고 주된 전각 무량수전에 서방정토의 교주인 아미타불을 모셨다는 점이다.

무량수전에 오르기까지 석축을 이루고 있는 단이 아홉 개로 나뉘어져 있다. 정토삼부경「관무량수경」에서 중생이 극락세계에 이르는 길은 삼배왕생이라 하여 세 단계로 나뉘고 다시 각기 세 단계로 나뉘어져 구품왕생으로 이어진다.

즉 부석사 일주문에서 천왕문까지가 하품단, 천왕문에서 범종루에 이르는 세 단이 중품단이며 극락정토에 이르는 안양루까지가 마지막 단계가 되는 상품단이다. 안양은 극락의 또 다른 말이기도 하다.

안양루의 심장을 떠받치고 있는 석축 돌계단을 디디면 이윽고 극락세계 무량수전에 닿게 되는 셈이다.

경전에 서쪽으로 십억 국토를 지난 곳에 극락정토 사바세계가 있다. 아미타부처는 그 곳에 있다. 부석사를 찾은 중생이 무량수전 부처께 예배하면 동쪽에서 서쪽으로 곧 서방정토 아미타부처에게 경배하는 것이 된다.

다시 떠올려짐이다. 절간에 드는 일주문을 지나자 속세에서 흐트러진 마음부터 가다듬게 하는 천왕문이 머릿속에 덩그랬다. 누구나 여기에 서면 무거운 집착을 내리려 할 것이다. 참 나를 발견하는 심경으로 한 단계씩 이어지는 서방정토길이 있기 때문이다.

이런 일깨움 속에 서방정토길 계단을 밟아 올랐었다.

마침내 안양루와 맞닿은 무량수전 마당에 닿게 됐다.

절 마당 한 가운데 선 석등국보17호이 대낮임에도 환한 불을 밝히고 있는 듯한 느낌은 무엇에선가?

선묘와 의상조사

부석사의 '부석'은 뜬 돌 뜻이다. 선묘와 의상스님에 대해선 전설을 떠나 사실적으로 와 닿는다. 의상스님이 왕명에 의해 이곳 봉황산 기슭에 부석사를 세우기까지는 선묘의 힘이 아니었다면 결코 이루어지지 못했을 것이라는 생각부터 앞선다.

이교도들에 의해 절을 짓지 못하게끔 잇따른 방해에 용이 되면서까지 의상스님 곁을 떠나지 않았던 선묘에 의해 큰 바위를 하늘에 뜨게 한 신비로써 이들은 물러가게 되고, 절을 짓게 됐다는 전설은 지금의 부석바위에 남아있다.

삼국유사에 나오는 선묘와 의상의 사랑이야기는 애절하기까지 하다. 화엄사상을 득도하고자 당나라에 들어가 어느 집에서 머무는 동안 주인집 아가씨 선묘는 첫눈에 의상에게 반해버렸다.

그러나 선묘는 구도자인 의상의 마음을 돌리지 못하였다. 하지만 불타는 사랑을 의상스님에게 귀의하는 것으로 자신을 다잡았다. 오직 의상스님만을 흠모하는 것만으로 세월을 감내했다.

그런 어느 날 의상이 신라로 돌아가고자 배를 탔다는 소식에 선묘는 평소 의상스님에게 건넬 손수 지은 옷가지를 가슴에 안고 포구로 달렸으나 이미 배는 떠난 뒤였다.

선묘는 내 몸이 바다의 용이 돼 의상스님이 신라로 무사히 돌아갈 수만 있다면 하는 솟구침에 바다 속에 몸을 던지고 만다.

그렇게 용이 된 선묘는 신라 땅에 닿고 부석사 우물에 머물다 의상스님이 부석사를 창건하게 했다는 설화가 빚는 오늘날 선묘가 부석사의 석룡이면서도 수호신이라는데 아무런 토가 달리지 않는다.

유홍준의 나의 문화유산답사기에서 이와 같이 적고 있다. 1992년 유홍준이 일본을 찾았을 때 의상스님과 선묘아씨에 대한 내용이다. '의상과 선묘가 나란히 그려진 「화엄종조사회전」 도해가 일본국보로 지정돼 있다는 것이다.

뿐만 아니다. 지금은 폐사됐다하나 선묘를 기린 절 선묘니사젠묘오니지에다 역시 화엄종조사회전과 같은 시기 12세기에 만들어졌다는 아름다운 「선묘조각상」이 그 예부터 지금까지 엄존하고 있음은 예사로움이 아니다. 이 모두 교오토박물관에 소장되고 있다.'

　의상스님을 그토록 짝사랑하다 끝내는 내 한 몸 던진 영혼이면서도 부석사의 주춧돌이 된 선묘였지 않은가? 우리는 선묘각 하나만으로 그 영혼을 달래야하는가 자꾸만 겸연쩍기까지 하다.

부석사를 싸고 있는 천혜의 절경

　안양루에서 내려다보이는 아래 가람에서부터 저 멀리 소백산의 연봉이 시원스레 한눈에 든다. 이어지는 아스라한 소백산맥 등줄기는 나날 운무를 띠워내 부석사의 아침마당을 더욱 싱그럽게 할 것이다.
　방랑시인 김삿갓이 부석사를 '그림 같은 강산은 동남으로 벌려있고' '백 년 동안 몇 번이나 이런 경치 구경할까' 짤막하게 잘도 읊어냈다.
　부석사가 지닌 국보는 앞에서 짚었던 소조여래좌상과 석등, 무량수전국보18호과 의상대사를 모신 조사당국보19호과 따로 보존된 조사당 벽화국보46호 등 모두 다섯 점이나 된다.
　보물로는 자인당 석조비로자나불좌상 두 구보물220호, 자인당 석조석가여래좌상보물1636호, 삼층석탑보물249호, 당간지주보물255호, 경전인 고려각판보물735호 등 고귀한 문화유산이 가득하다.
　더는 1684년 만들어진 것으로 보는 원래의 괘불은 국립중앙박물관에 소장되고 있다한다. 1916년 무량수전 해체 수리 때 발견된 금동약사불입상을 비롯한 이십여 유물 가운데 십여 종이 넘는 불상 또한 국립중앙박물관에 소장되고 있다는 것이다.

무량수전은 우리나라에 남아 있는 진정한 고전임에 두 말의 여지가 없다. 건물규모나 구조방식이나 불법의 완성도측면에서 고대 불전의 형식과 구조를 연구하는데 으뜸 기준이 될 만큼 가치가 매우 크다.

이 못잖게 누각 범종루는 건물 길이가 짧은 쪽 팔작지붕이 정면이고 반대로 긴 쪽 맞배지붕이 측면이다. 이렇게 지은 이유가 궁금했다.

이유인즉 범종루가 내려다보이는 위치에 있는 무량수전을 정면으로 짓누르지 않는다는 것인데 무량수전 앞에서 바라보면 목수가 왜 그리했는지 알 수 있다고 짚어주고 있다.

또 하나 일주문에서 거의 일직선상으로 이어진 안양루 아래지점과 무량수전과는 30도 가량 비켜나 있다. 이는 아래에 있는 범종루에서 바라보이는 안양루와 무량수전이 중첩되는 장면을 극적으로 자아내고자 함이며, 범종각 위에서보는 안대는 도솔봉이며 무량수전의 안대는 동쪽으로 돌출된 작은 봉우리라는 두 측면에서다.

화엄종찰 부석사는 우리나라 주요사찰 가운데 하나인 만큼 세계문화유산으로 곧 잠정목록에 등재될 전망이다. 머잖은 앞날 그 반열에 우뚝할 것이다.

배흘림기둥 무량수전을 떠받치고 있는 네 처마기둥을 우리는 뭐라고 말해야할까? 아니면 어떤 위로라도 해야 할까? 세밀하게 관찰하지 않으면 모르는 아림이 있다. 천년 세월을 비바람과 부대끼면서 멍든 기둥 아래 부위 마디마디 갈아 끼운 접목이 그것이다. 새 물체가 다시 맞물려 육중한 무량수전을 힘껏 받쳐 든 버팀에서 오늘날 부석사를 더욱 찬란하게 한다.

천년의 세월이도록 꽃피운 의상스님이 꽂은 선비화는 다시 천년이도록 나날이 영롱할 지다.

축｜서｜사
봉화문수산

축서사 안은 문수산 한 폭의 동양화

 봉화군 물야면 개단리 1번지라 하면 1이란 숫자적 선입견이 앞선다. 해발 1206미터의 문수산 7부 능선에 앉은 1번지 축서사이고보면 봉화의 으뜸이 아닌가하는 지배적 생각에서다.
 눈이라면 그림으로 여기는 부산사람들에겐 오늘은 눈 구경을 실컷 하게 한다. 이리굽이 저리굽이 사방에 쌓인 눈길을 맛보며 축서사에 닿았다.
 와보지 않고서는 말하지 말라는 말뜻을 헤아린다. 강원도 태백과 경계지점 경북 봉화 그 가운데서도 축서사가 있는 물야는 오지 중 오지이기에 나오는 말이다. 물론 깊은 산 속인 만큼 그 아름다움은 장관이다.
 태백산맥이 남쪽으로 굽이쳐 내린 줄기에 문수산이 솟아있다. 명산 소백산이 저 멀리 서쪽에 병풍처럼 드리워져 있고 동쪽으로 화산과 남쪽으로 청량산이 우뚝하게 보인다. 그 안 훤칠한 각화산과 문수산과는 이웃 간이다.

이 자연 명당에 축서사가 자리 잡았던 창건설화는 이렇다.

'먼 옛적 문수산 아래에 지림사가 있었다. 어느 날 스님이 지금의 개단초등학교 앞산에서 찬란한 빛이 발산하는 걸 보게 됐다.

광체가 나는 곳에 한 동자가 가지런히 조성된 불상 앞에서 절을 하고 있었다. 오래지 않아 그 동자는 청량산 문수보살이라 하고는 사라지고 불상만 남게 됐다. 훗날 여기를 찾은 의상대사가 현 보광전 터에 법당을 짓고 불상을 들이고 세운 게 축서사의 창건이다.' 때는 673년 신라문무왕13년이다. 이즈음 문수보살이 나타났다고 해서 산 이름도 문수산이라고 불려진듯하다.

문수산 여기저기에 여러 사찰과 전설이 풍성했다고 하나 흐릿한 흔적만이 흩날리는 지금에서 변화무쌍한 세월을 탓할 수만은 없다.

'독수리 축', '깃들 서' 즉 독수리가 사는 절이란 것이다. 독수리는 지혜를 뜻하고 지혜는 곧 문수보살이기에 붙여진 이름이다. 이와는 다르게 축서사를 품은 문수산 뒤가 험준한 산세였기에 풍수지리학에서 보면 독수리 형국과 같다하여 축서사라 명명됐다는 설도 있다.

축서사 내력을 더듬는 가운데 보광전에 있는 석조비로자나불좌상 및 목조광배보물995호를 살핀다. 불상이 주는 느낌은 육중한 만큼이나 안정적이고 푸근했다. 나발머리가 그렇고 신체가 곧은 데서부터 반듯한 어깨에다 당당한 가슴과 넓게 벌린 무릎에까지 미적 인간미가 그윽하다.

무릎사이 부채꼴 모양으로 넓게 퍼진 주름은 다른 불상과 달리 물결 식으로 표현된 매우 특이하다.

이 불상은 원래 금빛이었으나 1950년대 항공스님이 흰색으로 덧칠해 오늘에 이르고 있다함으로써 의아해 했던 첫 느낌이 해소됐다.

대웅전 법당에 걸린 괘불탱화보물1379호를 유심히 살피다보니 석가모니불을 중심으로 왼쪽 오른쪽 불상이 통상과 다름을 발견했다. 문수보살과 짝한 보현보살의 자리에 관세음보살이 있어서다.

알고 본 즉 이 대웅전은 1999년 10월에 완공되었다. 어느 날 서울에 사는 한 보살이 여러 신도들과 공양을 올리려하는 직전이었다. 보광전 쪽에서 대웅전에 이르는 계단에 나타난 관세음보살이 환히 웃으셨다는 것이다. 무여 큰스님은 이 말을 전해 듣고는 보현보살의 자리에 관세음보살을 모시게 했다는 연유였다.

축서사는 부석사와 불과 40여리 밖에 안 되는 가까운 거리에 있는 절로써 천년고찰답게 절의 면모에서 중후함이 짙게 풍겼다. 가까운 거리에 위장병과 피부병에 크게 효험이 있다는 소문에 이리저리 쭉 이어지는 오전약수탕과 다덕약수탕이 있다.

부석사의 큰집이라 한다

의상조사가 부석사를 세우기 세 해 전에 축서사를 창건했다. 부석사의 배치형태가 축서사와 같다는 말도 있는가하면 축서사의 본존불이 동쪽을 향한 것도 서로 같다는 데서 축서사가 부석사의 큰집이라 불리어진 듯하다.

부석사의 큰집이라는 이곳 절 마당에 드니 의상대사가 다시 떠올려진다. 최근 발 닿은 부석사는 물론 쌍계사의 말사 옥천사, 문수암, 운흥사 등 두루 의상이 창건한 사찰이다.

의상이 우리나라에 화엄경을 펼치기까지 죽을 고비를 맞으면서 중국에 들어갔었던 야사가 있다.
　삼국유사에 의상은 원효와 함께 중국으로 가는 길에 국경에서 그만 첩자로 몰렸으나 다행스럽게 풀려나게 됐음을 기록하고 있다.
　세월이 한참 흐른 661년 의상은 자기의 나라로 돌아가는 당나라 사신의 배에 간신히 몸을 얹어 다시 중국으로 들어가게 됨으로써 꿈의 기틀을 이루게 됐다.
　당나라 종남산 지장사에 당도하여 불교 화엄종의 2대조인 고승 지엄을 만나게 된다. 이상하게도 의상을 만나기 하루 전에 지엄의 꿈에 큰 나무 한그루가 즉 예전에 우리나라를 일컬은 〈해동〉에서 생겨난 무성한 그늘이 중국까지 와서 덮었다.
　그리고 봉황의 둥지가 나무 위에 우뚝하였으며 여의주라고도 불리는 마니보주, 용의 뇌 속에서 나오는 것으로 악을 없앰은 물론 재난을 일게 하지 않는 공덕의 빛이 멀리 뻗치고 있는 것이었다.
　예사의 꿈이 아니라 여긴 지엄은 곧바로 깨끗한 청소를 하고 기다리던 때 의상이 나타났다. 지엄은 지극한 예를 갖추어 "내가 어젯밤 꾼 꿈은 자네가 내게 의탁하는 징조였네" 말을 건네며 반가이 맞아들였다.
　이로부터 의상은 지엄의 가르침 속에 날을 더할수록 화엄경의 오묘한 뜻을 풀어내는 뛰어난 자질을 자아냈다.
　쪽빛과 꼭두서니 빛[제자]이 그 본색[스승]을 뛰어 넘는 곧 청출어람의 경지에까지 이른 의상이었다.'
　이때가 670년으로 신라로 돌아온 의상은 화엄종을 펼침과 동시에 왕이 나라를 안정적으로 다스리는 지혜를 심었다.

한량없는 무여 큰스님의 불사

"1987년 축서사에 처음 와서 한 이태 머물고 가려했어, 주위에서 불사나 좀 하고 가라는 말을 뿌리치지 못한 게 오늘이고 말았어 허허~." 호탕한 무여 큰스님의 말이다.

무여 큰스님은 먼저 좁은 도량의 축서사를 넓히는 불사를 마음먹었다. 터를 잘 활용하는 방안에서 항공촬영도 하고 측량은 물론 컴퓨터그래픽으로 지금의 모습을 그려냈다. 결국 땅을 평평하게 돋우기 위해 덤프트럭으로 약 6천대 분량의 흙을 실어 올려 듬직한 절터를 조성하였다.

마침내 보궁터를 만들었고 오늘날 큰 가람의 축서사가 됐다.

이전 절에서 발견된 상량문에서 이 절은 1875년에는 보광전을 비롯해 당우가 즐비했으며 산내 암자만도 상대암, 도솔암과 천수암이 있었음을 고증했다.

조선조 말기인 1905년 을사보호조약이 미치는 파란에서 일본군에 의해 대웅전만 남기고 모두 전소 돼 하루아침에 잿더미가 된 축서사가 되고 말았다.

여기서 대웅전은 보광전인 듯하다.

그럼에도 무여 큰스님은 역사와 전통을 자랑하는 축서사로 다시 일으켜 세웠다. 대웅전 본존불에 기도하면 영험이 있다하여 오랜 옛날부터 기도 도량으로 알려진 명성도 다시 되찾는가하면 또한 복잡다단 속 산중 힐링공간으로 자리 매김하여 오늘에 이르게 하였다.

각|화|사
봉화 각화산

3대 사찰의 하나였던 각화사

태백산 지류인 각화산 깊숙한 중턱에 호젓한 사찰 하나가 각화사다.

축서사를 벗어나 각화사가는 길 언저리에 소문난 물야 오전약수탕 약수 한 바가지를 들이켰더니 목 줄기를 타고 내리는 맛이 야릇했다. 약수라고 생각 돼 한 모금 더 욕심이 난다.

고불고불 준령 눈길을 오르고 오르는 대형버스는 조심스럽게 준령을 넘어선다.

워낙이 깊은 산세를 끼고 있어 아직 저무는 날이 아닌데도 벌써 해는 기울어져보였다. 심심산골 각화사에 도착되자 몸은 오싹하게 움츠려든다. 차디찬 바깥기온과 맞닥뜨리면서다.

역시 깊고 깊은 산 속이기에 옛날 나라의 실록을 보존했던 사고가 여기에 있었을만했다는 자문자답으로 태백산각화사 현판이 눈에 쏙

드는 월영루 돌계단을 딛는다.

686년신라문무왕6년 원효가 창건한 천년고찰이다.

1777년조선정조원년 태백산사고를 지어 조선왕조실록을 수장케 한 무렵에는 수도하는 승려가 무려 800여 명이 넘었다하며 당시 세 손가락에 드는 우람한 사찰이었다.

이 이전, 나고 죽은 날이 미상인 고려 중기의 승려 계응에 의해 각화사를 크게 일으켰다고 전한다. 대각국사가 계응의 책 읽는 소리를 듣고 큰 그릇이 될 것이라 여겨 제자로 삼았다. 나라에서는 왕이 궁으로 불러 머물게 하였으나 계응은 이를 사양하고 태백산 각화사에 들어가 주석했다.

호가 태백산인이자 시문에 능했던 계응의 강설에 늘 1천명이 넘는 사람들이 운집했으며 계응이 열반한 후 나라에서 공덕을 기려 무애지국사 시호를 내렸다.

각화사의 지근에 람화사가 있었다. 원효대사가 람화사를 이곳으로 이건해 오면서 옛 절을 생각한다는 뜻을 붙인 이름이 각화사였다는 설화가 전한다.

그 람화사지가 오늘의 한국산림과학고등학교 교정으로 보는 것은 교정 안에 두 기의 봉화서동리동·서삼층석탑보물52호이 서있기 때문이다. 이 동탑에서 사리병과 99기의 소형토탑土塔이 둘려 있는 사리장치가 발견됐다한다.

대웅전의 꽃살문 아름다움을 비닐이 덮고 있다. 이곳이 얼마나 혹한 추위 속에 있는가를 알려주는 일면이다.

이 광경의 꽃살을 보니 김대근 시인의「각화사 문살에 핀 꽃」시 한

수가 머리를 스친다.

> 각화사 지을 때 보시가 많이도 왔다네요/ 나랏님도, 현감님도, 아랫동네 천석꾼 영감도/ 비루먹은 나귀 등에 바리바리 실어와/ 기둥도 세우고 기와도 올리고 서까래도 올렸다지요/ 다 지어놓고 부처님 설법을 하시는데/ 앞니 빠진 개호지처럼 자꾸 법문이 흘러/ 춘양목 껍질에 박히더라네요/ 한 골짝 식구들이 나도 성불해야겠다고/ 목단, 연꽃, 장미…, 이 골짝 꽃들은 죄다/ 문을 틀어막고 산다네요/ 지금도 주지스님 법문할 때는/ 꽃들이 그렇지 그렇지 고개를 끄덕인다네요

후불탱화가 드리워진 가운데 석가여래좌상만이 대웅전 법당을 지키고 있다. 좌우협시가 없는 법당이다. 쉽게 보기 드문 그림의 지장탱화가 측면에 걸려 있다. 대개 명부전에 봉안되고 있는 지장보살이다. 지장탱화는 지장보살에 대한 신앙을 묘사한 불화의 하나다.

비닐로 문을 감싸서 법당 안 차가움이 한결 부드러웠다. 호호해야만 했던 손도 두 손 합장으로 따뜻함을 느껴지게 했다.

여기 스님들은 한겨울 수행이 여간 힘들지 않으리란 생각이 나의 가슴을 짠하게 적신다.

끊기지 않는 상념에 삼국유사에서 봤던 원효에 대한 재미난 야사가 떠오른다. 즉, 원효가 어느 날 일찍이 상례를 벗어난 행동을 하며 거리에서 노래를 불렀다.

> 그 누가 내게 자루 없는 도끼를 주려는가.
> 내가 하늘을 떠받칠 기둥을 찍어 보련다.

여기에서 도끼는 여성의 생식기를 상징하며 괴승의 면모를 드러내 파계승임을 암시하고 있다.

사람들 모두가 그 뜻을 헤아리지 못했으나 신라 태종 무열왕이 전해 듣고는 말했다. "원효가 아마 귀한 부인을 얻어 어진 아들을 얻으려하는 것 같구나. 나라에 위대한 현인이 있으면 이로움이 막대할 것이다."

마침 과부 공주가 요석궁에 있기에 왕은 궁리를 시켜 원효를 불러오게 했다. 궁리를 대한 원효는 일부러 물속에 빠져 옷을 적셨고, 요석궁으로 안내 돼 그곳에서 옷을 말리고 머물다 가게 했다. 이렇게 원효와 요석공주 사이에서 설총이 탄생된 건 이 세상에 널리 알려져 있음이다.

왕의 직감대로 설총은 나면서부터 총명하고 슬기로웠으며 경전과 사서에 두루 통달하였다. 신라 10현 중 한 사람에 이르는 나라의 이로움이 막대하였다.

원효는 계율을 어기고 설총을 낳았다하여 승복을 벗고 스스로 소성거사라 칭하고는 속죄의 삶을 이었다.

그러나 원효는 일찍이 막히거나 거칠 것이 없다는 뜻의 무애라 이름 하여 방방곡곡을 두루 돌아다니며 교화의 노래를 지어 세상에 퍼뜨렸다. 뽕나무 농사짓는 늙은이나 옹기장이, 무지몽매한 무리에게도 석가모니부처를 알리고 나무아미타불을 부르게 한 원효사상의 뿌리가 깊숙하다.

절간에 마른 대나무 울타리 태백선원은 너무나 고요함에 싸여있다. 사람의 인기척도 들리지 않을 만큼 정숙에 있다. 태백선원의 안거는 산을 연꽃처럼 둘러싸고 있는 지세에 힘입어 공부를 하면 할수록 힘이 붙는다는 게 이곳만의 특색이다.

안거에 들면 무엇보다 자극성이 있는 다섯 가지 나물류인 부추, 파, 마늘, 달래와 생강을 일체 먹지 않고 등산을 하지 않고 책을 읽지 않음은 물론이다. 하루 두 세 시간만 허용하는 취침생활은 엄한 규율이며 이를 어기면 누구 불문하고 즉시 퇴방된다. 참선을 지도하는 승려가 있지 않는 대신 안거에 든 30여 명의 수좌가 동시에 대상이 되고 감시자이고 퇴방의 결정권을 스스로 행한다.

우리나라 여느 선방보다 선망이 높아 입방하기가 쉽지 않은 것으로 알려진 이유가 여기에 있다.

지금 선방에 가지런히 놓인 털신 주인은 과연 누구이던가? 스님들은 들려오는 숨죽임 소리를 그냥 스치는 바람소리로 여길게다.

태백산사고 수호사찰이었다

지금은 태백산본 조선왕조실록이 국가기록원 부산기록관에 보존되고 있다.

우리나라가 일본의 치하에 있게 되자 태백산사고에 있던 왕조실록은 조선총독부로 이관하였다가 다시 규장각도서와 함께 경성제국대학으로 옮겨졌다.

그 뒤 서울대 규장각으로 다시 옮겨졌다가 1980년대 부산기록관에 안착되면서부터 수난의 시대를 벗어났다. 새로 지어진 실록전용서고 시대를 맞으면서 끄떡없는 새로운 1천년을 가고 있다.

봉화군에 의해 머잖아 태백산사고가 복원돼 유물의 자리를 지킬 것이다.

　조선왕조실록은 국보151호이면서 일찍이 세계문화유산으로 지정돼 세계사적 문화적 가치로써 그 존재가 드높다. 조선왕조실록은 강화도 마리산에 원본을, 이곳 태백산과 서울의 춘추관, 평안도 영변의 묘향산에 신인본을 그리고 교정본은 강원도 평창의 오대산에 각기 나누어 보존돼 왔다.

　축서사와 각화사가 부석사와 가깝게 이웃하고 있으며 세 사찰이 대한불교조계종 제16교구 고은사 말사에 있다.

금|탑|사
고흥 천등산

천연기념물 비자나무숲으로 감싸진 도량

　전남 고흥하면 무엇보다 소록도를 비롯해 고흥10경을 반열에 놓지 않을 수 없다.
　금탑사비자나무숲과 팔영산, 고흥만, 나로도해상경관, 영남용바위, 금산해안경관, 마복산기암절경, 그리고 해 뜨고 지는 남열리일출과 중산일몰이 그것이다.
　금탑사에 들르기에 앞서 소록도에 먼저 발길을 닿았다. 왜정시대 일본인에 의해 녹동항 뱃나루에서 소록도로 던져지면 그 곳에 갇혀 막장 인생이 되는 나환자들의 애환이 깊이 서린 매서운 곳이었다.
　소록도는 고흥반도의 끝자락에 있고 섬의 모양이 어린 사슴과 같다하여 붙여진 이름인데 나환자의 처절한 삶과 맞부딪힌 일면에서 보면 여린 사슴의 속내는 어떠했을까? 조여 오는 가슴이다.
　나환자가 이곳에 들면 세 번의 죽임을 당한다는 현장을 두루 살피는 발끝을 움찔하게 했다. 그 첫 죽임이 한센병을 앓는 것이요, 죽은 몸을 해부하는 게 두 번째요, 세 번째는 어김없이 화장된 뼛가루가 바닷물에 뿌려져 흔적조차 없애버린다는 거였다.

오늘날 관광명소가 된 소록도를 잇는 소록대교를 벗어나면서도 가누지 못하는 심경에 있다.

금탑사가 지닌 금탑사비자나무숲은 천연기념물239호이다. 천등산 중턱 품안에 안겨져 있는 금탑사 가까이에 이르자 비자나무숲의 군락을 맞게 된다. 나무의 키가 무려 십여 미터가 훌쩍 넘어 보이는 군락이 금탑사를 광활하게 에워싸고 있다. 약 13ha나 되고 3,300여 그루가 된다는 비자나무숲의 실감을 넉넉하게 준다.

비자나무의 잎은 작으면서 두껍게 보였으며 끝이 뾰족했다.

봄에 꽃을 피우고 길고 둥그런 열매를 맺어 해 넘긴 다음해 가을에야 익는다는 거였다.

이 숲은 오래된 인공림으로 금탑사와 관련 돼 심어진 것으로 보고 있다. 소유자는 금탑사이며 고흥군에서 관리하고 있다.

고흥군 문화관광편에서 금탑사비자나무숲은 사찰이 세워진 삼사백년 후인 1700년 경 조성 돼 삼백년의 세월이 흐른 것으로 추정된다고 했다.

아담한 극락전 앞에 이른다. 극락전이 금탑사의 주 전당이다. 극락전 안내판에 '삼국시대에 신라 원효가 처음으로 세웠다고 전할 뿐 확실한 근거는 없다. 절에 보관하고 있는 목음각판재의 기록에서 금탑사는 순천 송광사의 말단 절로 정유재란 당시 불타 없어진 것을 1604년에 다시 세웠다' 고 적고 있다.

고흥군 자료에서는 처음 창건이 언제인지 알 수 없다. 적어도 조선 중기에는 존재했던 사찰로 보여 진다고 적고 있다.

　예부터 인도와 직접적 연관 지은 금탑사 이야기들이 전해진다. 천등산의 천등이란 석가모니 제자인 인도의 가섭이 어머니를 위한 천등불사에서 비롯됐다는 것이며 금탑사의 금탑이란 인도 아육왕이 보탑을 건립한 것을 가리키는 것이라 한다. 이와 같은 인도와 연관 지은 이야기들은 곧 금탑사를 유서 깊은 사찰로 여기려는 데서 생겨난 말일 것이라고 들려지고 있다.

　금탑사가 1530년 편찬된 신증동국여지승람에 확인되지 않으나 1656년 조선후기 지리지 동국여지지에 비로소 등장한다. 신라 문무왕 태봉금탑사 기록이 대동지지에 나타나고 있다는 말에 접근하면 금탑사의 창건연대를 정립하는 고증이 가능하지 않느냐는 기대가 조심스레 인다.

　문화재청이 지닌 금탑사비자나무숲 문화유산정보에서 금탑사 창건을 '637년신라선덕여왕6년이라 한 건 여러 정황에 미뤄 지나친 기록임을 알 수 있다.

　금탑사 전설로 천등산 봉우리가 하늘에 닿는다는 설과, 옛날 승려들이 천등산 정상에 올라 천 개의 등불을 바쳤다느니, 승려가 도를 닦으려고 오른 산에서 밤이면 수많은 등불이 밝았다는 등 여럿 전한다.

　아미타불을 주불로 한 극락전 법당에 들어 암울의 세상 소록도에서 죽어 간 한센병 영혼들을 떠올렸다.

　"몸의 뼛가루는 어디로 흩날렸는지 아무도 애석해하지 않는 그들, 수만 날들이 흘렀음에도 아직 영면하지 못했으리라."

　이곳 금탑사에 닿기 전 소록도 아픔이 좀체 잊혀 지지 않는다.

　절 마당에서 바라다 보이는 소록대교가 그리고 옆의 소록도가 흐릿하면서도 너무나 생생한 건 이 아픔 때문이다.

금탑사에는 희귀의 천연기념물 외에 주요보물 괘불탱보물1344호이 있다.

1778년 불화가인 비현과 쾌윤이 함께 그린 이 작품은 일반적 사천왕 등에 의존하지 않고 작은 이목구비 얼굴을 나타낸 삼세불만으로 간략한 구도로 그려졌다. 가로 폭이 긴 독특한 괘불탱으로 18세기 후반의 특징을 잘 보여주는 유물로 평가되고 있으며 괘불탱을 보관하는 궤는 약 일백 년 앞선 1697년 것으로 보고 있다.

화재 재난 속 오롯한 금탑사

확인되지 않은 금탑사의 천년고찰 자취가 신라시대부터 시작됨은 그만큼 오랜 연륜의 깊이가 묻어있기 때문이라 하겠다. 절이 앉은 명당자리도 물론이거니와 불교의 근원지 인도와 끈 닿고 신라불교를 일으켰던 원효가 창건하였다는 설이 흘러오는 데는 그만한 역사의 배경 때문 아닌가 싶다.

역사 속 금탑사의 잇따른 화재재난은 가혹하기까지 했다. 정유재란 때 일본군에 의해 당우가 불타 무너져 내렸다. 이 때문에 석탑만이 덩그렇게 남았던 것이다. 궁현옥순대사가 다시 절을 일으켰으나 1692년 극락전만 남기고 또 불에 타버리는 수난을 당했다.

수난은 더 이어졌다. 1845년 화재에서 모든 걸 다 잃다시피 했다. 사찰이 지닌 논을 팔고 심지어 있는 거라면 다 내다 팔았다. 그럼에도 절이 일어서지 못한 탓에 기거하던 승려는 이리저리 흩어지고 노약한 승려 십여 명만이 어쩔 수없는 처지에 남게 됐다. 그런 가운데

1861년 유명스님에 의해 거듭 중창을 이뤘으나 일제 수난을 겪으면서 어려움은 계속됐다.

해는 다시 동에서 섬광을 드리웠다. 1981년 비구니 서림스님이 주석하면서부터 금탑사는 활기차게 북적여졌던 것이다. 오늘날 극락전을 중심으로 명부전, 나한전, 삼성각, 관이루, 종각, 청라림, 금당선원, 응향각, 혜량당에다 불이문 등의 당우가 절 안 가득하다. 법당 옆을 비롯하여 후원채, 나한전, 삼성각 돌수각과 그리고 후원채 목수각에 흐르는 감로수가 금탑사를 한층 더 넉넉히 하고 있다.

어디 이뿐이던가 절 주변을 에워싼 꽃무릇 군락은 덤덤한 비자나무와 호흡하면서 금탑사와 영원한 친구의 길을 가고 있다.

지난 봉화 축서사와 각화사 눈길을 밟은데 이어 이번 길에도 금보살과 함께 비자나무숲길을 살포시 내디뎠다. 금보살은 늘 그렇듯 해맑은 웃음을 띠면서도 눈가 점 크기만큼은 뭔가를 달고 다니는 듯하다.

능가사

고흥 팔영산

고흥10경 팔영산 자락 능가사

고흥군 점암면 팔봉길섶 능가사는 평탄한데다 사방마저 시원스럽게 탁 트여 그 곁 시골 농가마을이 친구만 같다. 절에 드는 긴 돌담길 한 쪽으로 텃밭 월동초가 겨울윤기를 뽐내고 있어 능가사를 오가는 사람들에게 고향 향취를 한 듬뿍 담아준다.

일주문 격인 팔영산능가사 현판을 내 건 천왕문 앞에 발길을 멈춰 선다. 대웅전 뒤 야산봉우리에 닿은 시선이 저 드높은 장엄한 팔영산 팔봉에 꽂힌다. 고흥10경 가운데서도 맏봉 다운 면모를 한 눈에 다 내보여준다. 과연 고흥 최고봉 팔영산답다.

뭉게구름이 팔봉을 두루 휘감아 넘실거리는 장면, 한 폭의 그림과도 같다. 곧 봄이 활짝 필 때면 또 어떤 연출일까? 상상 속에 전해오는 그럴싸한 전설 격 고사를 풀어내본다.

중국의 위왕이 붙인 이름이 팔영산이었다. 내용인즉, 위왕의 세숫

물에 비친 아름답고 신비스런 여덟 산봉우리에 감탄하여, 이를 찾도록 제후들에게 내린 어명에도 중국 땅에서는 도저히 찾을 수 없었다.
　다행히도 동방의 조선국 남단 고흥 땅에서 팔봉을 찾았다. 기뻐한 위왕은 친히 여기까지 내달려와 제를 올리고 세숫물에 비쳐졌다고 '그림자 영' 자를 따 팔영산이라 하였다는 것이다.
　이처럼 팔영산의 '영' 자가 그림자 영 '影' 이나 김정호의 대동여지도에는 '신령할 영' 으로 표기 돼 신령한 산으로도 명명되었다고 한다.
　팔영산은 가운데 성주봉을 비롯 유영봉, 사자봉, 두류봉과 적취봉 등 1봉에서 8봉까지 암릉을 이루고 있다. 정상에 오르면 뛰어난 조망에서 저 먼 대마도가 눈에 드는가하면 눈앞 보석바다라 일컫는 다도해해상국립공원이 연속적 파노라마를 펼친다한다.
　남동쪽 능선 계곡에 자연휴양림이 멋들어지게 조성된 팔영산은 도립공원이요 최근 다도해해상국립공원에 편입됐다.

　아도가 창건했다는 초창에 대해서 뒷받침할만한 고증이 있지 않아 분분한 설이 있는 가운데 문화재청 문화유산정보에서 능가사 비문을 근거로 419년신라눌지왕3년 아도화상이 절을 창건하였다고 제시하고 있다. 창건 때 보현사라 했으나 임진왜란에 불 타 1644년 벽천 정현대사가 다시 일으켜 세우면서 인도의 명산을 능가한다하여 이때부터 능가사라 하였다.
　깊게 살피면 벽천은 90세의 나이에 지리산 하안거에 있었다. 그런 어느 날 꿈속 부처로부터 절을 지어 중생을 제도하라는 계시를 받은 데 이어 산의 남쪽에서 옛 절터를 발견하게 된다. 곧장 벽천이 창건주가 돼 이어진 그 꿈에서 능가사를 짓기까지 한다.

그 뒤 실제에서 절을 세우지 못한 채 멸도에 든 정현대사의 제자들에 의해서야 비로소 세워졌다는 것이다. 이것이 임진왜란 이후로 이어지는 능가사의 내력인 듯하다.

1666년 사천왕상을 조성하게 되는가하면 점차 사찰의 면모가 갖추어지게 되면서부터 조정에 청문하여 1690년조선숙종16년에 능가사사적비를 건립하였다.

천왕문턱을 넘어 딛자 사천왕상이 덩그랬다. 특이하게도 동방지국천왕은 비파를, 옆의 남방중장천왕은 칼을 든데 비해 반대편 서방광목천왕은 뱀을 틀어쥔 형상에서 순간 움찔했다.

이 목조사천왕상은 들은 바 못잖게 무척 우람한 몸체였다. 그에 걸맞게 천왕문 또한 매우 크게 지닌 당우였다.

선녀 노니는 연못 둔 절간

대웅전보물1307호 안마당이다. 옛날 과거를 치렀던 궁궐광장만큼 드넓다. 지금은 송광사 말사에 있으나 한때 송광사와 화엄사, 대흥사와 어깨를 나란히 한 호남의 네 명찰에 들었다.

너른 터에 두루 갖춘 가람의 면모를 짙게 풍기게 하는 또 하나의 연못이 있다. 아담하기도 했거니와 얼굴이 비쳐지는 맑디맑은 물과 봉긋한 다리를 보면서 찬찬히 내딛는 배회가 거듭됐다. 이렇듯 선녀가 머물만한 이곳 연못에는 언제나 선녀만이 노닐 것이라는 상상이 내내 끊이질 않는다.

사람의 마음이 곧 부처란 뜻의 즉심시불 네 글자가 눈 닿는 연못에 동동 띄워졌음을 주워 담는 가운데 능가사의 풍경소리가 가야금 타

듯 흘려 내린다.

　대웅전이 보물로 지정된 가치를 살피면 정면 기둥머리가 덩굴무늬 형체로 조각한 장식부재 수법과, 건물 안과 바깥에 연꽃의 봉오리로 화려하게 장식한 기법이 뛰어났기 때문이다. 이 수법과 기법은 역시 보물인 영광의 불갑사대웅전과 부안의 개암사대웅전과 그 맥을 같이 한다. 포와 포 사이에 노출되게 하여 집을 아름답게 꾸미는 수장재에다 도드라지게 새긴 꾸밈새는 사찰 건물에서 보기 드문 형식의 하나로 조선 후기 호남지역 건축의 일면이라 한다. 오늘날 학술적 미술사적 고건축 측면의 바탕이 되고 있다.

　능가사의 대웅전 하나만으로도 중생을 한 품에 안고 불심을 가득 채워준다는 평소 머금어봤던 이 대웅전 법당에 발을 들인다.

　석가모니부처가 가까이 오게 한다.

　문득 석가모니부처께 밀린 물 값을 치룬, 귀의하였던 지난날이 내 가슴을 적셔온다. 그로부터 나를 내보였던 「극락선원 감로수」 시 한 수를 꺼내본다.

　　　　값을/ 치르지 않고 가진다/ 여간한 어려움이 아니다

　　　　온 식구가/ 공물 마시다/ 물 값을 내기로 마음먹는다
　　　　주지스님이 물 값 달라/ 호통 치는 부처님도 아닌데

　　　　법당에 들어/ 두 손 합장으로 몇 년/ 물 값을 다 치른다
　　　　홀가분하다/ 물맛은 부드럽고
　　　　자신도 모르게 껴안는 극락선원이고 만다

미묘한 인연으로 중생 길에 들게 한/ 감로수, 또 하나
영축산 극락선원을 품안에 안고 살게 한다

조선 후기의 실학자 이중환의 기록에서 지금의 일본 오키나와의 태자가 표류에 밀려 이곳에까지 이르게 됐다. 그로부터 제발 고국에 돌아가게 해 달라는 애절한 기도 이레 만에 구원의 승려가 나타났다. 능가사 관세음보살의 가피를 받아 태자는 승려에 의해 파도를 넘었다는 광경의 그림이 영조 때까지 법당 벽면에 남아 있었다한다.

이러한 만큼이나 능가사 법당의 기도효험은 예사가 아닌가보다? 다들 자신에게 묻는 듯하다.

응진당 삼존불의 기이한 전설 하나는 나라의 큰 기쁨이나 슬퍼할 일이 일어날 때면 어깨와 흉부에서 법비가 흘러내린다. 슬픈 일이 있을 때면 내린 이 법비로 하여금 방패가 됐으리란 여김도 든다.

능가사 동종보물1557호은 현존하는 김애립의 작품 가운데 가장 뒤늦은 1698년 만들어진 것으로 종의 꼭대기부문 장식이 웅건하게 표현되었다. 단정한 보살입상과 문양이 아주 정교하여 17세기를 대표하는 범종에 속한다.

보|리|암
담양 추월산

지눌이 날린 나무 매가 앉은 명당 터

고개를 치켜들고서 가파른 암벽에 얹혀 진 보리암을 쳐다본다. 세간에서 말하기를 천 길 낭떠러지에 매달린 보리암, 가히 실감이 난다.

해발 731미터 추월산에 앉은 보리암, 정상에 가까운 692미터에 놓였으니 마치 내 손아귀에 든 것처럼 자그마하게 보인다. 구례 사성암 형상과 비슷한 느낌이다.

사성암은 작은 버스로 코밑까지 치달으나 여긴 상황이 다르다. 하지만 추월산을 맛보는 산행삼은 발길이라 생각하니 힘이 주어졌다. 담양10경이자 산림청 선정 100대 명산이며 전남 5대 명산에 드는 추월산이 아니던가? 그 앞으로 광야마냥 펼쳐진 담양호를 내 가까이 바짝 당겨 손잡고 오르면 이보다 더한 금상첨화가 어디 있겠는가? 입 속에 오물거려진다.

오르면 오를수록 와 닿는 산행의 느낌이 매우 흥미진진하다. 미리

부터 등산화를 챙겼던 것도 참 잘했었다. 계속해 고불고불 나무계단으로 이어진 산행길이다, 아니 절길이 옳은 표현이다. 오늘은 보리암을 찾아 여기만의 풍경소리 가슴에 담아야한다는 욕심이 드세다.

문득 간혹 찾는 중생들의 걸음은 이렇다 쳐도 저곳에 머무는 스님의 일상생활에 쓰일 물건들을 짊어 나른다는 건 인력으로선 감당하기 어렵다는 생각이 밀려왔다.

보리암은 누가 언제 세웠는지 분명하지 않다는 전제에서 전남문화재자료 제19호 기록에서 다음과 같은 부연을 달았다.

'1694년조선숙종20년에 쓴 보리암중수기에 따르면 보조국사가 세운 뒤 정유재란에 불 타 1607년 승려 신찬에 의해 고쳐지었다. 또 1650년 스님들이 힘 모아 다시 지었으며 1983년 주지 성묵스님이 지금의 법당을 복원하였다.' 이처럼 창건에 대해서 알 수 없으나 내려오는 전설은 이렇다.

고려시대 때 보조국사 지눌이 지리산에 머무는 어느 날 명당 절터를 찾는 방편으로 나무로 만든 매 세 마리를 만들어 날려 보냈다. 한 마리는 순천 송광사에, 또 한 마리는 장성 백양사에, 나머지 한 마리가 추월산 지금의 터에 내려 앉아 보리암을 창건하였다.

다르게 송광사에서 전하는 전설은 '지눌이 절터를 잡기 위해 모후산에서 나무를 깎아 만든 솔개를 날렸더니 지금의 송광사 국사전 뒤뜰에 떨어졌다. 그래서 그 뜰의 이름을 치락대 즉 솔개가 내려앉은 대라 불렀다. 이 전설을 토대로 육당 최남선은 송광의 뜻을 솔개의 사투리인 솔갱이로 풀이하여 송광사를 솔갱이 절이라 하였다'

이 두 전설이 지리산이며 모후산으로 산 이름을 달리하고 있으나 어디까지나 전설인 만큼 잣대는 독자의 몫이다.

보리암 147

부처의 깨달음에 이르는 수행의 길, 보리암

보리사라고도 불렸다는 보리암의 '보리'는 '부처의 깨달음에 이르는 수행의 뜻이다. 앞서 문수암에서 살폈듯 "보리를 구하기 위함입니다." 이는 불교 최고의 이상인 부처에 이르는 길을 걷고자 함이다. 기이한 수행의 보리이야기를 이어본다.

두 스님 가운데 한 스님은 미륵부처가 되고 한 스님은 아미타부처가 됐다는 결론인 이 줄거리는, 스무 살가량의 한 낭자가 해가 저물 무렵 북암에 나타났다. "하룻밤을 묵고자 하니 노여워하지 말라"는 시 한 수를 읊어 간청하였으나 달달박박은 이를 받아들이지 않았다.

남암으로 발길을 돌린 낭자는 북암에서와 같은 간청과 함께 "스님은 어짊과 덕행을 두루 갖췄다"는 언질을 건넴과 더불어 장차 보리를 이루게끔 도와주겠다는 운을 뗐다. 그러고는 게, 즉 시의 형식으로 불덕을 찬미하고 교리를 서술한 한 수는 이렇다.

> 해 저문 깊은 산길에/ 가도 가도 인가가 보이지 않네./
> 소나무와 대나무의 그늘은 더욱 깊건만./
> 골짜기의 시냇물 소리가 오히려 새롭네./
> 자고 가기 애원함은 길을 잃어서가 아니라/
> 높은 스님을 인도하기 위함이네./ 바라건대 내 청만 들어주고,/
> 또 누구냐고 묻지 마시오.

이를 듣고는 이곳은 부인과 함께할 수 없지만 중생의 뜻을 따르는 것 또한 보살행이 아니냐며 암자에 하룻밤 묵게 했다. 밤이 이슥한 때 낭자가 느닷없이 스님을 불러 내게 산기가 있으니 짚자리를 깔게 하고, 목욕물을 주문해왔다.

어쩔 수 없는 해산 수발을 들고 목욕도 시켰다. 신비하게도 목욕물에서 향기가 풍기고 물은 금색으로 변했다. 낭자는 몹시 놀라워하는 스님에게 그 물에 목욕하기를 권했다. 마지못해 목욕물에 몸을 담궜더니 정신이 맑아짐은 물론 금빛 몸으로 바뀌었다. 때 맞춰 나타난 하나의 연화대에 스님을 앉게 한 낭자는 "나는 관세음보살입니다. 이곳 대사를 도와 대보리를 이루도록 한 것이오." 말을 마치고는 곧장 사라졌다.

한편 박박은 이 밤 노힐부득이 계를 더럽혔을 것이라 비웃으며 남암으로 갔다. 아니 놀랍게도 연화대에 앉은 미륵존상의 몸으로 광채를 발하고 있는 게 아닌가, 박박은 예를 갖춰 연유를 물었다. 노힐이 말하는 이런저런 답에 탄식하여 부처님을 만났는데도 예우하지 못한 자신을 부끄러워하며 옛날의 교분을 꺼내가며 도와 달라했다.

말을 받은 노힐에 의해 남은 목욕물에 몸을 씻은 박박도 아미타부처가 되었다.

산 아래 마을 사람들에게 이 사실이 전해지자 참으로 희귀한 일이라고 우러러 감탄했다. 이 사실은 성덕왕이 즉위한 지 8년이 되던 709년의 일로써 삼국유사에 담겨져 있다.

삼국유사에 나타나는 여러 설화가 이러한 신앙형태를 잘 보여주고 있다. 여기서는 아직 대중들은 미타신앙보다 미륵신앙을 선호하고 있음을 보여주며 미륵에서 미타로 넘어가는 과도기의 신앙형태임을 알 수 있다. 삼국시대에 미륵신앙이 유행했으나 통일신라 이후부터는 정토신앙이 주를 이루었다. 아미타불을 부르는 간단한 염불만으로 곧바로 극락세계에 왕생한다는 신앙으로써 일반적으로 쉽게 받아들여졌던 것이다.

계단을 따라 겨우 몸만이 비켜서는 좁은 오솔길에다 가파른 길을 헤쳐야하는 보리를 진중하게 일깨워주는 이 보리암 길이 바로 깨달음의 길이라 여겨진다.

그래서 담양 보리암은 우리 중생에게 손을 뻗쳐오는가?

비구니스님이 반가이 맞아들였다. "먼 길 오시느라 무척 힘드셨지요?" 다정다감 앳된 목소리에 차려내는 법당 차 한 잔의 음미는 예스러웠다.

스님은 보리암 법당마당에서 마주 내려다보이는 열십자 담양호를 가리켰다. "우리 보리암은 시원스럽게 저 드넓은 호수를 안마당으로 쓰고 있답니다." 이은 말이다. 실로 그랬다. 법당 마당은 비록 좁다 하여도 담양호가 그 앞으로 크게 펼쳐져 있기에 당연시할 만하다.

스님은 아주 귀하게 가끔씩 개방한다는 관음굴로 안내했다. 암자 요사 채 바닥 밑으로 있는 좁다란 통로를 지나 이어지는 또 다른 샛길을 맞자 뿜어져내는 선선한 공기가 몸을 오싹하게 했다. 건물을 떠받치고 있는 기둥 사이로 콸콸 흘러내리는 물소리가 산 속의 계곡과도 같았다.

보리암이 있는 위치가 추월산 정상에 가까운 무척 높은 상봉인데 어찌 "콸콸 흘러내리는 물일까?" 궁금증을 알아차린 스님은 "혹한 가뭄에도 여기만큼은 물이 끊기지 않는다"고 답했다.

이렇게 다다른 관음굴은 진귀하다는 표현이 적중하다. 산채만한 바위 덩어리 절벽을 끼고 이 관음굴이 뚫려 있었으니 한동안 벌어진 입을 다물지 못했다. 깊숙한 안쪽으로 있는 불당의 장엄함은 이루 말로 다하지 못할 정도다.

비좁은 공간에 몸을 부대끼면서까지 경쟁적인 불공드리기에 혈안이었다. 스님은 관음굴에 든 도반의 손을 꼭 잡고 부처의 가피를 가득들 안겨줬다.

보조국사가 창건하였다는 보리암자의 증표 하나가 절 입구에 유일했다.

홍양이씨 충절이 깃들다

임진왜란 때 의병장이자 성리학자인 김덕령의 부인 홍양이씨 비문이 보리암 입구에 세워져 있다.

당시 홍양이씨는 왜적에게 몸을 빼앗길 수 없다며 이곳까지 치달으면서까지 끝내 순절하고야 말았다. 이와 달리 부인 이씨가 남편 김덕령 장군이 옥사했다는 소식을 듣자 백척 벼랑에 몸을 던져 투신했다는 기록이 있다. 김덕령 장군은 이몽학의 난 관련자로 무고되어 1596년 8월, 30세의 나이로 죽음에 이른다. 자신의 죽음을 직감한 김덕령은 시조 「춘산곡」에 마음을 드러냈다.

그 후 1661년 억울한 주검임이 밝혀져 김덕령은 여러 고관대작에 추증되었다. 아들 김광옥은 본관 광산김씨를 용안으로 고치고 신분을 감추는 삶속에 후손을 이었다.

1840년 담양부사 조철영에 의해 홍양이씨의 순절을 기리는 명문을 보리암 암벽에 새겨 현세의 사람들로 하여금 그의 혼을 영원히 기리고 있다.

불|국|사
경주 토함산

한국 불교의 메카 불국사

경주 토함산 기슭 불국사를 김대성이 세웠다는 건 우리가 역사에 의해 너무나 잘 아는 사실이다.

그 가운데 김대성이 이생의 부모를 위해 불국사를 세웠다는 내용이다. 전생의 부모를 위해서 석굴암을 세웠으며 시주에서 부유한 환생으로 전개되는 믿기지 않는 사실다운 말이 「삼국유사」에 전해진다.

모량리 마을 가난한 여인 경조에게 아들이 하나 있었다. 머리가 크고 이마가 평평한 것이 마치 성城과 같아 이름을 대성이라 했다. 대성의 집안이 너무 가난하여 부자 복안의 집에 품팔이를 나선 대가로 얻은 얼마간의 땅뙈기로 겨우 연명할 정도였다.

그런 어느 날 덕망 있는 승려 점개가 복안의 집에 나타나 흥륜사에서 육륜회를 베풀고자 한다는 청에서 베 50필을 시주했다. 점개스님이 축원하기를 신도께서 보시를 좋아하므로 천신이 항상 보호하여 하나를 보시하면 만 배를 얻게 될 것이니, 바라건대 안락을 누리고 장수할 것이라 했다. 이 말을 엿들은 대성은 이 세상에서 시주하지 않는다면 내세는 더 가난할 것이란 생각 끝에 어머니에게 다가가 "선업이 없는 저이기에 지금처럼 곤궁합니다. 가진 밭을 법회에 시주하여 다가오는 미래에 풍요로운 삶을 누리는 게 좋을 듯합니다." 간청하였더니 어머니도 같은 뜻이었다. 지체하지 않고 대성도 점개에게 시주했다. 그리고 얼마지 않아 대성은 갑작스런 죽음을 맞았다.

그날 밤 나라의 재상 김문량의 집 하늘에서 "모량리의 대성이란 아이가 이제 너의 집에 태어나려 한다." 크게 외치는 소리가 들렸다. 이상히 여긴 가족들이 모량리에 가 알아보니 소리치는 그 시각에 대성이 죽었다는 거였다.

그날 하늘에서 외친 소리가 있던 한 날 한 시에 김문량의 부인이 임신하여 이윽고 아들을 출산하였다. 아기가 오므린 왼손을 이레 만에 폈는데 그 안에 '대성'이란 새긴 금패를 쥐고 있었으므로 이름을 전생 그대로 대성이라 짓고 가난에 찌든 모량리 어머니를 이 부잣집으로 맞아 함께 봉양했다.

어른이 된 대성이 토함산에 올라 한 마리의 곰을 잡고는 아래 마을에서 묵게 되었다. 귀신이 된 곰이 꿈에 나타나 "나를 죽였으니 나도 너를 잡아먹겠다."는 시비를 걸었다. 이어 귀신은 "그럼 나를 위해 절을 지어 줄 수 있겠느냐?" 죽음을 두려워한 대성이 귀신에게 빌자 되묻는 주문이었다.

대성은 그렇게 하겠다는 맹세에 꿈에서 깨어났다. 그 뒤로는 일체 살상을 하지 않았으며 꿈속의 곰을 기려 장수사를 세웠으며 전생과 이생의 부모를 위한 불국사와 석불사를 세워 신림과 표훈 두 승려를 청하여 각기 머물게 하였다.

대성은 아름답고 큰 불상을 세워 길러준 부모의 노고에 보답했으니, 한 몸으로 전세와 현세의 부모에게 지극한 효도를 했다.

경덕왕 대에 대상大相 김대성이 751년 처음으로 불국사를 창건하기 시작하여 혜공왕 대를 거쳐 안타깝게도 절의 완공을 보지 못한 774년 12월 2일 대성이 죽자 나라에서 공사를 이었다. 처음엔 유가종의 고승 항마를 청하여 이 절에 있게 하고 뒤 이어 지금에 이르렀다 하나 고전과 같지 않으니 어떤 게 옳은 지 알 수 없다고 역시 삼국유사의 기록에 덧붙였다.

김문량은 신라 때 집사부에 속한 나라의 기밀사무를 맡아보던 으뜸 벼슬 중시를 지냈으며 711년 죽었다. 김대성은 692년 김문량의 아들로 환생하여 774년 82세의 나이로 죽었다. 김대성 역시 745년부터 750년까지 중시를 지냈으며 중시를 그만둔 이듬해부터 불국사를 짓게 된다.

1740년 지은 「불국사고금창기」에서 528년신라법흥왕15년 법흥왕의 어머니 영제부인과 기윤부인이 창건하였다고 기록하고 있다. 두 부인은 비구니가 되면서부터 법류라는 법명 영제부인은 율령을 잘 지켜 창건하게 된 절이 화엄불국사 또 화엄법류사라고도 불리어졌다. 오늘날 불국사의 옛 이름이다.

그 뒤 574년진흥왕35년 진흥왕의 어머니 지소부인은 절을 새로 짓고 승려들을 득도케 하여 불교 번성에 혼신의 힘을 다했다. 또 5만7천5근34,203킬로그램이나 되는 황룡사 장육불 동상을 주조케 했으며 도금비용만도 상상되지 않을 거금 102만원이었다.

그러고는 스스로 삭발하여 비구니가 돼 흥륜사의 기와를 다시 입히는가 하면 비로자나부처와 아미타부처를 주조하여 불국사에 봉안케 하면서 불국사 절을 크게 일으켜 세웠다.

달리 「불국사사적기」에 이보다 앞선 눌지왕417~458 때 아도화상이 창건하였다하며 재상 김대성에 의해 3창되었다는 여러 설이 있는 불국사이고 보면 창건에 대한 정설은 없는 듯하다.

그러나 이러한 역사 속 불국사가 한국불교를 대표한데는 신라 경덕왕 대 김대성의 대대적 창건에 의해서다.

현재 대웅전에 봉안돼 있는 불상의 복장기에 이 불상들은 681년 4월 8일 낙성되었다는 일부 기록이 있고 지소부인이 주조하였다는 그 두 불상과 그다지 오랜 차이가 아닌 걸로 보아 하나의 작품이 아닌가 여겨진다.

살폈듯 불국사에 혼을 바친 불국사의 개조로 불리는 김대성과 그 이전 영제부인과 지소부인, 이외에 헌강왕비 권씨, 의상의 제자 표훈과 경문왕의 공주로서 비구니가 돼 광학장강실 벽에 석가상을 수놓았다는 원해가 있다.

조선시대에 이르러서는 효령대군과 안평대군, 영응대군과 세종, 노산군 그리고 왕실의 대비와 상궁의 지성이 끊이지 않은 불국사였음을 알 수 있다.

유네스코 세계문화유산 불국사성전

제11교구 본사 불국사는 부처가 있는 나라를 현세의 사바세계에 나타나게 한 신앙의 완성체에 있다. 다보탑국보20호과 석가탑국보21호, 연화교와 칠보교국보22호, 청운교 및 백운교국보23호가 뛰어난 불교예술작품으로써 화려함은 오늘날 온 세계에까지 널리 알려져 있다.

통일신라시대 3대 금동불에 드는 금동비로자나불좌상국보26호, 금동아미타여래좌상국보27호과 물 담는 용기 석조보물1523호, 보호각에 보존되고 있는 사리탑보물61호 등 여러 국보 보물이 즐비하다. 사리탑은 1905년 일본사람의 손에 의해 동경 우에노공원에 한때 버젓다가 1933년 우리나라로 반환돼 왔다. 현존하는 목판인쇄물 중 세계에서 가장 오래됐다는 두루마리 불교경전 무구정광대다라니경보물126-6호은 불교중앙박물관에 따로 소장되고 있다.

일찍이 한국고대불교예술의 건축과 조각의 보고 불국사가 유네스코 세계문화유산이 된 커다란 가람의 풍경소리를 이러한 발걸음으로 다 듣는다는 건 불가능하다.

유홍준 교수의 「나의 문화유산답사기3」 불국사 편에서 우리나라 대표적 전통건축에 있어서 반드시 사찰건축을 꼽아야 한다며 불국사와 영주 부석사, 순천 선암사가 그 중심에 있다고 지적했다.

요약하면 백두대간의 여맥을 절 앞마당인 양 끌어안는 장엄한 스케일을 보여주는 부석사이고, 부드러운 조계산 자락이 사방에서 감지되는 아늑한 산중에 자리 잡은 선운사다. 달리 불국사는 산자락을 타고 올라앉으면서도 비탈을 평지화하여 반듯하게 창출했다. 그래서 부석사는 자리 앉음새가 뛰어나며, 저마다의 건물 공간이 탁월한 선암사라 했으며, 불국사는 돌축대의 기교와 가람배치가 압권이라고 평가했던 것이다.

이와 같이 워낙 우람한 가람의 불국사 경내가 대웅전을 비롯한 극락전, 비로전, 관음전과 무설전으로 크게 다섯 구획으로 구분하는 만큼 어디든 발 닿는 대로 동선을 긋는다. 불국사 가람의 형성에서 석가모니불과 아미타불 그리고 법신불, 맨 뒤쪽 관음보살로, 모두 네 개의 영역으로 꾸려져 있다는 것도 다시금 새긴다.

먼저 극락전과 대웅전보물1744호회랑을 천년이 훌쩍 넘는 세월동안 끄떡없이 떠받치고 있는 가구식 석축보물1745호이 눈에 뚜렷하다.

경사진 지형을 넓고도 반듯하게 하고자 위아래 단으로 쌓아 이룬 이 석축은 우리나라는 물론 외국에서조차 보기 드문 가구식 기법예술을 조형하고 있다하는 그 가치를 관조해 본다.

이화여대 한국학과 최준식 교수가 불국사에 가면 건물계단 옆면에 조각된 유려한 문양을 꼭 살펴야한다는 어느 매체에서 읽었던 그 현장이 어딘지 이어지는 눈길에서 유심히 살펴진다. 화강암에 이토록 아름다운 두 가닥의 홈을 돌출되게 조각할 수 있을까? 신라문화의 높은 품격에 무한의 감탄에 빠진다는 평이다.

아사달과 아사녀의 지극한 사랑

불세출이라 불리는 다보탑과 석가탑 두 탑이 사실상 불국사의 압권이다 한만큼 요모조모에 젖는다. 동탑 다보탑을 보면 1907년 일본의 도굴꾼에 의해 네 마리의 돌사자 중 비교적 상태가 좋은 세 개를 잃게 되었다는 사실을 어느 책에서 본 기억이 있다.

석가탑으로 다가서니 석가탑에 얽힌 아사녀의 전설 애기가 슬픈 사실적 묘사를 드러낸다.

백제의 석공 아사달이 왕의 명령으로 불국사에 와 다보탑을 완성하고 서탑 석가탑에 혼신의 힘을 다할 때였다.

남편을 떠나보내고 기다리다 지친 아사녀가 불국사를 찾아 주지스님께 아사달을 한 번 만나게 해달라고 간청했다. 그러나 스님은 남편이 탑 만들기에 여념이 없는데 지금에 만나게 되면 그 정성이 부인에게로 기울어지게 된다며 난색을 표했다. 어쩔 수 없는 아사녀는 탑이 완성될 때까지 영지에서 기다리기로 마음먹었다.
　완성된 탑이 영지에 비친다는 말에 아사녀는 날마다 영지물만 들여다보고 있었다. 그런 어느 날 휘영청 밝은 달이 못 안에 비추는 때 탑의 모습이 드러났다. 아사녀는 너무 감격한 나머지 물속에 풍덩 뛰어들었다. 그리움에 지친 나머지 눈에 헛것이 띄었던 것이다.

　석가탑을 완성한 아사달은 아내가 와서 기다린다는 곳으로 달려갔으나 아내는 물속 시체가 돼 있었다. 아사달 또한 물속으로 뛰어들어 내 이제부터 예술도 생명도 다 버리고 오직 당신과 함께 하겠다는 아사달의 이 한마디가 마지막이고 말았다. 아사달과 아사녀의 애달픈 사연에서 세상 사람들은 일명 영지에 그림자가 비쳤던 다보탑은 유영탑이라하고 그림자가 비치지 않은 석가탑을 무영탑이라 일컫는다.
　비로전과 극락전을 거쳐 지난해 보물로 지정됐다는 대웅전 법당에 들어 영산회상도 및 사천왕벽화를 살핀다.
　1769년 영조의 딸 화완옹주와 상궁 김씨 등이 시주하여 만든 것이 불국사 영산회상도 및 두 점의 사천왕벽화라 한다. 또 이 불화는 18세기 중후반 통도사와 봉정사 등 경상도 지역을 중심으로 활동하던 화승들에 의해 화려하면서도 차분한 색감과 안정적 구도로 그려졌다. 그림과 벽화가 한 세트로 이루는 구성은 어디에서도 볼 수 없는 독특함이라 덧붙이고 있다.

불국사 회상도는 석가모니불과 보살, 나한을 한 폭에 하고 사천왕은 따로 벽화에 그려 넣음으로써 대개 석가모니부처가 법화경을 설법하는 장면을 묘사하는 부처와 보살, 나한, 사천왕 등을 함께 그리는 영산회상도와는 다른 특징을 지니고 있다. 곧 보물로 지정될 불국사 영산회상도 및 사천왕벽화라고 문화계에 돌고 있다.

불국사 일대가 대한민국 사적502호인데다 수많은 불교문화재를 지니고 있기에 불교성지 불국사를 한량없이 찬란하게 하고 있다. 여기에 여러 말사 가운데 석굴암과 유서 깊은 전통사찰이 많은 것 또한 불국사만의 걸작이다. 때문에 매년 수백만 명을 웃도는 내방객을 맞고 있는 것이다.

석|굴|암
경주 토함산

신라불교의 중심 석굴암

1995년 불국사와 나란히 유네스코 세계문화유산이 된 석굴암국보24호이다.

통일신라시대 751년신라경덕왕10년 재상 김대성이 창건을 시작하여 774년신라혜공왕10년에 완공하였으며 건립 당시에는 석불사라 하였다. 김대성이 전생의 부모를 위해 세운 절이다.

김대성은 불국사 뿐 아니라 이 석굴암을 동시에 세웠다.

불국사와는 토함산 등선을 기준으로 이쪽저쪽이다.

토함산 산자락 동쪽 해발 565미터에 석굴암이 자리했으며 저 멀리 동해 수평선바다가 바로 바라다 보인다.

석굴암은 불국사 등 뒤로 앉아 동해를 바라보는 데는 떠오르는 태양으로 하여금 불교나라 불국토를 꿈꿨던 신라인의 신앙정신을 불 지폈다 하겠다.

거슬러 신라 법흥왕은 불교를 일으키려 했음에도 토착신앙에 빠진 귀족들의 반대에 부딪혀야만 했다. 내사사인의 직책으로 임금을 가까이에서 시중했던 이때 나이 스물두 살, 염촉이라고도 한 이차돈은 왕과 함께 머리를 조아려나갔다.

급기야 이차돈은 왕에게 이르기를 "소신이 저녁에 죽어 아침에 불교가 행해진다면 부처님의 해는 중천에 떠오르고 성스러운 임금께서는 영원토록 편안할 것입니다." 이를 받아들인 왕은 "네가 그렇게만 한다면 가히 보살의 행동이라 할 수 있다." 왕은 신랄한 칼을 동서로 늘어놓고 신하들을 불러서 물었다. "과인이 절을 지으려는데 그대들이 일부러 늦추려는 이유는 무엇인가?"

여러 신하들은 서슬 퍼런 칼날에 한사코 부인하면서 이차돈을 지목했다.

이에 앞서 이차돈은 왕과 비밀리에 약속한 뒤 왕명을 가장하여 천경림에 절을 세우고 있던 때였다.

결국 왕명에 의해 이차돈의 목이 베어지자 흰 젖이 한 길이나 솟구치고 하늘이 어두워지면서 빛을 감추었다. 땅이 진동하고 비가 후드득 떨어져 내렸다. 여러 재상들도 근심하고 슬퍼하여 식은땀이 머리에 쓴 사모에 배었다. 샘물이 갑자기 말라 물고기와 자라가 다투어 뛰어오르고, 곧은 나무가 부러지니 원숭이들이 떼 지어 울었다. 동쪽 궁궐에서 말고삐를 나란히 하던 동료 사인들은 서로 마주보며 피눈물을 흘렸다. 대궐 뜰에서 소매를 잡고 놀던 친구들은 애끊는 석별에 관을 바라보며 우는 소리가 어찜 부모의 상도 그리 슬플 수 없었다고 삼국유사에 나온다.

이와 달리 베진 이차돈 머리가 경주에 있는 금강산 꼭대기에 떨어졌다고 향전을 빌려 삼국유사에 덧붙여 적고 있다.

　세상 사람들의 입을 통해 중국춘추시대 개자추가, 동행하는 망명 길에 워낙 굶주림 속에 있던 문공에게 자기 허벅지 살을 베어 끓인 국을 먹게 한 충정도 염촉의 뼈아픈 절개와 비할 수 없다고 했다. 또 하나 춘추시대 위나라 홍연이, 다른 나라에서 돌아오는 길에 북쪽 변방의 이민족을 이르던 적인의 침공을 받아 죽임을 당한 의공을 발견했다. 그도 속살을 몽땅 패이고 간만이 달랑 남은 처참함이었다. 애달파한 홍연은 그 의공의 간을 자기 뱃속에 넣고 죽었다는 의로움도 어찌 염촉의 장렬함에 견줄 수 있겠는가? 이는 어디까지나 법흥왕의 신심을 붙들어 이차돈의 본심을 이룬 것임을 오늘날까지 전해지고 전해져 뼈 속에 사무치게 하고 있다.

　이차돈은 이와 같은 순교를 통해 신라에서 불교를 국가적으로 공인하여 받아들이게 했다. 법흥왕은 이로 말미암아 피폐해진 신라불교를 일으키게 됐으며 절을 세우게 된다. 이때가 법흥왕14년527년이다.

　이렇게 천경림의 공사가 다시 시작 돼 법흥왕으로부터 왕위를 이어받은 진흥왕 제위 5년544년, 신라 최초의 가람이 되는 흥륜사가 완성된다. 그로부터 9년 뒤 착공했던 황룡사를 13년 만에 완성하고 왕에 오른 지 30년 된 해 황룡사장륙존상을 주조했다. 진흥왕은 고구려에서 온 혜량법사를 관직에 앉혀 불교의 모든 일을 관장하게 하고 신라에서 처음으로 백고좌법회와 팔관회를 행했다. 백고좌법회는 국가적 불교행사의 하나이며, 팔관회 또한 국가적 불교의식이다.

　진흥왕은 법흥왕의 큰딸과 남동생 사이에서 태어났으며 법흥왕의 조카이자 외손자다.

　법흥왕은 540년 왕의 자리에서 물러나 면류관과 가사의 차림으로 절의 주지가 된 그 해 7월 흥륜사에서 죽었다. 이 무렵 법흥왕의 어머니 영제부인과 기운부인이 삭발하여 불국사 창건을 이루었으며 법흥왕의 딸이자 진흥왕의 어머니가 되는 지소부인도 574년 불국사를 일으켜 세우며 삭발에 든다. 진흥왕 왕비도 여승이 되며 진흥왕 또한 왕위를 버리고 출가한다. 흥륜사를 짓던 535년 법흥왕의 왕비도 영흥사를 지었다. 또 모록의 누이동생 사씨의 유풍을 사모한 나머지 왕과 함께 머리를 깎고 여승이 되었다는 받침 기록이 삼국유사에 나온다.

실로 놀라운 불도가 신라왕족에서 일어났었다.

나는 이러한 생각을 한다. 석굴암이 토함산 정기 속 동해바다를 불태우는 것은 신라 천년의 불교를 창대하게 한 이차돈과 법흥왕과 진흥왕대에 대대로 이어진 불력에 감개하며 오늘의 한국불교를 찬란하게 함이다.

물론 신라 불교의 전성기를 이루는 불국사와 석불사 역사를 그 중심에 안고 가는 것이다.

진흥왕 이후 진덕여왕에 이르면서 왕실은 불교 신앙심이 더욱 심화했다.

불국사를 나와 석굴암을 오르는 길섶에 유치환의 시 '석굴암 대불' 글귀시비가 나타나 걸음을 멈추게 한다. "목놓아 터트리고 싶은 통곡을 견디고／ 내 여기 한개 돌로 눈감고 앉았노니" 두 행만이 새겨져 있다. 그 옆으로 전문을 담은 시문이 보충돼 있어 이미 석굴암에 이른 듯 감명을 준다.

마침 석굴암 안길로 든다. 새해가 밝는 첫 날 한 해의 소원을 비는 해맞이 인파가 물밀듯 몰려드는 곳이 이곳 석굴암이다.

십여 년 전 아내의 친정오라버니와 올케 그리고 아내의 친구이자 올케와는 자매사이였던 그 내외와 우리네가 경주에서 하룻밤 지새며 이곳에서 해맞이를 했던 기억이 생생하다.

  해마다 엄동설한 추위에 마다않고 인파로 에워싸이는 석굴암만의 진풍경이다.

  석굴 본존불 또한 석굴암이 앉은 방향대로 동해를 바라본다. 말로 다 표현해내기 어려운 존상에서 다시 새 천년을 틔우고 있다. 그 앞에 서는 중생이면 누구나 여지없이 부처가 되었다 깨어난다.

  그 은은한 오묘함에 나도 모르게 빠져들기에 그렇다.

  본존불이 석가모니부처인가? 아미타여래부처인가? 아니면 비로자나부처란 말인가? 조용히 이런 물음을 자신에게 던진다.

  아직까지 그 존재를 둘러싸고 불교학계나 고고미술사학계의 의견이 분분함 때문이다.

  본존부처가 띠는 항마촉지인 모습에서 석가모니부처라는 불교계 주장이고, 국립중앙박물관장을 지낸 황수영 박사는 당시 7~8세기 대부분 아미타부처를 모셨던 시대적 배경에서 아미타부처 주장을 편다. 반면 이 이후 동국대 불교학과 신현숙 교수가 경전의 해석과 석굴암 만다라설에 비추어 석가모니부처일 가능성이 더 크다는 새로운 주장을 펴고 있다.

  불국사의 다보탑과 석가탑은 법화경의「견보탑품」에서 유래하는데 미루어 석굴암 본존은 영취산 정토에서 설법하는 석가모니로 본다는 민영규 선생인가하면 문명대 교수는「관불삼매경」에 근거를 둔 석가상으로 주장하였다. 또 남천우 박사는 12지연기보살과 연계된 석가여래설을 내놓았다.

이런 설은 유홍준 교수의 「나의 문화유산답사기」에서 볼 수 있으며 김리나 교수가 해석한 석굴암 본존불은 불법 그 자체를 의미하는 법신불로 비로자나불이면서 석가의 권속들을 이끌고 있다고도 덧붙였다.

이렇듯 정답을 찾기에는 불가하다. 이렇게도 저렇게도 학문을 통해 끊임없는 연구과제로 남아가는 것이다.

천신의 힘이 보태져 만들어진 석굴

군위석굴암과 같은 자연석굴이 아닌 돔dome 형태를 이룬 석굴암의 석굴 능력이 놀랍다는 걸 새삼 느끼게 한다.

오늘날 현대문명에서조차 인간의 한계밖에 있는 완벽한 석굴 기술이 이미 그때 있었던 것이다. 석굴내부가 웅장한 천장까지 예술의 극치로 이루어진 석조다.

여기에서 문득 김대성이 석불조각에 쓰이는 큰 돌 하나를 다듬어 덮개돌을 만드는 중에 세 토막으로 갈라졌다는 설화는 이렇다.

너무나 애석해 한 대성은 자기도 모르게 어렴풋한 잠에 들었다. 그때 천신이 내려와 대성이 만들고자 했던 대로 다 만들어졌다는 신비의 그 본존불 주위 살피기에 여념이 없다.

신의 조화가 그토록 클 수 있는지 의아한 생각들도, 또 대성이 잠에서 깨어나 이 사실을 알고 남쪽고개에 올라 천신에게 향나무를 태워 공양을 올렸다는 그 땅 향고개가 가까이 있을 것이라는 생각들로 이어진다.

석굴을 이처럼 정리한다. 앞쪽 직사각형 전실과 둥그렇게 만들어진 주실은 복도역할을 하는 통로와 연결돼 있다. 입구라 할 전실 양

벽에 각각 네 구의 팔부신중상이 먼저 맞이한다. 주실로 드는 연결통로 양 벽에 인왕상으로도 불리는 금강역사가 한 구씩 서서 넘치는 힘을 과시하는 데다 두드러지게 풍겨내는 양각에서 전반적인 압도감을 불러일으킨다.

그 옆 양 벽으로 나누어진 사천왕이 주실로 들게 한다.

본존불을 중심으로 뒤편 가장자리에 십일면관세음보살상이 바르게 서있다. 머리 위에 자그마한 아홉 개의 얼굴이 있고 그 위 관음이 있어서 본체와 모두 십일면이 되는 이 관음보살을 본존불 다음으로 존귀하게 다루었다.

이 양 옆으로 십대제자가 있으며 십대제자상 위 주 벽체에 남북과 동으로 각각 다섯 개의 즉, 석굴의 벽 가운데를 깊이 파서 석불을 둔 감실을 두고 있다. 이 감실은 본존불의 앞과 십일면관세음보살상의 위쪽으로는 피하고 쭉 이어졌다. 주실 첫머리 양 옆으로 천부상과 보살상이 각각 배치돼 있다.

주실 십일면관음보살 앞에 놓여있던 작으면서도 섬세하고 아름다운 오층소탑을 일본인이 약탈해 갔다는데서 또다른 분노가 솟구친다. 일제시대 1909년 가을 2대 통감 소네아라스께가 불국사에 초도순시를 왔을 때였다. 이어 석굴암을 찾은 그들 일행이 돌아간 그제야 오층소탑이 증발했음을 알게 됐다.

소네 통감이 몰래 가져갔다는 것이다. 일본인들조차 이를 뒷받침하는 공공연한 증언을 하는데서 단정 짓고 있다.

우리나라 문화재전문가들에 의해 백방으로 추적하고 있으나 일백년이 지난 지금까지 오리무중에 있다고 한다.

석굴암의 하루해가 저문다. 내일이면 다시 동이 트면서 늘 그래왔

듯 신라불교를 찬란하게 함은 물론 한민족 천육백 년의 불교문화를 쉼 없이 살아 숨 쉬게 할 것이다.

　신라의 도읍지 경주에 불교유적지가 어쩜 이토록 많은지 내가 나선 산사의 풍경소리를 듣기 전에는 미처 몰랐다.

　경주 남산만 해도 온통 불교의 성지다. 삼릉계곡과 용장계곡 암벽에 조각된 국보급 보물급 불상이 수두룩하다. 이렇기에 하늘에 닿을 듯 산등성에 우뚝한 보물 삼층석탑은 결코 외롭지 않다.

　삼국시대 가장 큰 절로 대표적 왕실사찰이었던 황룡사지 하나만으로 받침하고도 남는다.

　이차돈이 순절하자 슬퍼한 아내가 수행하기 적절한 한적한 곳을 찾아 절을 짓고 이름을 자추사라 하였다고 삼국유사에 나온다. 이 자추사가 오늘의 경주 백률사일 것이라는 언급을 백률사 마당안내판에 담고 있다.

　불교의 성지 남산을 일컫고 신라불교를 일으켰던 이차돈의 넋을 석굴암의 매듭글로 넣었음은 불교유적을 이루고 모든 중생을 붓다의 길로 닿게 한 석굴암의 자리가 한량없는 때문이다.

오|어|사
포항 운제산

자네가 눈 똥은 내 물고기

가끔씩 서로 말장난을 하는 원효와 혜공이 개울의 물고기와 새우를 잡아먹고 돌 위에 눈 대변을 가리켜, 혜공이 말하기를 "자네가 눈 똥은 내 물고기다." 그래서 오어사라고 이름 하였다. 원문 '여시오어'의 번역인 이 의미는 "너는 똥을 누고 나는 고기를 누었다." 삼국유사에서다. 오어사의 원래 이름은 항사사였다.

항사사에서 오어사로 불리게 된 건 혜공이 늘그막에 항사사에 머문 때 곧잘 원효가 찾으면서 전래되는 이야기다.

'원효와 혜공이 개울의 물고기와 새우를 잡아먹고…' 법력으로 개천의 두 마리 물고기를 생환케 하는 겨루기였다. 한마리가 살아 힘찬 헤엄을 치자 서로 자신이 살린 고기라하여 '나 오吾', '고기 어魚' 자를 따 이때부터 오어사로 불려졌다. 다른 하나는 원효와 혜공이 계곡 물에 눈 똥을 도력을 발휘하여 물고기가 되게 했고 두 마리 가운데 상류로 한 마리, 하류로 한 마리 갈라졌다. 상류로 오른 물고기가 내 것이라고 서로 우겼다. 이를 지켜본 다른 스님들이 '내 물고기' 주장의 도력을 다 존중하여 오어사로 바꿔 불렀다는 것이다.

혜공의 일생은 신비로 싸여있다.

신라의 화랑 구참공이 걷던 산길에, 구더기가 우글거리는 썩은 시체가 돼 뒹굴고 있는 혜공의 모습을 발견하고 한동안 비참해하다 말고삐를 성으로 되돌렸다. 놀랍게도 성으로 가는 길목 시장가에서 몹시 취한 혜공이 춤을 추고 있는 게 아닌가?,

이 말고도 혜공이 보인 해괴함은 헤아릴 수 없을 정도였다. 다른 하루는 풀로 꼰 새끼줄을 영묘사에 가져가서 금당과 양쪽의 경루와 남문의 낭무를 얽어매고는 사흘 뒤에 이 새끼줄을 풀라고 했다. 강사가 그대로 따랐더니 그 사흘 만에 선덕여왕의 가마가 행차하여 절에 들어왔다.

또 승려 명랑이 새로 지은 금강사 낙성회에 여러 고승이 다 모였음에도 혜공만이 오지 않았다. 향을 피우고 명랑의 기도가 있자 이내 혜공이 도착했다. 그때 내린 빗줄기가 굵었는데도 혜공이 입은 옷은 젖지 않았다. 발에는 진흙도 묻지 않은 혜공이 명랑에게 말하기를 "부르심이 간절하여 이렇게 왔습니다."

죽을 때 허공에 뜬 채로 입적하였다하며 헤아릴 수 없을 만치 많은 사리를 지녔다고 했다.

일찍이 혜공은 중국 후진의 불교철학자였던 승조의 논문집 '조론'을 보고서 이것은 예전에 내가 지은 것이라고 말했다. 바로 혜공이 승조의 후신임을 알게 하는 대목이다.

조론의 일부를 옮겨보면,

벌판에서 쫓아다니며 사냥하고 침상 머리에 누웠으며/ 술집에서
미친 듯이 노래하고 우물 속에서 잠잤네/ 짚신 한 짝만 남기고 공
중에 떠 어디로 갔는가/ 한 쌍의 보배로운 불 속의 연꽃이구나.

혜공의 원 이름은 우조였다. 천진공의 집에서 품을 파는 불과 일곱
살이었던 우조가 사경에 허덕이던 천진공을 살려냈다. 공은 지극한
성인이 자기 집에 있는 줄 미처 몰랐다며 나이 어린 우조에게 큰 절
을 올렸다.

그런 혜공은 승려가 돼 주로 작은 절에 머물며 날마다 스님답잖게
만취한 몸으로 삼태기를 덮어쓰고 거리에서 춤을 추기가 예사였다.

그래서 그가 머문 절을 부개사라 하였다. 당시 부개는 삼태기의 향
언이다. 또 종종 절의 우물 속에 들어가 몇 달이나 나오지 않다가 나
올 때면 푸른 옷을 입은 신동이 먼저 솟아올랐으며 이럴 때면 절의
승려들은 이제 우조가 나오는가보다 여겼다. 신기하게도 우물에서
나온 우조였는데도 입은 옷은 물에 젖지 않았다.

살펴보면 삼국유사 「의해 제5」에서 "오랫동안 이곳에서 살았으므
로 다른 곳을 유람하고자 하오." 유유히 길 걷는 혜숙을 만난 사람의
물음에 대한 답이었다. 죽은 혜숙을 분명히 땅에 묻었는데, 이상히
여겨 무덤을 파보니 시체는 없고 짚신 한 짝만이 달랑했다.

승려 혜숙은 화랑 호세랑의 무리에서 자취를 감추게 되면서 존재
가 사라졌다. 혜숙은 20여 년이나 숨어 살며 화랑 구참공을 만나게
돼 서로 기뻐하며 고기를 즐겼다. 조금도 거리낌 없이 고기를 같이
먹던 혜숙은 "여기 맛있는 고기가 있는데 더 드시는 게 어떠냐고" 공
에게 물었더니 좋다고 응했다.

혜숙이 자신의 허벅지 살을 도려내 공에게 올렸더니 공이 깜짝 놀라 하는 말이 "어째서 이렇게 하는가?" 물음에 혜숙은 살육을 탐하는 공을 질책하고는 그만 자리를 떴다. 자신을 부끄러워 한 공이 그제야 상대편 혜숙이 먹던 쟁반의 고기가 그대로였음을 알았다.

진평왕이 이 말은 전해 듣고 사신을 보내 혜숙을 맞이하려하자 혜숙은 일부러 여자의 침상에서 자는 척해보였다. 사신은 이를 더럽게 생각하고 돌아가는 길에 느닷없이 혜숙을 만나게 된다. 성안 시주하는 집에서 칠일재를 마치고 오는 길이라고 사신의 물음에 답했다.

사신이 이 전말을 왕에게 아뢴 끝에 그 집을 조사하였으며 사실그대로였음을 알았다. 그러다 얼마 후 혜숙은 갑자기 죽었던 것이다.

조론에서 '집신 한 짝만 남기고 공중에 떠 어디로 갔는가'는 혜공 이전 혜숙이며, '술집에서 미친 듯이 노래하고 우물 속에서 잠잤네'는 혜공이다.

또한 '오랫동안 이곳에서 살았으므로 다른 곳을 유람하고자 하오.' 이 말은 "혜숙의 몸에서 혜공의 몸이 되는 것 아닌가?" 나는 내게 이렇게 묻는다.

이르건대 혜숙과 혜공은 하나의 몸일 지다. 끊임없는 미스터리이다.

호반에 드리워진 오어사

포항시민의 식수로도 쓰이는 오어저수지 호숫가에 동동비치는 갈참나무 잎은 봄 햇살 아지랑이 속에 아직 갓난아이처럼 여리고 청순하다. 물결의 요동은 한 점도 없는 유리알 면경표면과 같다.

철따라 다시 색동저고리 단풍이 되고 흰 눈이 내려서도 오어사의 광풍은 언제나 그 나름의 멋을 지니는 것으로 자자하다. 거기에다 온

산을 휘어감은 호수를 배경으로 한 사찰은 오어사 하나일 뿐이다.

운제산 남쪽으로 쭉 토함산으로 이어지는가하면 오어사 지척에 문충리를 품고 있다. 고려 말의 충신이자 성리학자 포은 정몽주 선생의 시호를 딴 지명이 문충리다. 그 옆으로 오어사의 본래 이름이었던 항사사, 도인 일곱 명이 문덕리 구산사를 오가며 도를 닦았다던 중간지점 선래점이 있다.

오어지와 짝지은 운제산에 젖어 오어사 절 마당에 든다. 누구나 첫 느낌 오어사를 말한다면 "아담한 오어사는 평화롭다." 마당가까지 찰랑대는 호반의 수면이 그렇고 호반위에 넘실대는 원효교의 운치가 보통이 아니기 때문이다. 오솔길 따라 걷는 원효암 가는 길은 더욱 그렇다. 어디 이뿐이던가 오어사 뒤 벼랑을 오르면 꼭대기에 제비집처럼 덩그런 자장암의 자태가 너무나 아름답게 와 닿는다.

연연이 발 딛는 그때마다 내 집 드는 느낌의 오어사 안마당이다. 이번에도 조계종부산불자회 도반과 불국사와 석굴암을 거쳐 여기에 이르렀다. 이어져 찾아나서는 산사길에 있어서 유독 부산불자회를 거명하는 데는 그만한 이유가 있다. 책의 자서에서 언급될 사안이다.

아담한 경내를 두루 돌아 유물전시관에 보존된 동종보물1280호과 원효가 썼다는 삿갓을 볼 수 있다. 겹겹의 한지가 형체를 이루고 서로 엮인 실오라기풀뿌리가 표면을 이룬 이 삿갓의 높이가 1척303mm, 지름이 1.5척이다. 세월만큼이나 곳곳이 해지고 남루하다지만 원효의 시대 600년대에서 지금까지 보존돼 온다는 건 놀라운 일이다.

유서 깊은 천년 고찰 오어사는 신라 진평왕579~632 때 창건된 것으로 전해진다. 포항시 오천읍 동쪽으로 앉은 운제산의 이름은 이런 전설들을 지녔다.

원효와 혜공 두 조사가 구름을 사다리 삼아 남북 쪽 절벽을 오가며 함께 도를 닦은 데서 붙여졌다는 것과 신라 2대왕 남해왕의 왕비 운제부인의 성모단이 있어 운제산이라 유래됐다는 양 설이다. 가뭄이 심할 때면 산 정상 대왕암에서 기우제를 지내면 영험하다는 전설도 따른다.

지금은 오어사에 딸린 원효암과 자장암만이 있으나 오랜 옛날에 자장과 혜공, 원효와 의상 네 조사가 서로 오가며 머문 혜공암과 의상암 등이 더 있었다고 전해진다.

인각사에 있는 보각국사정조지탑비문에 보면 지원 원년 가을에 이르러 일연선사가 오어사에 머물게 됐다고 적고 있다. 지원 원년이라 함은 1264년이다.

국화와 모란으로 장식된 대웅전 꽃창살로 하여금 수수한 오어사의 면모는 한층 더 도드라진다.

김|룡|사
문경운달산

문경 8경에 있는 김룡사

경북 문경조령고개와 이웃한 운달계곡은 새재계곡과 나란히 문경 8경에 든다.

태고의 원시림이 하늘을 완전히 가려 한낮에도 어둑한 느낌에 있게 하면서도 포근함을 안겨주는 골짝을 이루고 있다. 한여름에 이 계곡물에 발끝만 살짝 닿아도 금방 냉기가 온몸으로 스며든다는 말은 지나친 표현이 아니라 한다.

삼백 년이 넘었다는 울창한 전나무 숲에 생명을 다한 고목들이 듬성듬성하다. 마치 예술작품을 그려낸 듯하다. 어디든 숲길은 마음을 가다듬게 하거니와 복잡한 오늘날 힐링에 있어서 최적의 대상이 되고 있듯 여기 또한 다를 바 없다. 김룡사는 이 한적한 곳에 자리 잡고 있다.

일주문 홍하문 앞에 선다. '홍하'는 붉은 노을이라 한다. 푸른바다를 꿰뚫는다는 의미의 붉은 노을은 성철스님이 평소 즐겨 쓰던 홍하

천벽해 즉, '아침바다 붉은 해 솟아오르네' 다. 곧 용맹정진을 통해 불국토인 부처의 세계로 드는 관문이라 하겠다.

그 밑으로 드러낸 '운달산 김룡사' 현판 글씨를 명필이자 안동부사를 지내고 독립운동에 평생을 바친 동농 김가진이 썼다는 기억을 살린다. 동농은 일본 제국으로부터 조선 귀족으로 대우되면서 남작 지위를 부여받기도 했으나 그 의는 오롯하여 아들 김의한과 며느리 정정화까지 나서 한국의 독립운동에 온몸을 던졌다. 그러다 1919년 김의한과 대한민국임시정부가 있는 중국 상해에까지 들어가 독립운동을 폈다. 그는 1922년 77세의 나이로 이국땅에서 한 많은 세상을 마감했다. 당시 임시정부는 어려운 여건에도 불구하고 국장에 버금가는 성대한 장례로써 마지막 가는 그를 예우했다.

사천왕문을 넘는다. 산지지형에 순응하여 쌓은 석축은 그 마디마디가 예술적이면서 성을 연상케 하고도 남음이 있다.

김룡사는 588년신라진평왕10년 운달조사가 창건한 천년고찰이다. 창건 때 운봉사였다가 김룡사로 불려진 데는 여러 전설이 있다. 그 하나, 죄를 지은 김씨 성을 가진 사람이 운봉사 마을 아래에서 숨어 살았다. 어느 날 지극한 정성으로 불전에 나와 참회했더니 아들을 낳게 되고 그 이름을 용이라 지었다. 이로부터 부유한 가운을 이루게 돼 사람들은 그를 김장자라 불렀다. 마침내 마을 이름 또한 김룡리라 하면서부터 운봉사마저 김룡사라 불리게 됐다는 것이다.

죄인 김씨가 김장자가 되기까지 앞의 불국사 편에서 봤던 김대성의 시주에서 환생한 측면과도 비견해 볼만하다.

이런가하면 금선대의 금자와 용소폭포의 용자를 따 금룡사로 했다는 일설도 있다.

이후 지금의 김룡사는 1624년 수행공덕으로 고명했던 혜총선사가 제자들과 힘을 모아 이룩했다고 절에서 밝히고 있다. 그 후 수난에 의해 소실됐다가 1649년 의윤, 무진, 태휴 세 대사가 옛 그대로 살렸다하며 웅대한 대웅전 불상을 설잠대사가 조성하였다는 역시 절의 언급이다.

문경시 문화관광정보에서, 김룡사 초창의 기록은 보이지 않고 적산부 북쪽 백리25킬로미터 정도 떨어진 운달산 아래에 사찰이 있었다는 정도와 중건과 중수사실만이 사적기에 적혔다고 부연해주고 있다.

그 옛적 번성했던 김룡사에서 한 해 거둔 소작미만도 2천석이 넘었다고 하니 절의 규모가 쉬이 짐작이 된다. 옛 이름이 경흥강원이었다는 온돌방 하나에 3백 명이 한꺼번에 둘러앉았다는 것에서 이를 뒷받침하고 있다. 불 타 없어진 이 건물 아궁이크기가 어린아이가 서서 드나들 정도였다니 의아할 정도다. 그 뒤를 오늘날 설선당이 잇고 있으나 규모면에서는 비할 바 못된다.

지금은 직지사 말사에 있으나 옛적 한 때 되레 직지사를 말사로 둔 김룡사였다.

한 발씩 내디뎌 닿은 대웅전 바깥 살미를 유심히 살핀다. 호랑이가 뒷다리를 치켜든 채 뒤돌아보는 모습과 다람쥐가 도토리가 아닌 연밥에 입질을 하고 있는 게 이색적 장면이다.

연잎에 누운 꿩에 물고기까지 편히 누웠다. 호랑이와 갖은 짐승들이 연꽃과 연잎과 연밥과 어우러졌다. 양쪽 모퉁이 귀기둥은 포효하는 용머리에다 뺄목은 봉황이 받치고 있다. 이처럼 대웅전은 한국 건축의 조형 상 특징을 잘 간직한 건물로써 현재 문화재자료에서 곧 유형문화재로 승급될 전망에 있다.

삼존불에서 발견된 복장유물

　불상의 내부에 보이지 않게 간직하며 불교신앙의 숭상이 되는 물건들을 복장유물이라 하는데 2009년 문화재로 지정하기 위한 조사과정에서 경전과 다라니경, 연기문, 발원문, 후령통, 불상조성문 묘법연화경 등 많은 복장유물이 대웅전 삼세불에서 발견됐다고 한다.

　다음 달 문경지역 명장이 빚은 도자기와 자수, 전통도검 등 공예품 15점을 삼세불 복장유물로 봉안키로 했다는 소식이 이미 알려져 있다. 이는 우리나라 불교 역사상 매우 이례적이라 하는 그 현장의 깊이를 새기게끔 하는 것이다.

　석가모니부처와 협시부처인 아미타불과 약사불에서 풍기는 말없는 무엇이 달랐기 때문이다.

　회화적 수법으로 악기를 연주하는 단독 문양의 그림이 긴 역사 속 선명함을 대웅전 천장에 그대로 드러내고 있다.

　대웅전에 보존돼 있다는 영산화괘불도보물1640호에 이어 김룡사 동종 보물11-2호도 떠올린다.

　이 동종은 직지사 성보박물관에 소장돼 있다. 조선 숙종 때 승려이자 신라 종의 제조기법을 계승받아 조선후기 주종장이었던 사인스님이 만든 것이다. 사인스님이 이 시대에 만들었던 포항 보경사 서운암 동종과 여러 사찰 등에 보존되고 있는 8점 모두가 보물로 지정됐다.

　금륜전을 마주보고 앉은 수령 150여년 되는 배롱나무와 나란히 한 소나무 한 그루가 예사로움이 아니다. 자그마한 키의 이 소나무는 성철스님이 입적한 뒤 자연 현상으로 생겨난 것이라고 스님들이 들려주고 있다.

　대한불교조계종 6대, 7대 종정을 지냈던 성철스님과 5대 서웅스님, 8대 서암스님과 같은 선지식이 주석한 김룡사인가하면 근세의 학승이자 동국대학교 초대총장을 지낸 퇴경 권상로 대종사의 사적비가 경내 숲 속에 한가롭다. 퇴경은 문경 출신으로 김룡사에서 출가하였다.

  막바지 걸음을 해우소에 딛는다. 약 300여년 된 조선 중기의 토속적 목조로써 우리나라 사찰 화장실 가운데 가장 잘 보존되고 있는 하나라는 감이 역력하다.

  맑은 물이 흐르고 숲으로 우거진 운달산 골짝 깊숙하게 자리한 김룡사였음은 머리글에서 말한바와 같다. 그랬기에 예부터 김룡사에 찾아드는 수도승이 줄을 이을 만큼 많았다. 그런 가운데 김룡사에 머물던 애기중의 상추 전설을 짚어지고, 이어지는 발길 대승사에서 풀어봐야겠다.

대|승|사
문경 사불산

하늘에서 불상이 떨어진 곳에 세운 절

문경 김룡사와 지척사이인 대승사는 김룡사보다 한 해 앞선 587년에 창건됐다.

신비스런 창건설화가 삼국유사에서 전해지고 있다.

'소백산맥인 죽령 동쪽 백여 리 남짓한 이곳 산에 대승사가 앉았다. 평소 보이지 않았던 이 산에 사방 바탕이 한 길이나 되는 바위만한 큰 돌이 난데없이 나타났다. 여래의 불상이 네 면 모두에 새겨진 바위 하나가 붉은 비단으로 싸여져 하늘에서 산꼭대기에 떨어진 것이다. 왕이 이를 전해 듣고 행차하여 공경한 절을 올린 다음 그 옆에 절을 짓게 한 것이 대승사의 창건이다. 이 때가 587년이다.

이름은 전해지고 있지 않으나 법화경을 외는 승려를 주지로 삼아 공양돌을 깨끗이 하고 분향이 끊이지 않게 하라는 어명이 따랐다.

주지는 지극정성을 다한 기도로 정진했다. 그런 세월 속에 죽게 되자 무덤에서 연꽃이 피어났다.

　산 이름도 역덕산 또는 사불산이라 하였다.'

　사면 석불상이 있다하여 사불산이라 불리어졌다는 것이다.

　죽령과 추풍령 그리고 조령이 영남의 세 관문에 드는 대표적 고개로 꼽힌다. 죽령에는 세 봉우리 가운데 서쪽 주봉에 대승사가 있는가 하면 동봉에 천주사, 중봉에 백련사가 있다.

　이런 천혜의 절경에 사면석불이 탄생했던 것이다. 말로 표현하지 못할 기이함이다. 오랜 세월 풍상 끝에 오늘날 선명하게 드러나 있지 않으나 설화대로 네 면의 불상이 여래상으로 보이며 동서는 좌상인 반면 남북은 입상이라 한다. 그 중 동쪽의 좌상은 상태가 가장 양호하다는 게 절의 기록이다. 이 사면석불의 각 면이 정확히 동서남북과 맞닿고 있다는 것 또한 주목된다.

　신라 경덕왕이 경주 소금강산에 있는 백률사를 지나는 길, 땅 속에서 염불하는 소리가 들렸다. 파본 땅 속 여기에서도 네 면에 새겨진 사방불 돌이 발견됐다. 그 자리에 절을 세운 것이 굴불사폐사였다는 삼국유사 내용이다.

　여기에서 그리 흔치 않는 사방불 네 면에 어떤 부처를 두는가에 대해 궁금함이 인다.

　기록들을 살피면 여러 견해가 있다. 그러면서도 신라의 사방불을 문경 대승사와 경주 굴불사를 예로 볼 때 대체로 서방에 아미타불, 동방에 약사여래, 남쪽에 석가모니불 그리고 북쪽에 미륵불이라 한다.

　한편 예산 화전리 백제 사방불 다음으로 문경 대승사의 사방석불이 가장 오랜 역사이며 이후 경주로 이어졌다. 지금까지 알려진 바는 이처럼 3기뿐이다.

앞서 '죽령 동쪽 백여 리'에 대해 실제로는 '서쪽 백여 리'가 맞다한다. 절에서 말하기를 당시 일연스님이 군위 인각사에서 삼국유사를 집필한 만큼 방향감각에서 그럴 가능성이 있었다고 가볍게 짚고 있다.

대승사라 이름한 데는 두 설이 전한다.

그 가운데 하나를 사찰이야기에서 인용한다. '큰 바윗덩이가 떨어지자 공덕산으로 불리던 이름도 사불산이라 하였으며 불가에서는 법화경을 외는 스님을 초청하여 사불주위를 깨끗이 하고 향불과 등불을 끊이지 않게 했다.

무명의 망명스님은 묘법연화경을 즐겨 독송했다. 이 경전은 대승 경전 가운데서도 으뜸이기에 대승을 구현한다는 뜻의 대승사라 명명했다.' 는 것이다.

이어 음양술에도 도통했다는 망명스님은 어느 날 상주고을 한 집에서 올리는 천도재에 갔다가 하룻밤을 묵게 됐다. 코를 골며 잠자는 망명스님의 입에서 괴이한 빛이 일어나 사람들이 스님을 깨워 묻는 연유에 대해, "허허! 그래! 나는 평소 몸가짐과 수행이 부족하여 법화경을 외웠을 뿐이라 했다." 의외의 말에 사람들이 놀라워했고 이 소문은 신라의 도읍지 서라벌에까지 파다했다는 말이 전한다.

일주문을 드니 뭔가 풍겨옴이 그득하다. 하늘에서 내린 복만큼이나 느낌마저 그랬다.

영주 부석사 보물 한 점이 여기에 왔다

전형적인 대웅전 귀공포에 용이 물고기를 입에 물고 있는 형상이 선뜻 눈에 든다. 이곳 대웅전에 아미타목각탱화와 달리 목각아미타여래설법상 및 관계문서보물575호가 있는데 얽힌 얘기가 흥미진진하다. 원래는 영주 부석사 무량수전에 있던 것을 옮겨 온 것이었다. 훗날 부석사에서 반환을 요구했으나 거절하게 됨으로써 분쟁이 일었다. 대승사에서 돌려줄 수 없는 명분은 곧 여러 사람이 연명으로 작성한 상소문을 관가에 올려 인증 받은 문서로써 결국 1876년 부석사 조사당 수리비용을 대승사가 부담하는 조건으로 합의에 이르렀다. 관계문서가 바로 이것이다.

금동아미타여래좌상 및 복장유물보물1634호은 극락전 주불이다.

선방에 금동관음보살좌상보물991호이 유리관 속에 아주 양호한 상태로 봉안돼 있다고 하는데 선방출입이 자유롭지 못해 생각만으로 주워 담는다.

금동관음보살좌상에서 관음보살 개금원문이 나왔으며 다라니 12매 등이 아미타여래좌상 복장유물로 발견됐다고 한다.

김룡사에서 짊어지고 온 애기중의 상추얘기를 이쯤에서 풀어헤쳐 본다.

한창 번성했던 김룡사 주지스님이 애기 중에게 상추를 씻어 오라고 하였고 애기중은 시키는 대로 냇가에 나가 열심이었다. 그런 일순간 산 넘어 있는 대승사에서 활활 타오르는 불길 장면을 목격하게 된다.

애기 중은 정신없이 염불을 외고는 상추 잎으로 하여금 냇물을 날려 보내 불길에 퍼부어댔다. 마침내 불은 꺼졌으나 몇 잎 안남은 상추였다.

애기 중은 태산 같은 걱정으로 절로 달려갔다. 아무 말도 못한 채 매를 맞았다. 함께 잠을 자던 옆의 중에게 낮에 있었던 상추로 불끈 얘기를 들려주고 몰래 절을 빠져나갔다.

다음 날 애기 중이 없어진 사실이 알려지자 어젯밤에 들었던 불 얘기가 나돌았다. 사실인지 대승사에 가본 중들에 의해 과연 대승사가 불탔었고 중들은 뒷정리를 하고 있었다. 곧장 애기 중을 찾아 나섰으나 끝내 찾지 못했다는 애석한 스토리다.

어른도 감당 못할 큰일을 해냈는데도 다짜고짜 매질을 당한 어린 중의 마음이 얼마나 아팠으면 말없이 떠났을까? 전설이라지만 나의 마음은 진종일 아리기까지 하다.

'사불산대승사' 현판 글을 승려이자 불교학자 퇴경 권상로 선생이 썼다. 퇴경선생은 대승사 현판과 봉정사, 봉암사, 백운암, 희방사 등 유명사찰에 자신의 글을 많이 남겼다고 한다. 1911년 12월부터 1년 정도 이곳 주지를 지내다 조선불교월보 발간에 나섰다.

대승사에 고명한 스님으로 월산, 성철, 청담과 나옹선사가 있다. 절에서는 그리운 스승으로 기리고 있다. 월산큰스님은 33세였던 1944년 득도에 앞서 청년기에 일본과 중국을 돌며 값진 인생 공부를 했다. 만주를 거쳐 20대 후반 고향 함경남도 신흥으로 돌아온 월산은 '어떤 삶이 옳은지, 가치 있는 삶은 어떻게 일궈야하는지'를 놓고 고민하다 금오화상을 은사로 맞게 됐던 것이다.

대승사마당을 벗어나 묘적암과 윤필암이 있는 오솔길로 든다. 그다지 머잖은 곳에 윤필암이 있다.

웅장한 암벽을 배경으로 한 암자다. 본당 사불전에 부처를 두지 않고 큰 투명창을 통해 바라보이는 사불석불을 주불이게 하였다.

비구니스님 도량답게 윤필암의 명성은 대승사와 함께 나란하다.

미|황|사
해남 달마산

중국까지 소문났다던 달마산 미황사

한반도 최남단이자, 반면 육지의 첫 시발이 되는 해남땅끝 마을은 오늘날 관광지로 널리 알려진 곳이다. 그 중심에 749년 신라경덕왕8년에 창건된 미황사가 있다.

1692년 조선후기의 문신 민암이 지은 미황사 창건기록 사적비문그대로 옮긴다.

'호남의 달마산 미황사의 창건 사적은 어찌 그리 기이한가. 신라 경덕왕8년 749년 8월 12일 갑자기 한 돌배가 산 밑의 사자포구에 근접하여 우렁찬 법음소리를 냈다. 이를 목격한 어부들이 정박시키려했으나 사람들이 다가가면 멀어지고 돌아서면 가까이오기를 반복했다. 의조화상이 이를 전해 듣고 포구에 나갔다. 출가하여 십계를 받은 장운과 장선 그리고 이 지방 촌주와 불사를 하는 일백여 명 모두 목욕재계하고 포구에서 올린 지극한 기도에, 그제야 돌배가 해안에 닿았다. 금동으로 만든 사람형상인 금인이 노를 젓고 수놓은 돛이 날리고 있었다. 배에 올라보니 금으로 만든 함이 있고 자물쇠로 채워졌다.

금으로 쓴 화엄경 80권과 법화경 7권, 비로자나, 문수, 보현 등 극락세계 모든 보살 및 천중을 일컫는 40성중과 53선지식, 16나한 등의 탱화가 있고 또 금고리와 검은 돌이 각 하나씩 함속에 있었다.

함께한 사람들에 의해 불상과 경전을 모실 곳을 의논하는데 검은 돌이 갈라지며 검푸른 암송아지 한 마리가 나타나더니 곧장 큰 소로 변했다.

이날 저녁 금인이 화상의 꿈에 나타나 "나는 본래 우전국허텐, 중국 신장웨이우얼 자치구왕입니다. 여러 나라를 두루 돌아다니며 경전과 불상을 안치할 곳을 찾았는데 산꼭대기를 보니 1만 부처가 모습을 드러내는 곳이 곧 여기인 까닭으로 오게 된 것입니다. 경전을 소에 얹고 가다 소가 일어나지 않는 곳이 경전을 봉안할 곳입니다." 말하였다.

화상이 이 말을 섬겨 곧장 경전을 소에 얹어 가는데 처음에 한곳의 땅에 누웠다가 다시 일어나 산골짝에 이르자 소는 크게 소리쳐 "좋도다" 하고는 넘어져 죽어버렸다. 처음 누웠던 땅에 통교사요, 뒤에 누웠던 자리에 절을 세워 경전과 불화를 봉안하고 미황사라 하였다.

미황사라 이름한 '미美' 자는 소의 소리에서 따온 것이요 '황黃' 자는 금인金人의 빛깔에서 따온 것이다.'

이 사적비 비문은 국립문화재연구소에서 탁본한 해석문이다.

문신 민암은 자신이 지은 미황사 비문에서 스스로 말하기를 '중국 송의 문인 장상영의 도리와 백향산과 당의 시인 백거이 문필을 모두 업신여긴다"고 기록하고 있다. 이는 한 수 아래라는 뜻으로 이해된다. 이런 민암이 달마산과 미황사를 이렇게 읊었다. "아아 기이하도

미황사 185

다. 세상에서 신산神의 산이라 한다면 지리산 지맥 달마산이요. 본래 경치가 뛰어나고 신성한 행적과 신령한 자취가 이루 헤아리지 못한다. 그때의 돌소와 금인의 일은 황홀하고 아득하여 세상 사람의 귀로 들을 수 없다. 또한 경전과 금불상, 불화 등의 물건은 예부터 그대로이다~중략~돌이냐 소냐 불가사의하도다. 금이냐 사람이냐 알 수 없도다. 정신은 알 수 없고 교화는 무궁하도다. 아아'

달마산을 좀 더 잇는다.

1264년 중국의 왕조 중 하나였던 남송의 배 한 척이 달마산 동쪽 바다에 당도하여 이 나라 달마산이 여기가 맞는지 물었다. 그렇다하자 그는 달마산을 향해 예를 표하고 "우리나라에서는 그 명성만 듣고 동경하는 마음일 뿐인데 여기에 있는 그대들이 한량없이 부럽다."고 했다.

또 "이 산은 참으로 달마대사가 머무를 만 하구려" 찬탄하고는 화폭에 담아갔다는 것이다.

달마산이 중국 땅에 널리 알려지다 보니 미황사 또한 자연스레 두각을 드러내게 마련이다.

전설의 달마생애에서 백육십 살까지 살았다는 그는 남인도 출신이며 470년 무렵 남중국에 가서 선종을 포교했다. 그래서 중국 선종의 개조로 일컫는다. 불심 깊은 양나라 무제와 선문답을 주고받은 나머지 아직은 법을 펼 때가 아니라는 생각에서 숭산 소림굴에서 사람들을 접촉하지 않고 아홉 해나 면벽했다.

선종의 2대조사 혜가대사에게 선법을 전한 뒤 중국역사에서 자취를 감춘다. 중국을 비롯해 한국과 일본, 베트남에서 달마대사를 선종의 가장 으뜸으로 삼고 있다. 그러나 이곳 말고는 그 어디에도 달마의 행적이나 지명을 특정한 곳은 없다. 그런 중국인들은 달마가 해동으로 건너가 안주한 곳이 바로 이곳 달마산이라 여겼던 것이다.

괘불재 및 그리고 미황사 음악회

고대국가 우전국에서 왔다는 '우전국'에 대해 살펴볼 필요가 있다. 화엄경 번역가였던 중국 법현스님이 인도로 가던 때인 399년 우전국에 들어갔다. 이 나라는 부유하고 백성들은 불교를 신봉하고 수만 명의 불승이 대승불교의 법통을 이었다. 사람들의 집 앞에 작은 탑들로 즐비한 나라였다.

우전국 국왕은 법현스님 일행을 구마제사에 묵게 했는데 3천여 명의 승려가 있는 큰 사찰이었다고 당시 우전국 탐방기를 쓴 법현스님이 자신의 법현집에 적었다. 또 세 왕의 왕대에 걸쳐 완성된 왕신사의 절, 탑 높이가 무려 75미터나 되며 기둥과 창문을 온통 금으로 칠한 화려함을 보였다. 5세기 초 우전국의 사찰이 얼마나 화려하였는지 짐작하게 해준다.

그 뒤 200여 년 지난 서유기의 주인공 중국 현장스님이 그 왕신사를 갔을 때 높이 300미터가 되는 탑이 있었다. 현장스님 기록에서 우전국에 100여 개의 사찰과 5천여 명의 승려가 있을 정도로 불교가 크게 번성하였다고 했다.

결론적으로 이 우전국은 중앙아시아 호탄이다. 앞에서 살폈듯 민암이 지은 미황사 사적비문에 나온다. 티벳과 인도로 가는 중요길목에 있는 지역이다.

실크로드의 하나인 중앙아시아 타림분지 남부의 지역에 들며 세계에서 가장 질 좋은 옥 생산지다. 오늘날 남도 최대의 오아시스도시이기도하다. 호탄 지명이 지금으로부터 그리 머잖은 때 허톈으로 바뀐 이 지역은 중국이며 중국대륙 북서쪽 끝 신장웨이우얼자치구에 속한다. 이렇듯 '우전국은 지금의 인도다' 적은 미황사의 홈페이지 내용은 맞지 않다.

미황사 드는 길가에 치렁치렁 개나리꽃은 유달리 눈에서 멀어지려 하지 않았다. 양지바른 언덕바지에 기댄 온갖 만물의 물씬함을 맛보기에 바쁘다.

이윽고 미황사 일주문을 거쳐 사천왕문과 자하루를 지난다. 대웅전보물947호을 잘도 감싸고 있는 가람의 배치다. 대웅전 법당에서 세 번 절하면 한 가지 소원은 꼭 이룬다는 입소문이 절로 배나와선지 다들 앞 다퉈 법당에 선다.

기도의 효험이 있다는 건 천장에 그려진 일천불의 부처가 있기 때문이란다. 세 번 절하면 곧 삼천배가 된다는 것이다. 또 하나의 작품이라 할 천장에 써진 산스크리트어 글자가 보인다.

미황사 괘불탱보물1342호이 궁금하다. 평상시에는 내보이지 않다가 매 시월이면 '괘불재 및 그리고 미황사 음악회' 때 걸개모습으로 내보인다. 올 가을을 맞는 음악회가 13회가 되고 오랜 역사의 괘불재는 285회가 된다.

응진전보물1183호은 대웅보전 뒤에 만하당과 나란하다.

눈앞 가득 미황사를 품고 있는 달마산의 풍치야 말로 우전국 왕이 찾아 올만큼, 그리고 문신 민암의 입에 오르내릴 정도의 빼어난 경관을 내 입에서 무어라 말할 수 있단 말인가? 절마당가에서 그냥 감상에 젖을 뿐이다. 그런데도 공룡 등줄기 모양의 능선이 잿빛 물결처럼 마냥 춤추는 생동감에 감흥하지 않을 수 없다. 바로 이 빼어난 아름다움 때문에 남도의 금강산이라고도 불리어지고 있다는 그 현장에서 벗어날 줄 모른다.

달마산은 인도에서 중국으로 건너가 선종의 시조가 된 달마대사가 머무를 만큼 산세가 뛰어나다는 데서 유래했다는 것이다. 기록상으로 고려의 무외스님이 처음으로 이 산을 달마산으로 불렀다고 한다.

백|련|사
해남 만덕산

백련결사로 고려8국사, 조선8종사 배출

해남 미황사와 가까운 곳에 강진 백련사가 있다. 첫눈에 와 닿는 벽에 걸린 '白蓮社백련사', 절사 자가 아닌 '社'를 붙인 궁금함을 안고 절간에 든다.

백련사의 원래 이름은 만덕사였다하며 신라 문성왕 때839~857 무염국사801~888가 창건했다는 정도의 안내일 뿐이다.

그러나 국립문화재연구소가 지닌 백련사비문에서 절은 신라 때 창건되었으나 도중에 황폐해져 연대나 장소를 알 수 없다. 고려 때 두류산에서 온 원묘국사가 남은 절터를 보고 그 형세가 기이하고 빼어난 것을 기뻐하며 그의 제자 원영, 지담, 법안 등에게 중수의 역할을 맡겼다.

1211년고려희종7년에 일을 시작하여 1216년에 마친 건물이 무릇 80여 칸이었다. 이에 문인 천회 등과 함께 법을 설하고 경전을 담론하게 되자 승려와 일반 사람들이 몰려와 더불어 지낸 숫자가 3백 명이나 됐다.

고려 고종이 듣고 1237년에 선사 시호를 내리고 여러 차례 포상하는 왕명이 있었으며 명절 때는 선물을 내리기까지 했다. 이로 말미암아 동방의 제일도량이 된 백련사였다고 적고 있다.

이와 같이 요세스님에 의해 옛터에 중창됐던 것이다. 그로부터 백련결사로 크게 이름을 날리면서 백련사로 불리게 됐다.

곧장 여현스님과의 친견에서 가장 궁금해 한 백련사白蓮社의 의미부터 짚어줬다.

즉, 서방 왕생의 신앙을 내용으로 하는 염불 수행의 단체라는 것이다.

'백련결사'가 뭐냐고 반문하는 방식으로 말문을 이었다. 뚜렷하게 아는 이 없자 고려 후기 정치와 종교가 제 기능을 다하지 못하자 몽고와 왜군의 침략으로 살육과 눈물로 점철되는 고난에서 요세스님이 나섰다. 민중들과 함께 참회와 염불수행을 통해 질곡의 현세를 정토로 만들자는 최초의 민간결사운동이었다.

이때가 원묘국사가 70세에 드는 1232년이다. 만덕사에 천태종 수행의 하나인 보현도량을 결성하고 법화경에 의해 죄업을 참회하는 법화삼매참회를 닦아나갔다. 이때부터 체계가 정비돼 나가면서 백련사라는 결사의 명칭이 사용됐다.

물론 요세스님으로부터 참다운 삶의 가치와 희망을 발견하였거니와 따르는 그들도 염불, 독송과 참회를 통해 불교에서 영원한 진리, 무명과 번뇌의 옷을 벗고 왕생하고자 했던 것이다.

1236년에 이르러서는 요세스님의 제자인 천책이 백련결사문을 엮었으며 당시 법화삼매참회에 동참한 뭇 사람이 수천 명에 다다랐다.

지방의 토호세력이 초창기에 주로 가담하였던 백련결사가 점차 토착화되자 문신과 지배층에서 더 높은 관심과 더불어 지원까지 아끼지 않았기에 크게 번창할 수 있었다.

백련결사가 눈부시게 발전하는 1245년 제자 천인에게 백련사를 맡긴 원묘선사는 그해 83세로 입적했다. 입적에 드는 초미의 순간 가부좌를 틀고 "50년 산속에서 썩은 이 물건이 오늘 떠나가니 모두 불법을 위해 힘쓰라" 한 말 남겼다는 여현스님과 나누는 차 한 잔의 대화가 오월의 싱그러운 봄 향기를 더욱 짙게 했다.

원묘국사의 백련결사 120년을 이어오면서 고려8국사를 배출해 냈다. 그 국사는 원묘를 비롯해 정명, 원환, 진정, 원조, 원혜, 진감과 목암이다.

조선시대에서도 청허 서산대사의 가르침을 이어받은 소요, 해운, 취여, 화악, 설봉, 송파, 정암, 연파대사와 같은 8종사가 배출돼 명성을 크게 떨쳤다는 백련사다.

손전등을 켜 곧 보물로 지정될 가치를 지닌 대웅보전 법당 내부를 하나하나 가리키는 스님의 손끝에 시선이 집중된다.

온화한 미소를 머금은 석가모니불과 아미타불, 약사여래불을 모신 법당 내부의 벽화와 조각이 한 편의 오케스트라처럼 아름다운 하모니를 연상케 했다.

묘법연화경에 나오는 우주에 존재하는 온갖 덕을 망라한 사물을 나타낸 불화의 하나인 만다라와 하늘에서 꽃비가 내리고 거기에다 하늘의 노래를 즐겨 부르는 긴나라와 하늘의 음악을 들려주는 건달바가 벽체그림으로 우아하다. 건달바는 하늘의 허공을 날아다니며 마실 것과 먹을 약을 제공하는 신을 말한다.

　석가모니부처의 제자 아라한과 보살, 사부대중과 하늘의 신마저 전에 없던 기쁨에 젖어 영축산에서 설법하는 부처를 바라보며 한없이 기뻐했다는 내용이 가득한 벽화였다.

　어느 하나 빠뜨리지 않고 설명을 이은 스님은 천장에 봉황과 사자가 해학적으로 조각된 상서로운 두 영수를 주목케 했다. 사람의 다리를 하고 있는 가릉빈가와 도끼를 물고 있는 용, 여의주를 물고 있는 용이 독특했다.

　조선의 사람들은 이 대웅보전을 가리켜 반야용선이라 일컬었다한다. 곧 대웅보전에서 아미타불을 염하면 이 반야용선에 의해 앞 구강포 바다를 건너게 되고 극락세계에 이른다고 믿었다는 것이다. 그리하여 대웅보전의 그 아름다운 벽화와 조각은 이상향을 향한 옛 선조들의 지극한 신앙심의 발로였다.

　백련사의 또 다른 유래를 짚어보지 않을 수 없다. 구강포 바다에서 바라본 만덕산 모습이 활짝 핀 연꽃이 사찰을 안고 있는 형상이라고 해 예부터 큰 인물이 많이 나올 터라고 했던 것이다.

　그래서 8국사와 8종사가 나왔으며 앞으로도 4종사가 더나와 12종사가 될 백련사라 한다.

　백련사 연지는 평소 물이 차가워 연꽃이 잘 피지 않는데 고려시대, 연지에 하얀 연꽃이 필 때마다 국사 한 분씩 배출돼 여덟 분의 국사가 나왔다는 설화가 이를 뒷받침하는 것이라 하겠다.

　대웅보전에서 오른쪽으로 50여 미터 위치에 1681년 5월에 세운 백련사사적비보물1396호가 있다.

　사적비에는 백련사의 역사를 염려한 승려 탄기가 조선 후기 문신

학자 조정저에게 부탁하여 비문을 짓게 됐으며 글씨는 조선 중기의 서화가 이우와 도총관 이간이 썼다.

조정저는 병을 얻어 오랫동안 붓과 벼루를 멀리 했으나 탄기 승려의 뜻을 가상히 여겨 청을 거절하지 못하였다.

자신이 지은 비문 말미에 이렇게 적었다.

'절에 만경루가 있어 누각에 오르면 조망이 뛰어난 큰 바다가 눈에 닿는다. 골짜기에 심은 것은 모두 동백나무로 겨울과 봄 사이에 짙붉은 색이 뒤덮은 산이 아름답기로 말로 다하지 못한다. 나는 1677년조선숙종3년에 호남에 벼슬하러 가서 왕의 명을 받드느라 돌아다니며 유람할 수 없었던 게 한이 된다. 어찌 다시 남쪽 유람에서 그 누각에 올라 북으로 월출산의 구정봉, 동으로 천관산의 석늠을 보고 남으로 한라산을 바라다본다면 오래 묵은 고질병이 몸에서 빠져나가지 않으랴' 자신의 간절함을 쏟아냈다.

백련사를 안고 있는 만덕산에 영험한 신이 있다는 믿음에서 자손들을 위한 산신기도를 올리는 사람이 많았다한다.

차와 동백이 아름다운 만덕산 백련사

백련사는 고운 정성으로 차를 만들고 많은 이들과 차 인연으로 아름다운 수를 놓았다는 걸 법당 주위로 늘어진 차밭과 야생차 군락을 이루는 산책길을 걸으면서 느낌을 받기에 충분했다.

듣건대 백련사에서 그리 머잖은 다산초당사적107호에 적거했던 다산 정약용은 백련사에 자주 들러 아암 혜장스님과 차를 마시며 마음의 평안을 얻었음은 물론 서로 거침없는 유학과 불교를 설파했음직하다.

백련사의 자랑은 무엇보다 천연기념물151호로 지정된 동백숲이라 하겠다. 앞에서 본대로 조정저가 읊조렸듯 3,000여 평에 달하는 숲의 아름드리 동백나무들은 장엄하다. 숲 속은 사시사철 푸르고 두터운 잎으로 싸여져 한 낮의 분위기가 고즈넉함으로 넘친다.

11월부터 꽃이 피기 시작하여 해를 넘긴 3월 말이면 만개하는 동백꽃 숲이 지금은 온통 붉게 물들어 마치 불야성과도 같았다.

언제 때 닿으면 남도의 촉기가 묻어나는 천년고찰에서 명상과 휴식을 통해 흩어진 생각을 차분하게 가다듬는 템플스테이에 금보살과 함께 했으면 하는 마음을 주워 담으며 백련사와 멀어져야만 했다.

고|운|사
의성등운산

고운사의 옛 모습을 그려본다

천년을 훌쩍 넘은 고찰 고운사의 중후함은 절길에 들면서부터 와 닿는다. 그간 여러 번 왔음에도 또 오고픔은 다른 이도 같을 게다. 졸 졸 흐르는 계곡물에다 봄옷으로 갈아입는 신록이면 더욱 그렇다.

깊숙한 계곡 양 옆으로 이어진 솔밭을 따라 숨결이 가득한 흙길을 들면 고운사의 장관이 펼쳐진다.

산문을 들어서자 일주문과 사천왕문이 반가이 맞는다. 그러곤 고 불전마저 어서들 오라며 손을 내민다. 고불전은 아주 작은 전각으로 고풍의 석불을 지니고 있다.

경북 의성 고운사의 얼굴이라 할 아름다운 자태를 드러내는 가운 루에 발길을 다다르게 한다. 누각을 받드는 기둥이 계곡물에 정교하 게 섰거니와 가운루를 끼고 물 흐르는 유유함에 다들 그 자리에 멈춰 선다.

계곡바닥을 이룬 바위를 주춧돌로 삼은 가운루이고보면 천년이란 세월 고운사의 늠름함을 죄다 안고 있음을 단번에 느끼게 한다.

가운루에서 가까이한 종각에서부터 그 위로는 절 마당을 이루고 있다.

나는 문득 가운루를 빠져나오는 개울물이 보이지 않기에 고개를 갸우뚱했다. 물 섶에 섰던 것으로 보이는 은행나무 두 그루를 세심하게 살피게 된다. 은행나무가 서있는 그 지점의 남과 북으로 갈려 가람이 길게 배치돼 있음을 보면 분명 이 마당 밑으로 물 흐르는 것이 분명함을 짐작케 한다.

그렇다면 고운사의 그 옛날에는 이처럼 널따란 절 마당은 없었다고 하겠다.

지금에선 개울물을 사이에 두고 넘나드는 불편함은 없다지만 자연따라 흐르는 섭리를 굴절케 하지 않았나싶다.

옛 모습하면 대웅보전 맞은편 언덕으로 비켜선 자그마한 나한전이 또 하나이다. 그 앞에 삼층석탑이 있다. 1992년 대웅전이 있던 자리에 대웅보전이 들어서면서부터 원래 대웅전 전각을 지금의 자리에 옮겨 나한전이라 고쳐 불렸다는 것이다.

스님의 말에서 대웅전 전각을 해체하여 원형대로 복원한 것이 나한전이라고 했는데 덜렁 들어서 옮겨 놓지 않았으면서도 원형 그대로 드러낸 예술의 극치에 놀라지 않을 수 없다.

복개를 하여 절 마당을 조성한 것은 오늘날 많은 사람들이 절을 찾아 오가는데 불편을 주지 않게 하고자 근 30년 전의 일이었다고 했다. 듣고 보니 수긍이 된다.

고운사 팸플릿을 펴들고 단풍나무 위아래 구릉을 선으로 '쭈욱' 그

어본다. 남과 북의 가람이 물길을 비켜 양 날개로 길게 조성됐음을 알게 했다.

최근 고운사 가람을 육중하게 하는 변화가 눈에 띄었다. 대한불교 조계종 제16교구 본사인 화엄도량 고운사에 걸 맞는 우람한 화엄강당이 세워짐으로써 한국불교를 중흥시키는 큰 획이라 하겠다.

화엄·지장·교학·참회도량 고운사

의상스님이 당나라에서 십년 간 화엄경을 연구하고 신라로 돌아와 676년 부석사 창건을 시작으로 화엄종을 널리 펼쳤다. 의상은 오진, 지통, 표훈, 진정, 도융, 양원, 상원, 능인, 진장, 의적 등 고명한 제자를 배출해 내면서 화엄사상을 날로 번성케 했다.

이외 삼천여 명의 제자를 뒀다는 기록에서 볼 때 그 시대 화엄종의 번성을 읽을 수 있다.

의상은 화엄십찰을 짓고 가르침을 전했다고 삼국유사에서 볼 수 있다. 태백산의 부석사, 원주의 비마라사, 가야산의 해인사, 비슬산의 옥천사, 금정산의 범어사, 지리산의 화엄사 등인 반면 최치원이 저술한 법장화상전에는 삼국유사에 나오는 여섯 사찰과 가야산 해인사와 보광사를 더하고 있다.

달리 계룡산 갑사, 모악산 국신사, 팔공산 미리사, 삼각산 청담사, 웅주 보원사를 화엄십찰로 명기하고 있는가하면 각기 기록에 따라 차이가 있음을 발견하게 된다.

이 가운데 원주 비마리사, 팔공산 미리사, 삼각산 청담사와 공주 보원사는 역사 속으로 사라졌다. 국신사는 귀신사로 고쳐졌다.

여기에서 화엄십찰이라 함은 10개 사찰을 의미하는 것은 아닌 듯 하다한다.

이즈음 681년신라신문왕원년 의상스님에 의해 고운사가 창건됐다.

부용반개형상 즉, 연꽃이 반쯤 핀 형국이라는 천하제일 명당자리에 앉은 고운사는 원래 높을 '고'에 구름 '운'자 고운사였으나 그 후 최치원에 의해 외로울 '고'를 써 오늘에 이르고 있다.

등운산 고운사의 싱그러운 봄을 이렇게들 그려낸다. 무엇보다 절 길을 들어서면 터널에 견주는 숲길이 길게도 펼쳐진다. 산새소리가 물소리와 연한 바람소리와 나뭇잎입술소리와 부대껴 솟는 고운사만의 절묘한 음률은 가히 가락과도 같다고들 한다.

저마다 제각각 잠시 속세의 잡념을 잊게 하는 이 순간을 내일도 모레도 끊이지 않고 지녔으면 하는 욕심은 절로 인다.

고운사는 해동제일지장도량으로써 이름나 있다. 예로부터 죽어서 저승에 가면 염라대왕이 대뜸 "고운사에 발을 디뎠느냐" 물을 정도로 지장보살영험이 뛰어난 성지다. 고운사에 모셔진 지장보살의 원만하고도 자비한 풍모는 물론이거니와 명부십대왕 또한 여느 절에서 지니지 못한 위엄과 정교함으로 살아 숨 쉬고 있다.

극락전 관세음보살은 조선조 숙종 때 천해선사가 모셨다한다. 천해선사가 선정하는 어느 날 꿈에 나타난 관세음보살이 이르기를 "내 인연이 다했으므로 스님을 따르리라" 했다. 그로부터 얼마 후 개성의 대흥산에서 꿈속에서 관세음보살상을 친견하고 곧장 고운사 극락전으로 옮겨왔다는 것이다.

의상스님이 고운사를 창건한 이래 여러 조사가 이곳에 머물렀다. 임진왜란 때 사명대사가 승군의 전방기지로써 군량을 비축해 두는

가하면 부상 군의 치료를 하던 호국불교의 기지로도 이용되었다.

이곳 의성 출신인 수월선사는 10년 동안 오직 일념만으로 두문불출하며 수행을 닦았다. 고운사에 의하면 환란을 맞을 때면 하늘이 돕거니와 짐승이 어미의 품안에 안기듯 수월선사의 발이나 어깨에 기댔다하니 그의 어짊은 이루 헤아릴 수 없었다하겠다.

약사전에 모셔진 석조석가여래좌상보물246호은 고운사의 대역사를 말해주고 있는 주요문화재다.

고운사의 명물인 내 몸을 어디로 비켜도 벽화 속 호랑이가 나를 놓치지 않으려는 눈매는 경이롭다.

여기에서 호랑이와 사람과의 깊은 관계를 짚어본다. '절마다 있는 산신각에서 호랑이를 자주 보게 되는데 호랑이는 불교이야기의 단골손님이다.' 삼국유사에 적고 있다.

그 대강은 신라 원성왕 때 화랑 김현이 밤늦게까지 흥륜사 전탑 탑돌이를 하다 염불을 외며 뒤따르는 한 처녀와 눈이 맞아 정을 통했다. 연유가 있어 이 처녀는 호랑이 모습을 띠고, 자기를 희생하면서까지 결코 김현의 칼에 죽겠다고 했다. 다음 날 호랑이는 김현과 주고받은 대로 성안으로 들어가 사람들을 사납게 해치게 되자 왕은 호랑이를 잡는 사람에게 2급 벼슬을 내리겠다고 명을 내렸다. 김현이 나서 만나기로 한 숲속으로 들었다.

호랑이는 낭자로 변해 "저를 위해 절을 짓고 강론해주기를 주문하였다. 오늘 제 발톱에 다친 사람들은 흥륜사의 간장을 상처에 바르고 그 절의 나팔소리를 들으면 곧 나을 것"이라 하고는 김현이 찬 칼을 뽑아 목숨을 끊으니 낭자는 다시 호랑이 몸체로 변하여 그대로 땅에 쓰러졌다.

김현은 원성왕에 의해 등용된 후 서천西川가에 절을 세우고 호원사라 했다. 항상 법망경을 강론하여 호랑이의 명복을 빌고 스스로를 희생하여 어짊을 이루어준 은혜를 갚았다. 김현이 죽을 즈음에 전에 있었던 호랑이 일에 매우 감동하여 전기를 적었으므로 이때 세상에 알려졌다. 이 기록이 「논호림」이다.

　'우주의 진리이자 우리의 마음이기도, 인생의 길이기도' 한 고운사 법계도림을 거닐면 보통사람들 육안에 보이지 않는다는 비로자나불을 만난다는 것이다. 이 미로숲길은 세계에서 처음 조성된 길이라 하여 요즘 들어 부쩍 세인의 발길이 끊이지 않고 있다.
　교구본사다운 고찰로써 유일하게 입장료를 받지 않는 고운사이고 보면 이는 경북 북부지방의 훈훈한 인심 때문 아닌가? 의성, 안동, 영주, 봉화, 영양에 60여 크고 작은 사찰을 말사로 둔 넉넉함도 하나의 받침일 테다.
　우리가 흔히 큰절로 꼽는 영주 부석사가 고운사 말사이고 안동 봉정사 또한 고운사 말사다.

최치원이 머문 고운사

　유학자이자 대문장가이면서도 유교와 불교, 도교에 일찍이 통달한 고운 최치원에 의해 고운사의 역사는 더욱 두둑하다.
　고운사를 드는 관문에 가장 상징적이라 할 가운루와 우화루 두 누각을 지으면서 절 이름의 뜻을 자신의 호를 따 달리하게 된 것이라든지 등운산의 두 갈래 흐름형세에서 배치된 가람을 가운루에서 하나로 묶어냈다는 데서 읽을 수 있다.

  그도 흐르는 물 위에 세운 누각과 구름과 자연과의 조화를 잘 이루어낸 것이 아니냐는 상상을 가능케 한다.

  최치원의 호가 고운이고 해운이다. 두 운은 구름운이다.

  고운사를 안고 있는 구름을 타고 오르는 산이라는 등운산 이름 또한 최치원이 즐겨 쓴 구름운이다.

  가허루가 구름위에 떠있는 집이라 하여 이 또한 가운루로 이름 붙였다는 데서 잘 나타난다.

  최치원은 여지, 여사 두 승려와 함께 고운사에 들었다. 그 훗날 금수강산을 유랑타가 해인사에서 여생을 마친 것으로 볼 뿐 최치원의 죽음은 세상에 알려지지 않고 있다.

  고운사가 사람들의 발길이 끊이지 않는 것도 오랜 역사 못잖게 최치원의 얼이 깊게 스며있기 때문이다.

기림사

경주 함월산

기림사 창건은 한편의 드라마틱이다

신라 30대 문무왕이 왜병을 진압하기 위해 감은사를 짓다 완성하지 못하고 죽었다. 그 왕위를 이은 아들 신문왕이 완성하고 금당 섬돌 아래를 파고 동쪽을 향한 구멍하나를 뚫었다. 이는 용이 절 안으로 들어와 서리도록 한 것이다.

훗날 일관 김춘질이 친 점괘에 보인 세상 떠난 문무왕이 용이 되어 삼한을 지켰고 또 김유신 공이 불교의 세계인 삼십삼천의 아들로 태어나 왕의 신하가 되었다고 왕에게 아뢨다.

그런저런 연유로 감은사행차에 나선 왕은 기림사 서쪽 물가에서 점심을 먹었다는 삼국유사에 등장하는 기림사의 구절이다. 이때가 감은사 창건 682년이라 하겠다.

이미 기림사는 이 이전 643년신라선덕여왕2년 원효가 중창한 때고, 절에서 밝히는 그 훨씬 옛적 창건된 임정사이야기를 전개해본다.

인도의 정토신앙이 성행하던 때 신라사람들이 바닷길을 통해 이 땅에 안락국의 세계를 받아들이고자 했던 것이다.

곧 인도 범마라국 광유성인에 의해 신령스런 거북이가 물을 마시는 형국의 이 자리에 임정사가 생겨났다. 오종수를 길어 달인 차로 부처께 공양하고, 오종수를 길어 오색 꽃을 키우는 수행법이 훗날 신라향기의 뿌리가 되며 한국 최초의 차 문화가 싹틔워지기까지 했다.

또 기림사 약사전 헌다벽화는 우리나라에서 가장 오래고 희유의 가치를 지니고 있으며 도량의 역사가 차와 함께 시작됐음을 증명하는 단면이라 한다.

이처럼 기림사 창건의 역사가 담긴 월인천강지곡과 석보상절을 합하여 1459년 월인석보를 간행했다. 여기에 나온 설화로 엮은 「안락국태자경」 고대소설과 그림으로 표현된 「안락국태자전변상도」, 제주 신화이야기로 전개되는 「이공본풀이」 같은 무가의 테마이기도 했다.

기림사의 창건설화다.

먼 옛적, 멀고 가까운 것과 크고 작은 것에 걸림이 없이 밝게 볼 수 있는 능력의 천안통과, 자신은 물론 육도에 윤회하는 모든 중생들의 전생, 금생과 앞으로 일어날 일까지도 훤히 아는 능력의 숙명통, 다른 사람의 능력을 알 수 있는 타심통을 두루 갖춘 도인 광유성인이 살았다. 도인은 어느 날 제자들을 모아놓고 과거 얘기를 꺼냈다. 전생에 부처의 제자로 공부할 때, 세 시녀가 부처와 그 제자에게 늘 꿀물과 우유로 공양을 올렸다. 제자들 가운데 인물이 출중한 스님 한 분을 두고 세 시녀가 서로 시기하고 질투하였다.

스님은 여인들의 유혹에서 벗어나고자 그만 산속으로 들었다. 그러나 스님은 아름답고 상냥한 세 여인을 잊지 못한 번민 속에 그만

도를 이루지 못한 채 입적했다. 광유성인은 그때 그 스님과는 친구였는데 이제 그 스님과 세 시녀를 제도하려 하니 누가 이곳으로 그들을 안내하겠냐고 제자들에게 물었다. 그때 승렬비구가 나섰다. 광유성인은 입적한 그 스님은 금생에 수다라나라의 국왕이고, 왕후와 후궁은 전생의 시녀이며, 왕의 아들로 태어날 사람이 마지막 시녀라 일렀다. 불교가 아직 전해지지 않은 나라이니 후궁을 먼저 모셔오라 했다. 곧 금생과 전생이고 앞으로 일어날 후생이 함께 엮어져가는 세계다. 승렬비구가 수다라에 도착하자 불법이 높은 걸 알게 된 왕은 스님을 궁중으로 정중히 모셨다. 승렬스님은 한 해 동안 궁중에 머물면서 왕과 왕비, 후궁들을 교화했으며 수다라 왕국에 최초의 절 범승사를 세우고 후궁 월애부인을 모시러 온 뜻을 밝혔다. 그로부터 월애부인은 광유성인의 제자가 되어 물 긷고 차를 달이며 열심히 정진하였다. 광유성인이 다시 이르기를 왕과 왕비를 모셔오라 했다.

　승렬스님을 재차 맞은 왕은 자신의 전생 이야기를 듣고는 참회하다 끝내 원앙부인과 임정사로 향하는 미로의 길을 나섰다. 도중에 만삭의 몸인 부인이 너무 힘든 나머지 더 가기를 포기하고 자기를 팔아 그 몸값은 부처께 올리기를 간청했다. 왕은 눈물 속에 죽림국의 한 장자에게 부인을 팔아야했다. 왕은 아들을 낳으면 이름을 '안락국'으로 하란 한 말 남기고 부인과 멀어져야만 했다.

　장자의 집에서 고된 종살이를 감당하면서도 원앙부인은 아들 안락국을 낳았다. 안락국은 누가 아버지인지 알게 된 일곱 살이 되자 숱한 고난을 뚫고 수다라나라 대왕을 만나게 된다.

　그는 원앙부인이 낳은 태자 안락국이었으니 광유성인의 숙명통에서와 같이 바로 왕의 아들로 태어난 세 시녀 가운데 마지막 시녀였던 것이다.

그리하여 왕과 아들은 불법에 심취하였다. 수다라 대왕이 도를 얻어 열반에 들자 광유성인은 안락국에게 전생이야기를 들려주었다.

"안락국아 인연 있는 곳을 찾아가 중생을 교화하여라. 거북이가 물마시는 형상의 산이 있고 동해바다의 기운을 들이마시는 용이 있는 연못이 있다. 탑의 형상을 갖춘 남쪽 돌산에는 옥정이라는 우물이 있으니 그 물을 마시며 수도하여라. 또 북쪽에는 설산을 닮은 돌 빛이 흰 산이 있으니 그 산 굴속에 부처를 모셔라" 하고는 그 인연 땅은 여기서 이백오십만 리625천킬로미터 떨어진 해동국이라 했다.

이곳에 당도한 안락국은 조그만 암자를 세워 임정사라 하였다. 이렇게 백오십년 후 신라의 원효대사가 절을 크게 일으켜 세우면서 석가모니부처가 생존 때 최초의 절 기원정사 이름을 따 기림사라 고쳐 불렀다.

여기에서 「안락국태자경」과 「이공본풀이」 스토리를 덧붙인다.

광유성인은 석가모니부처다. 사라수대왕은 아미타부처요 원앙부인은 관세음보살이다. 안락국 태자는 대세지보살로, 부모자식간이고 부부간인 이들은 아미타삼존의 화신이다.

특히나 원앙부인은 자기의 한 몸을 살라 수행의 힘으로 굳건한 사라수대왕이게 하였고, 아들 안락국은 강을 건너지 못하는 위기를 슬기롭게 대처케 해, 가까스로 아버지 사라수대왕과 상봉케 하는 이 모성은 너무나도 우리의 가슴을 짠하게 한다.

이공본풀이에서는 경전의 사라수대왕은 '사라도령', 원앙부인은 '원강아미', 안락국은 '한락궁이'로 그리고 자현장자는 '천년장자'로 등장한다. 제주 무속신화 이공본풀이는 서천꽃밭에서 자손을 이어가거나 사람의 목숨을 길게 하고 또는 죽은 목숨을 살려내거나 아예 지리멸렬을 의미하는 등의 번성꽃, 생명꽃과 환생꽃 그리고 수레멸망악심꽃과 갖가지 꽃들로 펼쳐진다.

이 서천꽃밭은 곧 서방정토이자 극락이라 하겠다.

앞에서 나온 오종수는 차를 달이는데 최고의 물로 알려진 동방 오탁수와 남방 명안수, 서방 화정수, 북방 감로수에 그 가운데 중방 장군수를 일컫는다.

신라문화의 근간이라 할 불교문화가 경주 남산과 토함산 그리고 이곳 함월산에 기림사와 골굴사가 나란히 건재해오고 있다.

마침 사시예불을 올리는 범종소리가 함월산의 정기를 안고 귓전에 은은하게 스민다. 목탁소리가 더하니 나는 '내가 짊어진 허물을 다 벗은 듯' 한량없는 맑음으로 변한 듯하다.

오랜 헌다벽화 여기듯 공양차의 음미를

기림사는 한 때 31본산의 하나였으나 지금은 불국사의 말사에 있다.

경주에서 불국사 다음으로 광활한 느낌을 주는 비교적 넓은 공간 가득한 가람이다. 산세 또한 깊다.

널찍하고도 평평한 마당을 둔 대적광전은 우람한 만큼이나 보물단지처럼 느껴졌다. 기림사의 중심 법당답게 그럴만하다. 수려한 꽃살문과 화려하고 장엄한 면모가 하나 돼 부처의 몸에서 나온다는 빛과 지혜의 빛이 온 누리에 가득하다는 뜻의 대적광전보물833호이다.

대적광전 법당 소조비로자나삼불좌상보물958호이 숙연하다. 가운데 비로자나불 그 좌우에 노사나불과 석가불이다.

삼불좌상 배면에 비로자나삼불회도보물1611호가 있다. 조선시대 삼불회도는 가운데 석가모니가 배치되고 양 옆으로 약사불과 아미타불로 조성되는 삼세불화가 일반적인데 이 불화에서는 비로자나불을 중심으로 아미타와 약사로 이루어져 삼세불화와 삼존불화를 결합한 독특함을 보여주고 있다는 문화재청 문화유산정보의 관점이다.

오른편 약사전에서 17세기에 그려진 헌다벽화를 볼 수 있었다. 우리나라에서 가장 오랜 옥내 헌다벽화로 사라수왕이 차를 달여 광유성인에게 받들어 올리는 장면이다. '오정수를 길어 달인 차로 부처께 공양' 하는 등의 창건설화에 담긴 차의 음미가 깊게 와 닿는다.

발길을 역시 널따란 마당을 둔 삼천불전으로 옮겨 놓는다.

삼천불은 항상 어디에서든 부처가 계신다는 사상에서 과거에 천불, 현세에 천불 나아가 미래 천불의 의미를 담고 있다.

삼천불전 본존 석가모니불은 닥종이로 만든 불상이란 데서 무척 희귀한 느낌을 받는다. 대개 석불이나 목조불 금동불로 아는 정도의 상식이었으나 의외의 것을 깨치게 했다.

삼천불전에 앉은 삼천불 하나하나가 청자였다.

곁의 관음전에 있는 천수천안관세음보살도 살폈다. 천 개의 손과 눈과 열한 개의 얼굴을 가진 이 보살은 모든 사람의 괴로움을 벗게 한다.

소조비로자나불복장전적보물959호은 성보박물관에 소장돼 있다. 사경과 목판본 등 일괄 54건 71책이 하나의 복장전적이다.

건칠보살반가상보물415호도 문화재로서의 가치만큼이나 박물관에 소중하게 다뤄져 있다. 이는 향나무로 골격을 만들고 삼베를 감아 그

위에 진흙을 발라 만든 우리나라에 흔하지 않는 불상으로 그 가치가 큰 것이라 알려지고 있다.

현재 일본 고지현 좌천정, 청산문고에 소장되고 있다는 안락국태자전변상도를 보지 못하는 아쉬움은 못내 컸다.

아미타가 이끄는 용선을 타고 극락가는 원앙부인과 안락국태자, 장자의 집에 종으로 팔리게 돼 원앙부인과 이별하는 사라수대왕 또한 승렬비구를 따라 범마라국 임정사로 가는 여덟 궁녀가 그려진 불교 유산이 우리의 손에 있지 않기에다.

한글을 담은 것으로는 최초인 이 그림은 1576년 조선 선조대왕과 왕비 의인왕후 박씨를 위해 만들어졌다는 기록이다.

한가로이 기림팔경의 감상에 젖는다.

신문왕이 봄날 함월산에 행차하였다는 왕의 길이 그 1경이요. 안개비 자욱함을 여지없이 드러내는 옛 절 기림사. 호암천의 가을연못, 남암의 겨울 눈 산, 폭포 용연의 비경이 이리저리 감친다. 오종수가 빚어내는 샘과 오색의 신이한 꽃, 마지막 8경에 드는 성인에게 헌다 했다는 죽림의 차밭이다. 여기에서 이렇게 글머리를 틀어도 가지만 기림사 8경만을 갖고 나의 본색을 드러내봐야겠다.

나와 약속되지 않았다하나 먼 날은 아니다.

골|굴|사

경주 함월산

우리나라 석굴사원의 요람

경주에서 동해안 감포 방향으로 20킬로미터 안팎의 함월산 깊숙한 골짝에 있는 또 하나의 빼어난 천년고찰 골굴사에 닿았다. 기림사와는 지척이다.

동아보살상 앞에 서고 보니 상상한 석굴의 형체들이 눈 앞 가득하게 든다. 이름 그대로 굴이 지천이다.

맨 꼭대기 암벽에 앉은 불상의 높이가 무려 4미터나 된다는 돋을모양새 마애여래불좌상의 예술성에 홀딱 반하지 않을 수 없다.

골굴사의 주불 마애여래불좌상보물581호은 동해를 향하고 있다. 토함산 석굴암 본존불이 동해를 향한 것과 같다. 과연 주불다움은 관음굴을 비롯해 산신당, 약사굴과 지장굴을 두루 다독여 안고 있는 모습이 독특함에서다. 골굴사 여러 석굴이 일주문으로부터 마애여래불좌상에 이르도록 길게 이어져있음을 미리 익혔었기에 그 아래에 있으면서도 대강의 그림이 그려졌다.

　기림사의 창건설화에서 봤듯 안락국에게 250만 리 떨어진 해동국 산 굴 속에 부처를 모셔라 한 그곳이 곧 기림사고 여기 골굴사라 하겠다.

　산 굴 속이라 지칭한 측면에서 보면 기림사보다 골굴사가 더 가까움이다.

　따라서 절의 창건 언급에서 '함월산 불교유적 가운데 가장 오랜 역사를 지닌 석굴사원 골굴사라 전제했다. 신라불교문화가 한창 번창하던 6세기 경 인도 광유성인 일행이 이곳 암반에 마애여래불좌상과 12개의 석굴가람을 조성하였다.' 했다. 1500여 년 전 광유성인에 의해 자기나라의 사원을 본 따 형성한 전형적 석굴이라는 사적기의 기록을 빌리기도 했다.

　석굴사원에 대하여 더 살피면 우리나라에서는 이곳이 유일하다.

　중국과 인도 등에서는 고대 석굴사원이 많이 전해지고 있다는데 가령 절벽을 뚫어 만든 인도의 아잔타석굴사원이나 엘로라석굴, 중국의 막고굴, 운강석굴과 용문석굴이 그 대표적이다.

　세계문화유산 막고굴_{둔황굴이기도하다}은 중국 명사산 동쪽 벼랑에 있다. 무려 1600미터나 되는 암벽의 막고굴을 비롯해 600여 동굴이 있다는 것이다. 이 동굴 안에 있다는 2400여 불상이야말로 생각만 해도 어마한 불교유적이다.

　막고굴을 예로 보면 퇴적된 모래에 굴을 뚫거나 불상을 조각하기가 용이하다고 여겨지는데 우리나라는 대게 야문 석질이어서 석굴사원을 조성하기가 쉽지 않다. 그런 가운데 골굴사의 석굴사원은 설화의 광유성인 일행이 조성했다는 그야말로 불가사의의 하나다.

바깥에서 보기로는 기와를 얹은 형태이나 속 전체 둘레가 암반으로 형성된 관음굴에 다다랐다. 관세음보살이 있는 관음굴 공간은 시원스럽게 넓었다. 청동으로 만든 백팔관음보살상이 굴 벽면을 이루고 있는 이 법당에 이런 이야기가 있다.

예부터 관음굴 법당에서 잠자고 나면 허약한 사람이 생기를 찾았다는 것이다.

절에서 말하는 그 이유는 함월산 지층이 석회암으로 형성 돼 암반성분이 맥반석과 같은 인체에 유익한 에너지가 발산되고 있기 때문이라 한다.

실제 법당에 자리하면 매우 청량함을 느낀다하며, 오랜 좌선에도 피로하지 않다는 법당에 퍼질러 앉아본다.

고불고불 발 딛는 마디마다 암벽에 파인 움푹한 굴이요 즐비한 불상이다. 이러한 좁다란 길 따라 마애여래불좌상 앞에 서게 한다.

저 아래가 나지막이 보인다. 여기 발을 딛고 보니 돋보이는 보물 마애여래불좌상임을 한층 더 실감케 한다. 동해를 바라보는 이 불상을 보는 내 느낌은 감포 앞바다 문무대왕수중릉을 잠시도 잊지 않고 대왕의 넋을 기리는 게 아닌가 여겨진다.

조선후기 화가 겸재 정선이 그린 골굴석굴도에 목조전실이 묘사되었다하나 그 흔적이 남아있지 않은지 오래며 요즘엔 불상 보호각이 만들어져 있다.

역시 조선후기 학자 정시한선생이 쓴 토함산 산중일기에도 골굴암의 모습을 세세하게 묘사했는데 여러 목조로 지은 전실을 오가는 회랑이 있고 단청을 한 석굴사원의 아름다움은 한 폭의 병풍과 비견했다는 것이다.

잠시 골굴사 안에 서로 가까이한 음양의 조화, 남근바위와 산신당 바닥에 자연현상으로 패인 여궁이야기가 하루 여정의 피로를 풀어준다. 골굴사가 창건되기 아주 오래전부터 전래되는 토테미즘의 전설이다.

아들을 얻지 못한 아낙네가 자신의 여근을 아주 청결하게 하여 먼저 남근바위에 예를 올린 다음 이 여궁에 앉아 밤새 기도하면 다음 날 새벽이면 영락없이 여궁에 정수가 가득 고였다는 믿기 어려운 말이다. 하지만 남근바위가 옆이기에 근접시켜 본다.

곧 물이 고였다는 건 득남을 하는 징표를 나타낸 것이라 한다.

절에서 말하기를 이렇게 자손을 이은 사람들이 부지기수며 때문에 상당의 숫자가 골굴사 신도가 되었다고 함으로써 그 조화가 낭설만은 아니라고 본다.

골굴사에 '원효가 다녀간 그 길 위에 서다' 안내판이 눈에 띈다. 원효의 만년에 대한 자세한 기록은 없다고 알려지는 바와 같이 원효가 골굴사에서 열반했다는 근거는 더욱 없다. 다만 삼국유사에서 혈사에서 기거하고 입적한 것으로 봐서 어림으로 골굴사를 짐작하는 글들이 여러 면으로 회자되고 있다.

그도 그럴만한 것이 혈穴이란 풍수지리에서 산줄기나 지맥 따위의 정기가 모인 자리를 말하며 삼국유사에 나오는 혈사穴寺는 명칭이 아닌 곧 구멍 절이란 뜻, 바위구멍 동굴이나 토굴 등으로 된 사찰을 가리킨다. 원효가 입적한 혈사는 경주 남산 근처로 추정할 뿐이다. 그렇다면 혈사의 뜻에 미루어보아 석굴사원 골굴사일 가능성이 크다. 또한 경주 남산과도 그리 멀지 않은 곳이기에 그럴 개연성이 더욱 짙다.

이와 같은 상당함 때문에 원효 안내판이 절 한가운데 서지 않았나

골굴사 213

싶다. 현재 불사를 모으고 있는 원효성사화엄종 범종각이 곧 세워진
다는 걸 보더라도 상당한 깊이다.
 주지 적운스님의 속성이 경주설씨다.
 주지스님은 기림사 주지로 있던 1989년 개인이 소유한 골굴사를
매입하여 대한불교조계종에 등록하여 11교구 불국사 말사가 됐고 오
늘에 이르기까지 30년도 못 미치는 세월에 눈부시게 절을 크게 일으
켜 세웠다.

선무도의 총본산 골굴사

 약 70년 넘는 그 이전 어느 한동안 버려져 있던 골굴사였다.
 골굴사에는 동아보살이야기가 항상 따른다. 현 주지 적운스님이 부
임해온 1990년 겨울에 태어났다하여 이름을 동아라고 지은 진돗개
가 바로 동아보살이다. 강아지의 몸으로도 대중과 같이 새벽예불을
올리는가하면 참선과 탑돌이까지, 참배객 안내는 기본이다.
 쥐를 잡아 먹거나하는 일체의 살생을 하지 않은 동아보살은 개의
수명 20년을 훌쩍 넘기면서도 새벽예불에도 꼭 함께 했다. 마지막 가
는 날 대중에게 누를 끼치지 않게 하고자 절간을 벗어난 양지바른 곳
을 찾아 눈을 감았다.
 이에 골굴사에서 동아보살의 천도재를 지극정성으로 다했으며 후
세에 길이 남기고자 동아의 동상과 공덕비를 절간에 세웠다.
 골굴사는 선무도 총본산으로 아주 유명하다.
 과거 골굴사에 존재했던 12개의 석굴은 무예를 수련하는 공간이
었으며 신라의 화랑들이 이곳에서 몸과 마음을 닦았고 조선시대에

이르러서는 승병들이 기예를 연마하기에 이르렀다고 한다. 이렇게 불교의 전통수행법으로써 몸·마음·호흡의 조화를 통해 깨달음을 얻는 게 선무도라는데 이해가가고도 남음이 있다.

일제 때 맥이 끊겼다가 골굴사의 주지 적운스님에 의해 한국을 대표하는 전통무예로 다시 일궈냈다.

현대인의 정신과 고뇌와 신체적 질병을 가져오는 갖가지 스트레스를 선무도를 통해 가볍게 떨쳐버린다는 것이며 몸의 불균형 또한 선무도의 수행에서 바로 잡아진다한다. 상설무대에서 펼치는 선무도와 문화예술공연장에 닿는 발길이 종일 끊이질 않는다.

적운스님은 선무도를 통해 불교의 교리문화를 포교하는데 남달리 앞섰다고 세인들에게 널리 알려졌다.

연인원 3만 명이 찾아드는 유명세를 탄 세계적 템플스테이 사찰로 만들 수 있었던 것도 선무도가 중심에 있었기 때문이다.

직|지|사
김천 황악산

한국불교 1600년이 살아 숨 쉰다

　김천 직지사 마당 가득 부처님 오신 날 연등이 주렁주렁하다. 오늘 이날이 사월 초파일 아니냐? 반문할 정도로 절 찾은 사람들이 어쩌면 이리도 많을 수가 의아하기까지 하다.
　워낙 광활한 터에 우람한 가람이어서 아웃라인을 먼저 그려보고자 한다.
　산세 또한 소백산맥준령이 남쪽으로 뻗어 그 서쪽 추풍령에서 잠시 머무르는 듯 관문을 이루다 다시 서남쪽으로 내리뻗은 황악산이다.
　수려하기로 이름난 황악산은 북쪽으로 충청도, 서쪽으로 전라도며 동남쪽으로 경상도를 끼고 있다.
　해발 1,111미터 높이의 비로봉이 황악산의 정상이다. 선유봉을 중심으로 오른쪽으로 백운봉, 운수봉이고 천룡봉이다. 그 반대편으로 형제봉이고 신선봉, 망원봉이 다투어 자태를 뽐내고 있다. 그 못잖게 능여계곡과 내원계곡, 운수계곡이 있으며 이 계곡의 품 안에 있는 능여폭포, 내원폭포 그리고 비룡폭포마저 봉우리에 지지 않을세라 콸콸 쏟아내는 폭포수가 장관이다.

그다지 높지 않은 골짝에 안성맞춤마냥 이만한 가람이 들어서 있다니 놀랍다. 낮은 산이면서도 산사의 풍취가 항상 넘쳐난다는 그 이상의 풍광이었다.

황악산의 황黃자는 청, 적, 황, 백, 흑의 다섯 색에 견줘 가운데를 상징한다는 의미인데 곧 직지사가 우리나라 중심부이자 가장 으뜸가는 절이란 것이다. 그래서 '동국제일가람'으로 불린다. 지근인 김천에서 서울까지 230킬로미터, 아래로 부산까지 218킬로미터이고 보면 거리상으로도 중간지점이다.

그에 걸맞게 경부선의 육로와 철도수단이 잘 발달된 교통의 요충지가 김천이다. 근래에는 강원도 동해방면과도 연결되는 횡단육로가 시원하게 뚫렸다.

그래서 옛적부터 길상지지라 명명되는 직지사다.

직지사가 현재 소유하는 임야만도 600정보라 한다. 경내부지만도 3만평이다.

600정보를 달리 환산하면 180만평이고 595만m²로써 여의도면적 3분의2정도에 가까운 어마한 면적이다. 사세가 한창 흥성했던 때는 김천시내 우시장 근처 다리 이름조차 직지교로 불릴 만큼 그 지역 곳곳이 직지사의 땅이었다고 절 홈페이지에 나와 있다.

이런 가운데 일제가 한국불교를 말살하기 위해 제정했던 사찰령에 따라 한때 해인사 말사이기도 했으나 광복 이후 재편된 환경에서 본산으로 승격되면서부터 사세가 날로 신장되어졌다.

직지사에 닿는 발길이 이번이 두 번째다. 이십대에 왔던 기억이 아른거린다. 당시 절간에 핀 꽃, 이름이 기억나지 않으나 한 장의 사진이 거봉서재 어딘가에 있을 게다. 이런 인연으로 다시 이어졌듯 미리부터 들락거린 직지사홈페이지 사색에서 파노라마를 오갔다.

잘 꾸며진 파노라마를 통해 절 입구에서부터 국제회의와 대법회 장소로써 직지사에서 가장 크다는 200여 평 규모의 만덕전을 거쳐 성보박물관과 대웅전 그 위 천불암으로 쭉 이어봤었다.

우리나라 사찰 가운데 가장 활발한 여름템플스테이로 이름 날리는 직지사이고보면 누구나 이 절 마당에 들면 그럴만하다 한다. 그 하나로써 늘어진 노송 곁으로 흘러내리는 이곳만의 특유한 물소리를 음미하는 지금 나에게 가장 행복한 순간이다. "절간을 거닐며 듣는 물소리가 어찌 이리도 청량하단 말인가?" 저절로 내게 물어진다.

대한불교조계종 8교구 본사 직지사, 418년 신라눌지왕2년 아도화상에 의해 창건된 것으로 전한다. 418년은 신라 최초의 절 도리사가 창건된 그 다음해라 전하지만 불분명하다.

절 이름을 직지라 하였음은 '직지인심 견성성불' 즉 선종의 가르침에서 유래되었다고 한다.

반면 아도가 선산 도리사를 창건하고 나서 멀리 김천의 황악산을 가리켜 '저 산 아래도 절을 지을 길상지지가 있다.' 하여 직지사라 이름 했다. 또는 고려의 능여화상이 직지사를 중창할 때 자를 사용하지 않고 직접 자기 손으로 측지하였기에 붙여졌다는 등 두 설이다.

이처럼 '창건설화와 연관된 직지란 말이 미화된 전설에서 유래되고 있다하나 실은 불교 본연의 직지인심을 나타내는 의미로 풀이된다. 곧 창건 설화의 직지와 불교종파의 하나인 선가의 직지가 결코 다름이 아니다.'는 절의 부연이다.

발을 천천히 옮겨 문경 김룡사 동종이 소장돼 있다는 성보박물관으로 들어선다. 동종을 비롯해 도림사 세존사리탑금동사리기국보208호, 예천 한천사 금동자물쇠와 청동반자보물1141호 등 말사 유물들이 이곳 박물관에 집대성했다. 반자는 절에서 대중을 불러 모으거나 급한 일을 알리는데 사용됐던 일종의 타악기다.

이외 하나의 돌로 만들어진 직지사 석조여래좌상보물319호, 아미타불을 지극한 마음으로 예배하면 죄를 참회하고 극락왕생하는 불교의식을 적은 책, 예념미타도량참법권,6~10보물1241호을 살폈다. 묘법연화경보물1306호과 불교신앙의 일면들을 담은 책으로 1371년 비구니 묘지와 묘수의 시주에 의해 만들어진 백지금니금강 및 보문발원보물1303호 등 수많은 주요 불교문화재가 함께 소장된 박물관이었다.

지금까지 일주문, 대양문, 금강문에 이어 사천왕문에 이르는 데는 왼쪽의 계곡을 낀 지형의 형세에 순응한 반면 만세루에서 바라보이는 대웅전은 일직선상에 놓여있다.

또 하나의 보물, 대웅전 수미단

우리나라 최고의 걸출이라 할 직지사대웅전보물1576호은 그에 걸 맞는 마당이 시원하게도 널찍하다. 양 가에 덤덤한 석탑은 대웅전을 지키는 수호신이라 해도 무리가 아니다.

법당 안 직지사삼존불탱화보물670호는 후불탱화다. 세 불상 뒤편 가운데가 석가여래의 영산회상도, 왼쪽에 약사회도 오른쪽엔 아미타불의 극락회도로 배치됐다.

용, 물고기, 개구리, 잠자리, 물병, 연꽃으로 조각된 법당 수미단은 무척 독특하다. 여러 문양으로 그려진 장식과 일체의 구성이 한편의 디오라마 격이다.

이를 좀 더 내면적으로 들여다보니 목공예의 진수를 보여주는 귀중한 문화재임이 분명했다. 영천 은해사, 청도 운문사, 대구 파계사 등의 수미단보다 오히려 앞선 반열에 드는 것으로 최근 평가되면서 곧 보물로 지정될 것으로 전망한다.

대웅전 수호신으로 느껴졌던 양 가의 탑이 문경 도천사지동·서삼층석탑보물606호이다. 원래 문경군 산북면 도천사지에 쓰러져 있던 것을 1976년도에 직지사로 옮겨왔다. 도천사지에서 옮겨온 또 하나의 문경 도천사지삼층석탑보물607호은 비로전 앞에 세워져 있다. 이 보물 606호와 607호소유자는 국가다.

거의 같은 시기에 옮겨온 석탑 하나가 더 있다.

(전)구미 강락사지삼층석탑보물1186호인데 성보박물관 앞에 있다. 1980년 요즘은 구미시로 편입된 선산군청 앞뜰에 세워져 있던 것을 직지사로 옮겨온 것이다.

버려져만 가던 이 네 기의 보물석탑 모두가 1958년 직지사 주지로 부임한 녹원화상의 불사에 의해 이루어졌다.

이뿐 아니다. 녹원화상은 불타거나 허물어져 없어져버린 옛 흔적을 살린 그 모습대로 전각과 당우를 일으켜 세웠다. 이렇게 옛 모습을 이뤄냈다는 데서 참으로 놀라워하지 않을 수 없다.

대웅전과 비켜선 비로전 전각이 500년 수령의 측백나무와 다정하다. 긴긴 세월 단 하루도 비끗하지 않은 다정함에 있어서 차라리 부부답다 하겠다.

비로전을 일명 천불전이라고도하는 법당 배경에 앉은 천불은 현세불이라 불리며 어느 하나도 같은 형상이지 않았다. 불상은 경주에서 손꼽는 옥돌을 사용하였다.

옥동자를 낳는다는 속설이 비로전에 묻어있다. 법당의 천불상 가운데 하나만 있는 벌거숭이 동자승이 첫눈에 띄면 그렇다는 것이다.

경잠대사에 의해 조성된 비로전은 임진왜란 화를 입지 않은 유일한 하나라고 했다.

보물의 보고라 하면 직지사로 알려진 만큼이나 신라시대 때 금자대장경이 탄생했다는 고증이 여러 문헌에서 나타나고 있다는 것에 주목하지 않을 수 없다.

우리가 흔히 대장경하면 합천 해인사 팔만대장경을 떠올린다. 그러나 이 시기 고려시대보다 훨씬 앞섰던 것이 직지사 금자대장경임을 깨치게 한다. 이 대장경이 오늘에 전해지지 않고 있으나 문화재연구에 귀중한 몫이라 하겠다.

서산에 지는 해를 붙들어 매려는 애틋함이 있듯 "이곳 은선암, 명적암, 운수암, 북암에 언제 올 건가요?" 한목소리로 황악산 계곡의 실바람타고 물어온다.

고｜방｜사
김천 백마산

직지사와 나란한 고방사

직지사에 속한 말사이자 본사와 가까이 한 천년고찰 고방사에 닿았다. 고방사가 앉은 백마산 동쪽으로 금오산이 솟아있고 서쪽으로 황악산이고 남쪽으로는 가야산을 두고 있다. 백마산을 예전에는 걸수산이라 하였다.

주차장에서 곧장 이어지는 돌계단을 밟아 오르면 고방사가 금방 다가온다.

단아한 사찰이었다.

고방사에 전해오는 현판기록에 따르면 418년 신라눌지왕2년 아도가 창건하였다고 전한다. 직지사 창건과 같다.

그 뒤 수천대사가 이곳으로 옮겨 세웠다고 한다. 원래 그곳엔 유명한 약수가 있었다지만 하도 빈대가 득실거려 보광전만 옮겨오고 나머지 전각은 빈대를 씨 말리기 위해 모두 불태웠다는 말이 있다. 매

미목 빈댓과에 속하는 곤충 '빈대'는 오늘날에 있어서 옛 얘기일 뿐이다.

고방사 절을 짓는 전설은 마냥 꿈만 같다.

주지가 원대한 목표를 품은 절을 짓고자 유능한 목수를 구하고자 했으나 어려움이 따랐다. 그런 어느 날 한 목수가 나타나 주지스님의 의향대로 절을 잘 짓겠다하여 주지는 다행스럽게 생각하고 이를 받아들였다.

목수는 아침마다 목욕재계하고 톱질과 대패질, 끌질로 절집에 들어가는 재목을 다듬었다. 그러기를 한 달이 훌쩍 넘어가도 주춧돌 하나 놓지 않아 주지는 은근히 치미는 홧김에 다듬은 재목토막 하나를 몰래 감췄다.

이튿날 평상대로 목욕재계하고 일터에 나온 목수가 산더미만한 재목더미를 휙 보더니 고개를 갸우뚱 젓고는 주섬주섬 연장을 챙겨 떠나려했다. 이를 지켜보던 주지가 황급히 소매를 붙잡았다. 목수에게 이유를 물은 즉 "내 정신이 이토록 흐려서 어떻게 소망의 절을 짓겠소?" 이은 말에 "그간 재목을 다 깎고 오늘 절을 세우려했는데 하나가 모자라지 않는가요?" 주지에게 반문하며 물었다.

이에 감복한 주지가 백배사죄하고 감췄던 재목을 내주니 불과 며칠 만에 꿈에 그리던 절이 완공될 수 있었다.

곧이어 주지가 새 건물에 벽화를 그려야하는 걱정을 하자 목수가 깜짝할 새 한 사람의 화공을 데려왔다. 화공은 사흘 만에 벽과 천정의 그림을 다 완성할 테니 어떤 경우라도 들여다보거나 법당 안에 들어와선 안된다는 조건을 달았다.

빨리 낙성법회를 올려야하는 주지로선 의당 약조를 하고 주위에 엄명을 내렸다. 화가는 법당으로 들어 문고리를 걸어 잠그고 쥐 죽은 듯 고요했다.

사흘 낮밤을 물 한모금 안마시고 하도 조용한 게 궁금해 했던 경망스런 한 중이 살그머니 문 틈 사이를 살폈다.

화가는 보이지 않고 기이하게도 한 마리의 새가 입에 붓을 물고 천장을 날아다니며 색을 칠하고 있지 않은가, 앗! 하는 인기척을 놓치지 않은 새는 그만 마룻바닥에 내려 사람으로 변했다. "안타까운 일이다. 딱 한 곳이 남았는데…" 중얼거리다 바람같이 사라져 버렸다.

주지는 경망스런 중을 내쫓고 화가를 찾았으나 목수도 화가도 찾을 길이 없었다. 마저 그리지 못한 건 용의 한쪽 귀였다. 세월이 흘러 절이 불 타 없어지는 그날까지 그대로였다 한다.

절을 지을 때 다듬은 재목 하나가 감춰지는 것과 새가 벽화를 그리다 한 장면을 못다 그리는 이 전설은 내소사에서도 전한다.

보물선상에 든 아미타후불탱화

원래의 절에서 달랑 하나만 옮겨 왔다던 보광전이 여기 보광명전문화재자료467호임을 짐작하게 한다. 아미타불을 본존으로 한 목조삼존불상이 있는 법당이다.

1688년 조성됐다는 고방사 후불탱화가 보광명전에 있다. 가운데 본존의 인물을 성스럽게 드러내기 위해 빛의 형상으로 표현한 광배가 키 모양, 즉 곡식 따위를 까불러 골라내는 옛날에 쓰던 물건을 지녔다.

여기에다 지혜를 상징하는 두상이 두드러지게 독특한데다 그 위 바탕 꽃모양무늬의 표현과 기법이 17세기 후반 불화의 특징을 잘 드러내고 있다는 평가에서 보물로 지정하여야 한다는 시점으로 가고 있다.

수화승 민원과 죽총, 경찬, 각림 네 화승으로 그려졌다. 민원의 작품은 이 하나가 유일하여 한층 더 가치를 높게 평가한다.

듣기로 현재 보광명전에 있는 후불탱화는 모사품이며 진품은 성보박물관에 소장돼 있다.

보통 절간에서 보기 드문 툇마루가 지장전에 있어 눈길을 끌게 하더니 잠시 쉬어가게 한다.

이 지장전은 전통사찰 고방사에 있어서 매우 비중 있는 건물임을 심게 해준다. 건물의 크기도 컸지만 단청과 벽화가 새롭게 단장한 느낌에서다. 앞 벽면 다섯 칸에 사람들이 죽은 다음 인간들의 죄의 경중을 가리는 열 명의 심판관인 시왕이 그려져 있다. 측면으론 연꽃을 그렸다.

단청과 그림이 예사의 예술작품이 아니란 강한 숙제를 나에게 준다. 이리저리 살폈더니 널리 알려진 '그림쟁이 채현'의 작품이었다. 그가 문화재 회화 및 단청전문가 진영미 작가다.

몇 해 전인 2009년 한여름에 정성을 쏟았다한다.

그는 이 단청을 하면서 올려다 보이는 모서리각도가 경이롭기까지 했다고 표현했다. 눈 끝에 드는 부채 살 모양의 서까래 배열과 그 가운데를 지나는 추녀와 사래, 귀포에서 드러나는 단청 이전 드러낸 나신이 그토록 아름다울 수 있느냐고 했다.

인연 따라 그림쟁이 채현을 만나보는 것도 영광이란 생각에 이르게 한다.

범종각 앞에 서고 보니 들어봤던 걸수산고방사란 현판이 눈에 들었다. 백마산의 옛 흔적이 여기에 남아있었다.

걸수산의 '걸'은 빌거나 구한다는 뜻이다. '수'는 물이다. 곧 가뭄이 극심할 때면 기우제를 이 걸수산에서 올렸다고 전해지는 것과 산 이름과 상통함이다.

마지막 들른 법당 촛불을 끄고 나서는데 한 켤레 남은 내 신발이 반듯하게 놓여 있었다. 누구의 손길인지는 몰라도 감사함으로 뭉클했다.

산골 한적한데다 사람의 발길이 뜸한 절이기에 우리네를 더욱 반가워하는 스님은 내내 반겨주고 내년 쯤 다시 만나보면 좋겠다는 여운을 서로서로 주워 담았다.

바람 한 점 없는 한적한 절간을 벗어나야하는 아쉬움을 동구 밖 냇가에 자리를 펴는 것으로 달랬다.

늘 산사를 찾는 이럴 때면 빠짐없는 보시의 하나인 봉오리김치가 등장한다. 이 봉오리김치가 우리와 한 도반이 된지 오래인 만큼이나 이제는 너무나도 친숙한 사이다.

나는 산사순례라 하지 않는 것은 특별한 의미를 두기보다 가벼운 중생으로서 그냥 산이 좋아서고, 절이 좋아서고, 산과 절에서 풍겨나는 그 내음을 작가답게 받아들이는 글 소재에서다.

이에 동조라도 하듯 지금껏 나와 함께 나섰던 도반들 다수가 한 목소리였다.

오뉴월 한낮 물가에 서로 발 담그고 서로 방긋한 웃음에서 마음을 건네는 오늘이야 말로 앞날 두해를 더 남겨둔 여정을 무난하게 소화하리란 자신과의 다짐이자 용해일 것이다.

선|석|사
성주 선석산

세종대왕자 태실 수호사찰

작촌댐을 따라 굽이굽이 눈에 드는 선석산은 바위도 산등성도 없는 펑퍼짐한 산세다. 가파른 비탈이 없어 산책길로 안성맞춤이다. 밭을 일궈도 될 만한 토질이라 한다.

일명 서진산이라고도 하는 이 명당에 의상대사가 692년 신라효소왕원년 선석사를 창건하였다. 이때 지은 자리가 지금의 선석사에서 그리 머지않은 서쪽에 있었으며 신광사라 하였다.

그 뒤 1361년 고려 공민왕 왕사였던 나옹대사가 신광사 주지로 오면서 절을 지금의 자리로 옮겼다. 새 절터를 닦으면서 큰 바위와 부닥쳐 마을 사람들 수백 명의 힘을 모아 어찌 해보려 했으나 허사였다. 나옹대사는 목욕재계한 몸가짐과 식음을 전폐한 사흘 간 기도의 원력에서 걸림돌 바위가 저절로 물러났다는 것이다.

그래서 참선으로 바위가 물러났다하여 '참선', '돌석' 자를 써 선석사로 고쳐 불렀다는 전설이다. 대웅전 마당가에 솟아있는 저 돌부리가 전설의 흔적이다. 선석사가 앉은 자리 이력이 더 있다.

임진왜란으로 전소되자 1684년 은현, 혜묵, 나헌스님이 중창하였다. 그 후 1725년 서쪽 옛터로 옮겨갔다가 1804년 서윤대사에 의해 다시 원래의 지금 자리로 옮겨왔다는 역사를 절 안내판 기록에서 볼 수 있다. 긴 역사 속 두 번이나 이저리 오가야했던 수난을 상상해본다.

영산회상괘불전 전각이 산뜻한 모습이다. 영산회괘불탱보물1608호을 봉안하고 있는 것으로 보인다. 내부에 탱 그림이 있고 유리관 안에 함이 있는 것으로 보아 아마 저 함도 보물이고 그 함에 보물인 탱이 보존된 것으로 여겨진다. 이 영산회괘불탱은 평상 때는 공개되지 않는 아주 귀히 여기는 만큼 이를 신성시하는 법당 괘불전이지 싶다.

선석사의 이 괘불탱은 1702년 탁휘, 법해, 설잠과 성징 네 화승에 의해 조성됐다. 지금까지 알려진 불화 가운데 말이나 글에 의하지 않고 이심전심으로 불교의 전법을 전하는 수단으로써 가장 이른 시기의 작품이라 하는데 이를 본보기로 예천 용문사 영산회괘불탱이 만들어졌다고 한다.

선석사를 더욱 빛나게 한 역사가 이렇다. 조선시대 세종의 왕자 태를 봉안한 태실사적444호과 인접한 선석사가 수호사찰로 지정돼 영조왕이 친히 쓴 어필을 내려 받았다는 것이다.

이 어필을 봉안한 어필각이 있었다하나 화재로 소실되고 말았다.

조선왕실태실의 정기이은 태실기도도량

다행히도 오늘날 태실법당 태장전이 그 명맥을 잇는다.

세종대왕이 금수강산을 두루 살펴, 풍수지리학적 최고의 길지로 이곳 선석산에 왕자들의 태를 봉안하였다. 그 정기를 이어받은 선석사에 다른 하나의 태장전을 세운 것이다. 곧 부처의 품안에 자녀의 태를 두는 것이다. 태실법당의 기운이 내내 왕가만 같고 부처의 세계에 온 듯하다.
　'자녀의 태를 가져오면 왕자의 태처럼 정성을 다한 태항아리로 평생토록 태장전에 봉안한다.' 는 절의 소개가 앞에서 말했듯 보통 아닌 이곳이기에 불자들의 심금을 요동하게 한다.
　미리 살펴본 바에 의하면 사적444호 성주 세종대왕자 태실의 19기에 대해서다. 이 19기가 세종대왕 소헌왕후 심씨의 8남 2녀 중 문종을 뺀 7남과, 후궁 영빈강씨에서 난 1남, 혜빈양씨에서 난 3남과 신빈김씨에서 난 6남과 단종을 포함하면 모두 18기다.
　그런데 세종대왕자 태실 분포도에서 보면 신빈김씨의 6남과 그 선상 서열 마지막에 '당' 이 하나 더 있다. 세종대왕의 자녀는 18남 4녀이고 보면 문종을 빼고 단종을 더하면 왕자의 수가 18기인데 여기에 당을 더하고 있다.
　지식이 미치지 못한 나로서 궁금하기 이를 데 없다. 신빈김씨에 있는 당은 누굴까? 그의 아들 여섯 명 빠짐이 없는데 도무지 알 길이 없다. 또 하나 문종대왕의 태실비가 경북 예천 명봉사에 있음이다.
　한 자손 한 나라의 왕이었던 세조는 물론 왕자 모두가 여기 함께하고 있는데도 앞으로 살펴봐야 할 숙제를 많이도 남겨준다.
　여기까지 오다보니 세종대왕의 후궁 신빈김씨가 정1품 빈에 올랐음을 알게 했다. 공노비출신 신빈김씨는 세종대왕의 사랑을 듬뿍 받아 가장 높은 벼슬에 올랐던 것도 후궁의 몸에서 여덟 명의 자손을 생산한데다 소헌왕후가 낳은 영응대군을 맡아 기를 정도로 천성이 순하고 매사에 조심스러운 인품을 겸비했기 때문이다.

훗날 세종이 죽자 불교에 정진하는 비구니로서 여생을 보냈다는 그고 보면 불가에 던지는 화두 또한 크다.

그로부터 약 300여 년이 넘은 때 조선 22대왕 정조가 아버지 사도세자 묘소를 들르는 화성 길에 역시 그 고장에 있던 신빈김씨묘소를 찾았다.

"온화하고 아름다운 덕으로 어질고 후덕한 왕자를 많이도 낳았다. 왕후를 공경하고 여러 후궁과도 잘 지내 왕가의 번성에 큰일을 하였음은 어디까지나 매사를 은혜롭게 하고 겸손으로 왕실을 받든 때문이다."는 제문으로써 그 넋을 기렸다.

역사의 한 장면을 일깨우는 세종의 불교정책을 요약해 본다.

조선시대 들어 점차 불거지는 배불정책에서 임금의 자리에 오른 세종 또한 나라 전체에 36사찰만 남기고 사찰이 지니는 전답과 승려의 수를 제한하였으며 어린아이의 출가를 금하는 등 불교 억압을 강행했다. 그러다 중년이후에 들어 불사를 자주 행하고 불경읽기를 좋아했다. 즉위20년에 드는 만년에 흥천사를 대대적 수리 어명을 내리는가하면 소헌왕후의 명복을 빌기 위해 수양대군에게 석가모니의 일대기와 설법을 담은 「석보상절」을 짓게 했다. 학자들의 간언이 이어지고 유생들의 빗발치듯한 상소에도 아랑곳 않고 세종은 궁궐인 경복궁 안에 불당을 세우기까지 했다. 석가모니의 공덕을 찬양하는 장편의 노래 「월인천강지곡」을 짓기도 한 세종이었다.

절에서 보통 보기 드문 태실법당 한글주련이 눈앞에 성큼하다. '아름다운 마음씨' 하나의 주련이 기둥마다 한글로 드러낸 낱낱의 말들을 다 아우른 감동을 준다.

그런데 대웅전에는 주련이 보이지 않는다. 한글주련과 있어야 할 주련이 없는 두 특징을 지닌 선석사다.

이런 설화도 있다. 선석사 뒷산에 지금은 남아 있지 않지만 바람이 불면 이상한 소리를 내는 쌍곡죽이라는 대나무 숲이 있었다한다.

이 대나무를 잘라 만든 피리의 소리가 여느 피리보다 독특한 음질을 냈다고 하는데 나의 소싯적 한 친구이기도 했던 그 버들피리소리가 여기까지 밀려온다.

선석사가 있는 성주군은 참외 주산지로 가장 유명함을 다들 알지만 통계를 들여다본다. 참외재배면적이 3600여ha다. 농가 전체 가운데 57%의 농민 비지땀으로 비닐하우스 혹은 노지에서 사시사철 우리 입에 드는 노릿한 참외를 생산하고 있다. 연간 16만 톤, 8톤 트럭 2만대 분량의 이 물량은 우리나라 전체 3분의 2를 점유하고 있다.

그래서 성주 땅 선석사를 오가는 저 하얀들 비닐하우스를 유심히 바라보는 것이다. 오뉴월 지금 때가 시장에 지천으로 늘어진 성수기이기에 향긋한 참외냄새가 코를 찌를 듯 자극한다.

오뉴월 삼복더위/ 한가로운 하루가 온통 외밭에/ 원두막에 둘러앉은 그네들 무지 부럽다/ 엽전은 구경도 못하는 가난에다/ 바꿔 먹을 겉보리도 거덜난지 오래/ 입맛만 쭉 다시다/ 원두막 영감 원망에 허덜다리가 되고 만다 ~중략
남포등 밑에/ 풀어헤친 고얀 놈들 앞에
아고! 설익은 게 전부다
달빛에 서린 황금덩이 다 어데 가고/ 이맛살들은 남포등에 구겨져 내린다

내 유년을 돌아봤던 '외 서리' 시 한 수가 이곳 성주 땅에 제격이다.

내|소|사
부안능가산

기념물 내소사일원의 극치를 보다

전북 부안 곰소항을 지나 한산한 내소사길로 달음질하듯 버스는 잘 도 굴러간다. 백제 고찰 내소사가 널리 알려진 데는 변산반도국립공 원에 안겨 있기에 더욱 그렇다.

사계마다 드러내는 자연의 풍광은 말할 여지가 없을 정도로 빼어 나다. 전나무숲길 따라 오르는 낭만은 오직 내소사만의 전유물이라 하지 않던가? 그 낭만을 주워 담는 숲길에 들었다. 일주문에서 천왕 문까지 600미터나 길게 늘어선 전나무숲길은 우리나라 아름다운 길 100선에 든다.

더군다나 3대전나무숲으로 꼽는 남양주광릉수목원과 오대산 월정 사전나무숲과 어깨를 나란히 한다. 절 일원이 전북기념물78호로 지정 된 만큼이나 내 딛는 발길마다 심호흡마다 자연의 정취를 쉼 없이 들 이켜 준다.

전나무숲길이 다하는가싶더니 양가로 늘어선 울창한 벚나무가로수가 이어 반겨주는 정감은 천왕문까지 성큼하게 한다.

능가산 내소사하면 한두 번은 다 다녀갈 정도로 우리네 눈에 익숙하다지만 볼 때면 또 다른 느낌으로 새록새록 하다.

절간을 두루 섭렵한 신의나무 천년느티나무가 우리네를 정중하게 맞아들인다. 이 느티나무는 할머니 당산이라는데 마지막 내려오는 길에 세세히 살피고자 한다.

내소사 창건을 살펴본다.

633년백제무왕34년 중국, 주나라 사람인 혜구두타의 원력에 의해 창건되었다고 한다. 당시 혜구두타가 대소래사와 소소래사 두 절을 지었는데 대소래사는 불에 타 영영 사라지고 오늘날 내소사가 옛적 소소래사의 역사를 잇고 있다.

다시 태어나 찾아온다는 뜻의 소래사를 내소사라 바꿔 불리게 된 연유를 알 수 없다. 임진왜란을 전후하여 바뀌진 것으로 추측만 할 따름이다.

1481년 편찬한 「동국여지승람」에까지 소래사로 나와 있음을 보면 임진왜란을 전후한 언급이 신빙성이 있다하겠다.

임진왜란으로 전소되다시피 한 내소사는 1633년 청민선사가 중건하면서 지금의 웅장한 대웅보전을 지었다. 역시 앞에 서고 보니 보물다운 전각이었다.

이 대웅보전 중건에 있어서 청민선사가 등장하는 설화가 매우 흥미진진하다.

어느 때 내소사에 불이 나 대웅전이 무너져 내렸다. 없어서는 안 될 전각이기에 주지는 동분서주했다.

기도와 더불어 훌륭한 목수를 구해야겠다고 나섰으나 쉽게 이루어지지 않았다. 심지어 나날마다 절 어귀까지 나가 목수를 기다리던 주지였다. 이를 애석해 하던 상좌 승려 선우가 주지에게 "한 해가 넘도록 이렇게 기다려도 목수가 나타나지 않으니 언제 대웅전을 짓겠습니까?" 다그치듯 물었다. 또 "기다릴 바엔 절에서 기다리시지 예까지 나오셔서…" 주지가 말을 받았다. "멍청한 녀석 내가 목수를 기다리지만 매일 이곳에 나오는 것은 백호혈을 지키기 위함 이니라" 말이 끝나기가 무섭게 포효하는 호랑이 한 마리가 주지 앞에 나타나 눈빛을 이글거렸다.

그래도 주지는 아랑곳 않고 주장자를 휘저으며 호랑이 앞을 지나려하자 앞발을 치켜들고 으르렁댔다. 주지는 "대웅전을 짓기까지는 안 돼" 외치고는 주장자로 소나무 허리를 때렸다. 그제야 호랑이는 "어흥" 외마디 울부짖음을 남기고 어디론가 사라졌다.

그 뒤 한 날 주지의 꿈에 부처가 나타나 뜻대로 이루어 질 것이라 했다.

다음 날 꿈에 나타난 계시대로 주지는 선우를 불러 일주문 밖에 나가 손님을 맞으라고 했다. 선우가 나간 일주문엔 사람이 아닌 짐승으로 보이는 물체 하나가 누워있었다. 입안 염불로 다가서자 벌떡 일어나 보이는 건 짐승 아닌 사람이었다. 함께 절간으로 들며 이런저런 말을 걸었으나 좀체 입을 열지 않았다.

목수는 대웅전을 지을 기둥감과 서까래를 자르고 깎고 다듬었다. 그러고는 목침만한 크기의 재목을 자르기만 했다. 이를 두 달 간이나 반복하여 해대는 목수에게 사람들은 그가 미쳤다며 비웃기까지 했으나 어떤 대꾸도 하지 않는 그였다. 그러기를 석 달을 더해 다섯 달 만에 목침 자르기를 마쳤다.

이어지는 목침 다듬는 일만도 삼년이란 세월을 코앞에 두고 있는 때였다.

묵묵히 지켜봐야만 했던 선우는 치밀어 오르는 심통에 "여보 목수양반 목침 깎다가 세월 다가겠소" 이 말에도 들은 척도하지 않자 화가 더 치밀어진 선우는 목침 하나를 몰래 감춰버렸다.

이로부터 사흘 뒤 목침 다듬는데 삼 년을 다한 날이다. 대패를 내팽개친 목수는 노적만큼 쌓아 올린 목침을 눈 요량으로 세기 시작한 그의 눈가에 눈물이 주르르 흘러 내렸다. 입 한번 떼지 않았던 그의 얼굴은 창백해져 연장을 주섬주섬 챙겨 일어섰다.

주지를 찾은 목수가 처음 입을 여는 한마디 "소인은 아직 법당 지을 인연이 먼 듯합니다." 했다. 주지가 "왜 무슨 까닭이 있었느냐?" 조용한 물음에 목침 하나가 부족하다는 것이었다.

이를 지켜보던 선우는 목침으로 법당을 짓는 것도 의아하지만 그 산더미 속, 없어진 하나의 목침을 알다니 몸이 오싹해졌다.

주지가 아무 심려 말고 계속하여 지으라하자 목수는 기둥을 세우고 서까래를 걸고 요소요소에 목침을 들이대 순식간에 법당을 완성하였다.

이어지는 단청에서 화공은 그림 작업이 끝날 때까지 어떤 경우에도 법당을 들여다보질 말라하였고 이를 약속한 주지도 엄명을 내렸다. 두 달이 지나도록 밖에 나오지 않는 화공이 너무나 궁금해진 선우가 잔꾀를 부려 그만 법당 안을 살며시 살폈다.

아니 화공은 없고 오색영롱한 새 한마리가 입에 문 붓으로 천장과 벽을 오가며 그림을 그리고 있지 않은가, 순간 화들짝 놀라지 않을 수 없었다. 그때 매서운 호랑이 울음소리가 들리더니 새는 날아가 버렸다.

이에 놀라 망연자실했던 선우가 정신을 차렸을 즈음 주지가 법당 앞에 죽어 있는 호랑이를 위한 법문을 설하고 있었다.

이렇듯 대웅보전 포 한 개가 지금도 모자라는 그대로라 한다.

겉으로 드러낸 대웅보전보물291호이 고고하게 보이는 느낌은 단청을 하지 않은 수수함도 있지만 높게 쌓은 기단과 바짝 치켜진 추녀에다 창살문양 마저 독특한 예술적이기에 그렇다.

화사한 국화와 연꽃을 비롯해 여섯 잎 보상화로 정면 세 칸 문짝마다 꽃밭을 연출한 아름다움은 무어라 말로 다하지 못한다. 알려지듯 나뭇결 따라 도톰한 살 같기도 하거니와 기묘하게 맞춘 조각매듭과 문양솜씨가 우리나라 장식무늬의 최고 수준임을 맛본다. 지켜보는 눈길이 좀체 떼이지 않는다.

이제 대웅보전 안쪽에 있는 백의관음보살좌상과 하나 모자란다는 목침, 못다 그린 그림과 법당 안에서 바라다 보이는 꽃 문살이 궁금하다.

서해 제일, 관음기도도량

법당 아미타불불단 후불벽면으로 가득한 백의관음보살좌상은 과연 우리나라에 남아있는 벽화 중 가장 크다는 실감을 같기에 충분하다.

백의관음보살좌상과 마주치는 눈을 놓치지 않고 소원을 빌면 하나만큼은 꼭 이룬다기에 나도 이어진 긴 틈에 있다. "여기에 들어오시는 분은 모든 일이 다 소생되게 해 주십시오" 내소사를 드는 문짝 말씀이 귀에 짜랑한 그야말로 서해 제일의 관음기도도량임을 절감한다.

　천장 왼쪽 포 하나가 빠져있다. 목침 하나가 모자라 채우지 못한 설화가 사실적임을 직시하고 고개가 끄덕여진다. 또 하나 오른쪽으로 마저 못한 단청부위가 그대로 남아있음을 볼 수 있다.

　꽃문양의 창살을 살펴보니 역시나 바깥의 꽃무늬가 아닌 마름모꼴 그림자만 정갈하게 비쳐주는 기이함을 확인해 준다.

　대웅보전 천장은 보배로움이다. 목조건축의 진수를 다 안고 있다. 내소사 특히 대웅보전이 바다를 향해 있는 만큼 천장에 용이 물고기를 물고 있는가하면 기어 다니는 게 몇 마리를 둬 해중사찰임을 상징했다.

　범종각에 걸린 종은 고려동종보물277호이다. 원래 이 종은 부안 청림사에 있었으나 청림사가 폐허되고 땅 속에 버려졌던 것을 지근에 살던 김성규가 발견하여 내소사에 기증하였다한다. 불교중앙박물관에 소장되고 있다는 영산회괘불탱화보물1268호는 내소사 소유다.

　다시 할머니 당산 앞에다. 할머니 당산으로 불리는 느티나무의 수령이 1천년에 가깝다. 과연 내소사의 신목으로 불릴만하다. 또 하나의 할아버지 당산은 700년이다. 더러는 500년이라고도 하는데 절 입구 마을 북쪽에 있다. 예부터 내소사의 주도로 오래도록 전승돼 온 이곳 당산제. 정월 보름에 스님과 마을사람들이 함께 참여하는 제다.

　토속신앙을 받드는 대다수의 사람들을 불교신앙과 접합시키는 입지를 열기 위한 목적으로 마을 주도가 아닌 내소사가 행했다고 한다. 따라서 제례의식과 굿판을 불교적 의식을 따랐다고 안내판에 유유하다.

선|운|사
고창 도솔산

매우 사실적인 창건설화

선운사 입구에 세워진 미당 서정주의 육필 시비가 유난히 사람들의 시선을 끈다. 그 앞을 지나기도 하나 '우리 말 시인' 가운데 큰 거장이기에 누구나 걸음을 멈춰 선다. '선운사 동구' 육필 시를 내리 읽는다.

> 선운사 골째기로/ 선운사 동백꽃을/ 보러 갔더니
> 동백꽃은 아직 일러/ 피지 않았고/ 막걸릿집 여자의
> 육자배기 가락에/ 작년 것만 상기도 남었읍니다
> 그것도 목이 쉬여 남었읍니다

이 시는 고창 부안면 미당 서정주문학관에도 액자로 걸려있다. 거기에선 '고랑'으로 골째기를 달리 표현했다. 그리고 한글맞춤법에 따라 '육자백이'를 '육자배기', '남었읍니다'를 '남았습니다', '쉬

여'를 '쉬어'로 또 '상기도'의 뜻을 풀어 '오히려'로 작품에 덧붙여 두고 있다.

미당이 태어난 곳은 이 고장 부안면 선운리 질마재마을이다.

선운사가 소재한 아산면과는 경계를 이루고 있는 가까운 거리다.

시의 내면으로 볼 때 자주 왕래하는 선운사길에서 왕대포 한 잔에다 흘러간 옛 노래를 불렀던 사연이 은은히 묻어나 있다.

도솔산 북쪽 기슭에 자리한 천년고찰 선운사는 대한불교조계종 24교구본사에 걸맞게 오랜 역사와 비경으로 둘러싸인 자연, 찬란한 주요문화재가 즐비하다. 계절마다 독특함을 뽐내는 선운사와 암자를 찾는 내방객이 늘 줄지을 정도라니 이를 두고 문전성시라 한다.

눈 내리는 한겨울이면 설경에다 붉은 꽃송이를 마음껏 피워내는 동백꽃의 자태가 시인과 묵객을 선채로 매료한다는 그 아닐지라도 나에겐 모두가 낭만이고 만다.

산내암자와 소속된 말사 등 이루 들출 수 없을 만큼 선운사의 그림을 다 그릴 수 있을까 자신을 다그치기까지 한다. 미리부터 선운사의 자료들을 들춘 것도 이처럼 광활함을 하나하나 놓치지 않고 들여다봄에서다.

창건에 대해 두 설이 있는 선운사다. 신라 진흥왕540~576이 창건한 중애사가 그 하나이고, 달리 577년백제위덕왕24년 고승 검단선사의 창건이다.

살피면 만년에 든 진흥왕이 왕위를 내주고 도솔산의 한 굴에서 꾼 꿈에 바위를 가르고 나오는 미륵 삼존불에 감응하여 중애사의 시초를 열었다.

그러나 이곳이 신라와 적대관계였던 백제영토였기에 신라의 왕이 절을 지었을 가능성이 없다고 풀이하고 있다.
　반면 시대적으로나 지리적 상황에 비춰볼 때 검단선사의 창건 설을 정설로 받아들이고 있다. 그러나 또 일각에서는 조선 후기의 사료를 들어 진흥왕이 세우고 검단선사가 고쳐 세운 기록이 있다는 다른 주장을 편다.
　검단의 창건에 대한 설화가 여럿 전해지는데 고창의 마을이야기를 불러봤다.
　위덕왕 때 마흔 남짓한 남자가 심심유곡 한 동굴에서 지내는 것을 발견한 마을사람들이 그의 검은 얼굴을 빗대 검단이라 불렀다.
　그런 어느 날 좌선에 든 검단이 꾼 현몽에서 관세음보살로부터 영혼을 천도하고 지장보살 진신을 모실 도량을 세우라는 계시를 받게 된다.
　도량을 지을 그곳은 서해안 도솔산이라 했다. 검단은 이를 이루기 위해 생명의 위협대상이 되는 산적과 이무기 두 악재를 물리쳐야하는 난관을 예견하고도 관세음보살에게 반드시 지장도량을 세우겠다고 서원했다.
　검단은 곧장 도솔산, 지금의 선운사 자리가 된 고창군 아산면 삼인리에 닿았다. 첩첩산중 울창한 숲의 이곳에 장호와 장표 두 형제가 산적의 두목으로 마을에 위협을 가하고 있던 때였다.
　그런 두 형제는 지금의 도솔암터가 된 그곳에 얼씬거리지도 못하였음은 이무기가 있다는 두려움 때문이었다.
　한 날 술 취한 용기를 빌어 두 형제가 이무기의 숲에 숨어들었다. 바위 위에 곱게 차려입은 아름다운 여인을 발견한 두 형제는 탐욕이 일어 겁탈하려했다. 순간 공이 튀듯 바위 밑으로 내동댕이쳐져 크게 다친 두 형제는 "걸음아 날 살려라" 줄행랑을 쳤다. 이때 그들을 찾아간 검단은 따뜻하게 대하며 설법을 하자 점점 검단을 존경해왔다. 하지만 그들의 밥줄이 되는 터에 절을 짓겠다는 말에 도끼와 창을 들고 저항했다.

그 무렵 서해안에 기이한 현상이 벌어졌는데 배 같은 물체가 조개 줍는 아낙네들에게 가까이하는 듯해 근접해봤으나 그 물체는 또 멀어졌다 가까이하기를 반복했다. 앞서 해남 미황사에서 봤듯 우전국에서 왔다는 돌배장면과 같다.

이 소문을 들은 검단과 산적이 이곳에 나타났다. 그럼에도 배는 사람 피하기가 매 한가지였다. 한참동안 묵묵해하던 검단은 관세음보살을 염송하며 갯벌로 들었다.

그러자 사람들을 피한다는 배가 검단에게 다가오는 것이었다. 검단은 돌배에 올라 금빛 지장보살상에 삼배를 하고, 관세음보살을 우러러 지극한 기도를 올렸다.

관세음보살은 곧 두 번째의 계시를 내렸다. 중국 서역지방에서 온 지장보살상을 도솔산에 속히 봉안하라는 것이었다.

검단은 곧장 산적과 갯마을 사람들을 동원하여 지장보살상을 육지로 옮겼다. 돌배가 스스로 사라지는 장면까지 지켜본 산적 두 형제는 검단의 신통력에 놀라 도끼와 창을 버리고 무릎을 꿇었다.

검단은 참회한 두 형제와 산적들의 생업터전을 고창군 심원면 한 바닷가 마을로 이주시켜 염전 일구는 방법을 가르쳐주었다.

그 은덕으로 산적들은 양민이 되고 마을 이름을 검단이라 지었다. 그들은 해마다 소금을 수확하는 철이면 선운사에 빠짐없는 보시를 했으며 그러기를 수백 년 동안 이었다.

이때면 심통을 부리는 이무기가 비를 내리게 하여 소금을 녹아버리게 했다는 얘기도 따른다.

검단에게 남은 하나, 이무기를 찾아 도솔암 근처로 갔다. 검단과 마주친 이무기는 매서운 독아로 삼키려고 대들었으나 검단은 당당하게 바위에 정좌하여 맞섰다. 그러곤 관세음보살의 위신력이 담긴 보검수진언 "옴 대세대야 도미니 도데 샷다야 훔바탁"을 크게 외쳤다.

갑자기 하늘에서 우주를 지키는 동진보살과 무리가 내려와 이무기를 포위함으로써 그 독아가 허무하게 무너져 내렸다.

이무기 또한 참회와 더불어 용서를 구하고 지금의 고창 방장산으로 물러났다.

이렇게 하여 검단은 마침내 산적의 밥줄 터전이었던 이곳에 선운사를 창건하게 됐다.

지장도량이자 미륵의 성지

절을 선운사라 하였음은 검단스님은 "오묘한 지혜의 경계인 구름 운에 머무르면서 갈고 닦아 선정의 경지를 얻는다."는 뜻에 두었다 한다.

매우 여유로운 절간에 당우배치가 가지런한 것은 널찍한 공간에서나 가능하다. 그에 걸 맞는 우람한 대웅보전보물290호이다.

법당에 봉안된 소조비로자나삼불좌상보물1752호에서 풍겨나는 위풍이 나를 그 자리에 묶어둔다. 아주 천천히 실눈이게 하더니 얼마나 흘렀는지 나도 모르는 사이에 눈을 뜨이게 한다.

삼불좌상 묵서명에 의하면 이 불상의 조성과정 기록이 상세하고 비로자나. 약사. 아미타 세 불상의 존명을 분명하게 적고 있어 원근대사 문화재연구에 중요한 몫이다.

대웅보전천장은 우물정자형의 우물반자, 평반자와 면을 한 쪽으로 경사지게 만든 빗반자로 구성됐음을 이해하는 가운데 평반자 툇간에 구름 속에서 아래를 내려 보는 생동감 있게 그려진 용을 눈여겨본다.

선운사하면 동백나무숲천연기념물184호을 다들 그리워한다. 절간을 이 저리 쏘다니는 각도에서 선운사를 온통 감싸 안은 동백숲이 여러 번 눈에 띈다.

대웅보전 오른쪽 관음전에 금동지장보살좌상보물279호이 봉안돼 있다. 금동지장보살좌상은 일제강점기에 도난당해 일본으로 건너갔다가 두해만인 1938년 11월 제자리에 돌아왔다.

일본사람에게 넘어가 건네지고 건네졌던 그들마다 가세가 기울고 우환이 닥치는 소문이 파다해졌다. 끝내 마지막 지녔던 사람마저도 가지기를 포기하고 이곳 고창경찰서에 연락을 보내옴으로써 찾게 된 것이다.

영산전이 대웅전 왼편에 있다. 나한전이라고도 하는 이 법당은 석가모니의 일대기를 보여주는 전각으로 절마다 신성시한다. 목조삼존불상으로 가운데 석가여래불좌상과 좌우로 매우 섬세하고 화려한 제화갈라보살입상과 미륵보살입상이 서있다. 더러는 좌우 협시보살을 문수보살과 보현보살로 잘못 인식하고 있다는 주의의 말을 놓치지 않았다.

검단이 선운사를 짓기까지 두 악재의 하나였던 이무기가 머물렀다던 도솔암으로 방향을 튼다. 양가로 늘어진 개울물과 차밭이 지나가고 동백숲 못잖은 도솔암숲길에 젖어 30여분 오르니 진흥굴이다.

진흥왕이 승려가 된 이후 왕비와 공주를 거닐고 기도한 곳이라 하여 진흥굴이라 전해진다. 오늘날까지 중생들의 염원이 끊이지 않는 굴 속 촛불은 마냥 이글거린다.

진흥굴 앞에 수령 600여 년으로 추정되는 부챗살 모양 장사송천연기념물354호이 기나긴 세월이도록 이를 지켜보고 있다.

찬찬히 오른 길에도 어느새 도솔암과 도솔천내원궁에 다다랐다. 가까이 서편 암벽에 마애여래불보물1200호도 시원스레 보인다.

아니 산중 이곳까지 찻집이 있다니 가쁜 숨을 내쉬며 올라온 지경에 가장 반갑다. 금보살과 마주앉아 깊은 산 중의 차 한 잔을 나눴다. 그동안 깊어져만 가는 날에 그의 어머니도 맞닥뜨리게 되면서부터 한때 오가는 그 무언가가 있었으나 우리의 간극은 좁혀지지 않았다. 찻집 자리를 털고 일어선다.

보물인 장곡사금동약사여래좌상과 문수사금동불좌상과 흡사한 모습을 지녔다는 도솔암지장보살좌상보물280호이 도설천내원궁 법당에 있다.

그뿐 아닌 고창 도솔암과 연천 심원사, 남해 용문사가 우리나라 3대 지장기도처로 알려져 있듯 기도 열기가 후끈한 도솔암자이자 내원궁이었다.

내원궁에서 기도하는 정성만큼이나 바위와 맞닿은 자그마한 법당과 자연과 잘도 조화를 이룬 여기를 벗어나기 싫다면 듣는 사람이 뭐라 할까만 다들 한번쯤은 그러할 것이다.

마애불에 전해지는 설화를 목전에서 들춘다. 이는 설화라기보다 역사적 실명이 나오는 등 거의 사실적이다. 평소 마애불 배꼽의 신비스런 비결이 세상에 나오는 날이면 한양이 망하고 벼락살도 들어있어

손대는 사람은 반드시 벼락 맞아 죽는다는 것이다.

1820년 전라감사 이서구가 마애불의 배꼽에서 성스러운 기운이 뻗치는 것을 발견하고 뚜껑을 열었는데 책이 보였다. 갑자기 뇌성벽력이 일어 '이서구가 열어본다.' 황급한 글로 적어 그 안에 넣고는 도로 뚜껑을 닫아버렸다.

그 후 동학농민혁명이 일어나기 두 해 전인 1892년 전봉준, 김개남과 더불어 이 혁명을 주도했던 손화중은 마애불 배꼽 비결을 꺼내보자는 말을 나눴다. 모두들 벼락살을 우려했으나 도인 오하영이 말하기를 이미 이서구가 열었을 때 벼락살이 쳤으므로 더는 없다고 했다.

결국 동학도들은 마애불의 배꼽을 깨고 비결을 꺼냈다. 때문에 동학도 수백 명이 잡혀갔으며 주모자 세 명이 죽음에 이른 것도 이 마애불 배꼽을 연 죄 값이라는 것이다. 동학도 오지영이 쓴 동학사에 이를 기록하고 있다한다.

추사 말년의 최고명작 백파비

신라 진평왕의 당부로 의문화상이 지었다는 참당암 대웅전보물803호과 송악천연기념물367호을 보고 선운사 전나무숲속에 아늑하게 선 백파대사비 앞에서 아쉬운 작별을 해야만 했다.

백파 원래의 비는 최근 선운사 성보박물관으로 옮겨 소장하고 있으며 원 자리에 지금 서있는 모사비는 약간 작은 크기로 만든 것이라 한다. 백파비는 추사 김정희가 짓고 썼다.

백파는 조선 후기, 불교의 참신한 종풍을 일으킨 화엄종주였다.

비문에서 계와 율에 능통한 스님이 없었는데 오직 백파만이 그럴

만하며, 대승의 가르침을 들을만한 능력의 '대기'와 큰 벼슬에 등용될 '대용'은 팔십년 동안 갈고 닦은 백파이기에 '화엄종주백파대율사대기대용지비'라 이름 하였다.

따라서 백파의 비에 새길 글자를 '대기대용'을 특별히 크게 쓰지 않는다면 부족할 것이기에 두드러지게 썼다고 하며, 비문 말미에 이렇게 적었다.

> 가난하기는 송곳 꽂을 자리도 없었으나/ 기상은 수미산을 덮을 만하도다 어버이 섬기기를 부처님 모시듯 하였으니/ 그 가풍은 정말로 진실하도다 속세의 이름은 궁선이나/ 그 나머지야 말해 무엇하리오

이렇듯 백파는 출가 이후에도 부모에 대한 효성은 한 치도 쇠하지 않았으며 부모가 죽어서도 절에서 공양을 빠뜨리지 않았다하며 명당 찾은 부모의 묘소 이장도 여러 번이나 마다하지 않았다고 알려져 있다.

약관에 못 미친 나이에 선운사에 들어 불전을 탐독타가, '사람이 출가하여 한 가족이 왕생한다면 이 보다 더 큰 효가 없으리라' 스스로 내린 결론에 스님이 됐다는 효심은 너무나 극진하다.

이번 선운사길은 이 효 하나만으로도 값진 풍경소리다.

개|암|사
부안능가산

삼한시대 변한의 왕궁 터였다

전북 땅 곰소를 지나 한쪽으로 내소사고 다른 길 북쪽으로 거슬러 오르면 이내 부안 개암사에 이른다. 변산8경인 개암고적이 그동안 무척 그리웠다함은 나만이 아닐 것이다. 천혜의 산속에 자리한 개암사를 배경한 우금바위에서 바라보이는 서해와 호남평야가 시원시원하단다.

철지난 개암사 벚꽃길을 음미하다 또 다른 풍물 돌길과 철 이른 단풍나무터널에 적신다. 내소사엔 전나무숲길이 명물이지만 이곳 개암사는 철철이 벚꽃길과 돌길과 단풍터널이 줄지어져 세상 사람들의 이목을 집중시킨다. 능가산개암사 일주문을 지나 반드시 건너야하는 불이교를 맞닥뜨린다. '불이'란 중생과 부처가 둘이 아니며 선과 악도 둘이 아니며 유와 무도 둘이 아니며 공과 색 또한 둘이 아니라는 깊고도 오묘한 불가의 깊은 가르침이다.

세상 만물의 이치가 곧 하나라는 뜻을 던져주는 다리를 경건한 마음가짐으로 건넌다.
그다지 크지 않으면서도 개암고적이라 불릴 만큼 변산의 비경 개암사의 역사가 깊다. 대웅보전 배경으로 눈에 또렷하게 드는 우금바위에서 역사를 풀어본다.
백제부흥운동의 근원지가 우금바위다.
가장 가깝게 676년 원효와 의상이 이곳에 머물렀다는 정도며, 문화재청에서는 「부안향토문화지」를 빌어 634년_{백제무왕35년} 묘련왕사가 변한의 궁궐을 절로 고쳐지었다 함으로써 이 시기를 개암사 창건으로 보고 있다.
개암사의 터가 삼한시대 변한의 왕궁터였다. 백제가 멸망하고 나서 백제부흥운동이 일 때 일본에 가있던 의자왕의 아들 부여풍을 받들고자 최후의 항쟁을 벌였던 주류성이 우금산성이다. 이때 충남 한산이 주류성이었다는 비등한 설도 있다.
일명 울금산성이라고도 하는 우금산성을 백제부흥운동의 주류성으로 보는 건 이 바위 큰 굴 하나가 복신의 굴이라는 것이다. 의자왕의 조카이자 사촌동생이기도 한 복신은 이 부흥운동 주동자였다. 복신에 의해 부여풍이 백제왕으로 추대됐으나 숨겨진 저의가 드러나 끝내는 부여풍에 죽임을 당했다.
백제 최후 항전을 벌였던 역사적 현장이 이 우금산성이다.
우금바위에 이러한 전설이 있다. 동굴 세 개 가운데 가장 큰 굴을 원효굴 또는 원효방이라 하는데 백제부흥운동의 복신굴로도 명명한다. 이 굴 밑에 물이 괘는 조그만 웅덩이가 있다. 원효가 이곳에 머물고서야 샘물이 솟았다.

다른 하나는 부사의방이라 하는데 약 1300여 년 전 진표율사가 이곳에서 지장보살과 미륵보살로부터 교법을 전해 받는 수행에서 익힌 죽염제조법이 오늘날까지 불가의 스님사이에 전래되고 있다는 것이다.

변산4대 명찰의 하나

개암사의 중건 사적에서는 고려 숙종 때 원감국사가 절을 크게 중창하였으며 당시 개암사는 황금전을 중심으로 고루 갖춰진 전각이었거니와 연못 속에 핀 대나무 꽃이 서로 비추는 빛깔의 투영에서 마치 극락세계를 보는 듯했다고 적시했다.

주지 재안스님은 부산 사람이 왔다며 유달리 반기면서 대웅보전보물292호 가운데 문을 활짝 열어젖힌다. 1636년 계호선사가 중건한 이 대웅보전은 개암사에 현존하는 당우 가운데 가장 오랜 전각이라는 운을 떼며 중후한 말씨로 변산 4대명찰 개암사의 창건역사를 비롯해 소상하게 잇는다.

개암이라 함은 기원전 282년 변한의 문왕이 진한과 마한의 공격을 피해 이곳변한에 성을 쌓을 때 우 장군과 진 장군으로 하여금 좌우 계곡에 왕궁전각을 짓게 하면서 동쪽을 묘암, 서쪽을 개암이라고 한데서 비롯되었다한다.

대웅보전 법당을 에워싼 20여 용과 봉황에 대해서 하나하나 주목하며 의미를 새겨준다. 이에 처마에는 화려한 연꽃을 조각하고 전체적으로 장중한 느낌의 조선 중기 대표적인 건축물의 하나라고 했다.

연꽃을 겹겹이 피운 화려한 공포는 개암사 대웅보전과 숭림사 보광전, 정수사 법당이 한 범주인데 특히 숭림사 보광전과는 전체적 기법이 거의 같다고 한다. '지역적으로 멀리지 않아 같은 계보의 목수 작품일 수 있다' 는 이는 문화재청의 시각이다.

주지스님의 말대로 살피면 살필수록 대웅보전이 보물로 지정될 만큼 깊이가 점점 솟아났다. 천장 곳곳 가운데를 향해 꿈틀대는 크고 작은 용이 다른 절에서 보았던 것과는 사뭇 달라보였다. 살아 꿈틀대고 표정도 몸짓도 다양했다.

듬직한 굵기의 비뚤한 나무 몸통을 용의 몸으로 삼아 그것이 대들보를 이룬데다 용머리 위에 봉황을 태우거나 여의주를 물게 한 기이한 용이다. 불단 닫집 속 세 마리 번용이 똬리를 틀고 매달렸다. 이 또한 여의주를 물고 있다. 낮에는 저처럼 예술이다 하지만 인적이 끊기는 밤이 되면 온통 용이 꿈틀거릴 것만 같은 으스스한 일면도 인다. 크고 작은 용들이 모두 석가모니를 우러러 그 가르침 앞에 경의를 표한다는 거룩함에 잠시 으스스했던 느낌은 이내 사라지고 만다.

후덕하면서도 농을 섞은 덕담에 어느 누구 일어설 기미를 보이지 않자 수를 쓴 주지스님은 일일이 살포시안은 등짝을 두드려주자 보살들은 웃음 짓는 방긋한 표정으로 법당을 나선다.

응진전 마당에 영산회괘불탱 및 초본보물1269호 안내판이 있는 것으로 봐서 응진전 안에 소장하고 있는가? 생각하게하나 알 수 없다. 불교의식 때 내 거는 매우 큰 크기의 괘불이기에 쉽게 마주하기 어렵다.

보통 원본의 크기와 같은 괘불초본이 남아있는 경우가 거의 없다는데 두 측면을 지닌 개암사 괘불탱과 초본은 그래서 보물로서의 가치가 더욱 크다.

괘불을 상설 전시하는 곳으로 국립중앙박물관과 통도사성보박물관 그리고 진주 청곡사로 알려져 있다. 개암사 괘불이 어느 때면 국립중앙박물관에 전시될 전망이 있다는 말들에서 비록 여기서 못 보는 오늘이긴 해도 희망을 열어놓을 만하다.

개암사 괘불은 석가모니를 중심으로 문수보살과 보현보살이 양 옆으로 섰다. 뒤쪽에 다보여래, 아미타여래, 관음보살, 세지보살과 앉아있는 두 구의 작은 불상이 그려져 있음을 이미 자료에서 살펴봤다. 조선 승려화가 의겸이 참여한 18세기 중엽의 양식적 특징을 드러낸 뛰어난 작품이다.

지장전 법당에 있는 석불좌상은 부안 청림사 절터에서 옮겨온 불상이다.

목과 몸체가 두 동강이었던 것을 근래 복원한 이 불상은 고려시대 작품으로 추정하고 있다. 청림사 터에서 발견한 또 하나의 보물급 고려동종은 내소사에 소장되고 있다.

1400년 역사를 지닌 개암사는 우리의 몸과 마음을 치유하는 지장기도도량으로 너무나 유명하다.

잠시 동안 개암사의 특산품으로 명성이 높은 개암죽염을 맛보고는 너도나도 "하나 더" 북적댄다. 우금바위에서 전수된 죽염이 오늘날 개암죽염이다. 청정해역인 변산반도 곰소염전에서 생산되는 미네랄이 풍부한 천일염을 삼년이상 자란 대나무 통 속에 넣고 소나무장작만으로 여덟 번 반복하여 굽는다. 마지막 아홉 번째 소나무에 송진을 뿌려 가열을 한껏 더 높이면 소금이 녹아 흘러 이른바 '자색보물소금'이 탄생한다.

개암죽염의 효능 요체는 바로 대나무의 유효성분과 천일염의 미네랄과 결합하는데서다. 더 중요한 것은 항상 최상의 원료와 굽는 기술에서다.

도리사

구미 태조산

신라 최초의 가람

신라의 최초가람을 알리는 도리사 일주문은 이 동구 밖에까지 나와 있으니 성미가 급한가 보다. 무려 시오리를 더 가야 도리사인데 아무튼 미리 반겨주니 절에 드는 첫 기분이 좋다.

신라 눌지왕417~458 때 고구려 승려 묵호자가 들어와 불법을 전하게 되면서부터 신라불교의 초석을 다지게 되었다.

당시 고구려와 백제는 이미 불교가 전파된 지 오래나 신라의 귀족들은 자신들의 부족전통에 젖어있는데다 바깥 문물에 배타적이고 고유의 토속신앙이 짙어 불교를 박해했던 때였다. 이때 중국 위나라 아굴마의 아들 아도가 어머니 고씨도령의 명에 따라 신라에 불교를 전하기 위해 고구려를 거쳐 몰래 들어왔다. 묵호자가 곧 아도다.

삼국유사에서 살피면 눌지왕 때 고구려에서 온 승려 묵호자가 지금의 경북 선산군에 이르렀다. 다행히도 모록이라고도 하는 모례의 집 안에 굴을 파고 편안하게 지내게 했다.

이즈음 왕궁에서 양나라에서 보내온 이름 모를 물건과 사용법을 알지 못해 당황해하는 것이 묵호자에까지 전해져 이같이 일러줬다. "이것은 향이라는 것입니다. 태우면 향기가 아름답게 나는데 그 향이 신성한 곳까지 미칩니다. 신성한 곳 가운데 불교에서 불보, 법보, 승보 곧 부처와 불교의 이치 그리고 승려보다 나음이 없다하겠으며 필요에 따라 이 향을 태우면서 원을 빌면 반드시 영험이 있을 것입니다."

마침 공주의 병이 위독해 묵호자를 불러들여 빌게 하니 신기하게도 곧 나았다. 왕이 기뻐하여 상을 내리려 했으나 잠깐 사이에 어디로 사라졌는지 알지 못했다.

이 부문에서 설화로 옮겨간다.

왕이 묻는 소원에 대해 묵호자는 "빈승에게는 아무것도 구함이 없습니다. 다만 불교를 널리 펴고 나라의 안위를 바랄 뿐입니다." 했다. 왕은 즉시 불사를 시작케 했다. 묵호자는 그때부터 숨어 지내던 데서 벗어나고 이름도 아도라고 드러냈다.

그러던 어느 날 왕이 죽고 새 왕이 들어서자 그동안 환대 속 불교를 펴던 아도를 시기한 세력들이 해치려들었다. 아도는 제자들과 다시 모례의 집에 숨어들어 불경을 가르치고 설법을 하면서 각 1천 마리씩의 소와 양을 쳤다.

그러기를 다섯 해나 하다 아도는 훌쩍 떠나게 된다. 모례가 가는 길을 물었으나 나를 만나려거든 머지않아 칡 순이 내려올 것이니 그 길을 따라오면 될 것이라 했다. 아니나 다를까 놀랍게도 그해 한 겨울 모례의 집 문턱에 칡 순이 들어왔다.

아도가 남긴 말대로 따라가 봤다. 바로 신라 불교의 첫 성지가 되는 도리사 터였다. 아도가 모례에게 작은 망태기를 내 놓고는 이곳에 절을 세우려하니 곡식 두 말을 시주하라고 권했다. 흔쾌히 승낙을 하고 집으로 돌아온 모례가 두 말은커녕 두 석을 부어도 망태기가 차지 않아 결국 전 재산을 몽땅 시주하여 도리사를 세웠다.

  절을 다 짓고 난 아도가 경주를 다녀오는 나들이 길에 태조산 한 언덕에 때 아닌 복사꽃과 오얏꽃이 만개하여 눈부실 정도였다. 예사롭지 않게 여긴 아도는 절 이름을 복숭아와 오얏에서 딴 도리사라 했으며 마을 또한 도개마을이라 불렀다.

  지금도 도개마을에는 소와 양 천 마리씩을 쳤다하여 불리는 우천골, 양천골이 있다. 도개리 윗마을에는 외양간이 있었다하여 우실이라 불려진다.

  아도화상은 도리사에서 정진하다 나이가 들어 금수굴에 들어가 열반에 들었다. 도리사에 있는 아도의 비문을 국립문화재연구소에서 이렇게 해석했다.

  신라불교를 처음 일으킨 아도화상의 생애를 상세하게 밝히고 있다. '고구려 고국원왕 때인 357년 진의 사신과 고구려 모친 사이에서 태어난 아도가 진에 가서 불교를 익혔다.

  그로부터 신라로 가서 불교를 전파하라는 어머니의 말씀에 따라 신라 땅 선산 모례의 집에서 전법하다가 도리암을 창건했다.'

  이 비는 1655년조선효종6년에 세웠는데 지은이와 쓴 이는 알 수 없다 하였다.

  도리사의 창건은 대체로 이랬다.

  하나의 아쉬움은 창건연대가 전해지지 않고 신라 최초의 절만으로 알려지는 점이다.

우리나라 8대적멸보궁에 들어

낙동강을 낀데다 저 멀리까지 트여진 선산들녘이 한 눈에 드는 비교적 높은 산세에 싸인 도리사였다. 아미타기도도량으로 널리 알려진 그대로가 절간가득하게 배어났다.

극락전은 목조아미타여래좌상을 봉안하였다.

아미타불신앙은 650년경부터 중국에서 널리 유행하기 시작하여 곧 우리나라에 들어왔다. 6·7세기 신라시대부터 집집이 염불소리가 끊이지 않을 만큼 아미타불신앙이 흥성했는데 원효가 신라 땅 곳곳을 누비며 포교한 때문이다.

앞뜰에 장중한 느낌의 석탑보물470호이 있다. 표지석에 화엄석탑으로 새겨진 이 탑은 보통과 달리 몸체의 돌과 가장 윗부분의 지붕돌과의 층 구성이 모전석탑처럼 보인다는 것이다.

이처럼 화려한 탑은 유례를 보기 드문 예라고 한다.

도리사엔 국보급 보물 한 점이 더 있는데 직지사 성보박물관에 소장돼 있는 세존사리탑금동사리기국보208호가 그것이다. 도리사 유물 종모양의 세존사리탑에서 발견된 육각의 사리함이다. 8세기 중엽에 만들어진 것으로 추정하는데 8각이 유행하던 이 당시 6각이란 점에 이목이 집중되고 있다. 두 면에 불자와 금강저를 든 불교의 수호신 천부상을 정교한 선과 점으로 새겼으며 나머지 네 면은 선으로 사천왕상을 새겼음을 직지사 성보박물관에서 듣고 볼 수 있었다.

우리나라 8대적멸보궁하면 유명한 5대에 이곳 도리사와 고성 건봉사, 대구 용연사가 더해진다. 신라불교 발상지답게 부처의 사리를 모신 절이다. 아도화상이 신라에 들어올 때 지니고 왔다는 석가모니진신사리가 세존사리탑 보수 공사 때 금동육각사리함에서 발견되었다.

이때가 1977년 4월 18일임을 절의 역사에 남겨두고 있다. 물론 진신사리가 발견되면서부터 적멸보궁이 세워졌을 테다. 이때부터 도리사가 8대적멸보궁에 들고 더욱 유명해진 절로 거듭나게 된다. 보이기로 백팔계단을 찬찬히 디디며 적멸보궁에 들었다. 법당 유리창 바깥에 선 세존사리탑에서 묻어나는 위용은 마냥 묵직했다.

아도화상전에 오르는 왼쪽에 나옹스님이 빚은 맛깔스럽다할 시 한 수가 아담한 돌에 새겨져 있다.

청산은 나를 보고 / 말 없이 살라하고 / 창공은 나를 보고
티 없이 살라하네 / 사랑도 벗어 놓고 / 마음도 벗어 놓고
물 같이 바람 같이 / 살다가 가라하네

묵직한 노송들도 도리사의 진면목을 지키는데 또한 아도화상전을 고이고이 기리는데 한 몫씩을 하고 있었다.

도리사에 오는 많은 사람들이 아도화상전에 향을 피워 몸과 마음을 맑히는 불교의 향 문화를 체험한다. 집안에 아픈 사람이 있거나하면 더욱 정성스레 향을 피우고 소망하면 절로 병이 낫는다는 말들이 여기에 선 내 귓가에 짜랑짜랑한 매미소리와 섞여 전해졌다.

도리사 남쪽의 비탈진 소나무 숲 속에 아도화상 사적비와 도리사 불량답시주질비 두 기가 서 있다. 앞서 봤던 아도의 비 내용을 여기에서 탁본하여 해석한 것이며 도리사에 논밭을 시주한 이의 이름과 땅뙈기의 규모를 기록한 것이 이 도리사불량답시주질비다.

도리사를 찾게 되면 일곱 군데를 거닐어야 참다운 절 길이라 하는데 그것이 처음 일주문에서 시작되는 느티나무길 걷기다. 다음 적멸보궁 세존사리탑 참배, 아도화상전 향불 피워 올리기, 화엄석탑 탑돌

이, 태조선원 마루에 앉아 기둥 어루만지기 그리고 아도화상이 수행했던 좌선대에서 명상하기와 서대에서 자신을 가다듬는 등이다. 이제 마지막 코스에 오른다. 유홍준의 나의 문화유산답사기에서 「구포에서 바라본 낙동강은 장려하고, 도리사에서 보는 낙동강은 수려하다」 하였듯 과연 광활하게 펼치는 저 낙동강과 들녘에서 무언가의 화두가 나에게 던져져오고 있다.

운|문|사
청도 호거산

비구니 청정도량 운문사

우리나라에서 가장 비중 큰 비구니사찰로 잘 알려진 운문사다. 경북 청도 호거산에 있는 이곳과 역시 비구니사찰인 울주 가지산에 있는 석남사를 향하는 이번 길은 여는 때와 뭔가 다르다. 연달아 비구니 사찰만을 찾게 되기에 그런가보다.

불가에서 이르기를 출가하여 구족계를 받은 여자 수행자를 비구니라 한다. 구족이란 충분하고도 완전하고도 완벽하게 갖추었다는 뜻으로써 이를 지녔을 때 비로소 스님이 되는 것이다.

석가모니부처의 이모 마하프라자파티 고타미가 세존의 허락을 받아 출가함으로써 최초의 비구니가 되었다. 그 후 많은 여자들이 출가하여 비구니 승가를 형성하기에 이른다. 일반적으로 비구는 250구족계를 받는 반면 비구니는 348계로써 더 많은 계율을 바탕으로 한다.

볼 때면 화사한 얼굴과 정갈한 옷매무새에서 묻어나는 비구니스님의 그 자체가 부처의 세계다.

　마침 운문사 뜰 안에서 스치는 한 비구니로부터 배어나는 청순함에 눈길을 놓지 못하였다면 너무 솔직한 표현인가 넌지시 나 자신에게 묻는다.

　현재 대략 170여 명의 비구니스님이 머무는 운문사다. 하루 일하지 않으면 먹지 않는다는 참되고 바른 규칙과 법도를 철저히 행하는 이곳이다.

　비구니를 배출해 내는 대한불교조계종 운문승가대학이 여기에 있다.

　운문사는 평온하고도 너른 터에 한껏 여유만만하다. 운문사를 안고 있는 호거산 주변의 일대가 영남알프스로 불리는 가지산, 천황산, 간월산, 신불산과 취서산의 산세가 높이에 비해 비교적 온화한 구릉지기에 그렇다.

　한여름 매미소리가 귓전을 때리는 가운데 500년 연륜의 천연기념물108호 소나무를 눈앞에 두고 운문사를 꺼내본다. 나란히 앉은 도반과 이어가는 운문사의 보배로움에 젖어보는 것이다.

　운문사 사적에서 이같이 밝히고 있다. '천년고찰 운문사는 560년 신라진흥왕21년 신승이 창건하였다. 이 신승은 557년 북대암 옆 금수동에 작은 암자를 짓고 세 해 동안 수도하여 도를 깨달은 그때 동쪽에 가슬갑사, 서에 대비갑사, 남에 천문갑사, 북에 소보갑사에다 가운데 대작갑사를 창건했다. 현재 남은 건 지금의 운문사천문갑사와 대비사대비갑사 뿐이다.'

　삼국유사에는 신라시대 이래 후삼국 간 싸우는 사이에 청도군 작갑사 외에 대작갑, 소작갑, 소보갑, 천문갑, 가서갑이 다 사라진 그

운문사 259

기둥을 모두 모아 대작갑사에 두었다고 적고 있다.

운문사의 초창은 신승에 의해 창건된 대작갑사에서 시작된다. 그런 가운데 운문사는 보양선사가 창건한 작갑사에서 찾는 게 옳다. 대작갑사는 후삼국의 전란기에 허물어지고 한동안 역사가 이어지지 않았기 때문이다. 후삼국시대에 보양의 발원으로 이룬 불사는 천년고찰 운문사의 역사가 시작되는 출발점이기도 했다.

따라서 보양과 관련하여 전해오는 여러 이야기는 오늘의 운문사가 있게 한 귀중한 역사기록이나 다름없다. 보양에 대한 기록은 삼국유사 보양이목에서 운문사 중창과 관련지어 전한다.

보양은 오늘의 청도 혹은 밀양출신으로 볼 수 있지만 출생이나 성장은 물론 출가의 배경도 알려져 있지 않다. 당나라에 가서 불법을 전해 받고 돌아오다 용궁으로 들어가 설법한 불경에 감탄한 용왕은 스님에게 비단가사를 선사하고 자신의 아들 이목이무기을 시봉으로 딸려 보냈다. 용왕은 스님에게 이르기를 신라로 돌아가 작갑에 절을 짓고 살면 전란을 피할 수 있고 머지않은 때 어진 군주가 나타나 삼한을 통일할 것이라고 했다.

곧장 신라에 다다라 보양이 처음으로 머문 곳은 밀양의 봉성사였다. 그 때 봉성사와 가까이 닿은 곳에서 태조 왕건이 고전의 전투를 벌이고 있을 때 보양에게 도움을 요청해 왔다. 이에 스님은 대개 개란 짐승은 밤만을 맞을 줄 알고 앞만 지키고 그 뒤는 잊고 있으니 마땅히 낮에 그 뒤가 되는 북쪽을 쳐들어가야 한다고 일러줬다.

이 비책 전투에서 태조가 크게 승리하게 되었다. 태조는 고마움의 뜻으로 스님이 머무는 절에 해마다 조 50석을 내렸다. 이를 계기로 절은 태조와 보양 두 성인을 모셨고 이때 절 이름을 봉성사라 했다.

그 뒤 보양은 전란에 폐허가 된 절을 다시 일으키고자 이목과 청도 땅에 들어갔다. 어느 날 북령에 들어가 사방을 살피는데 저만치에서 까치가 땅을 쪼고 있는 게 하도 이상하게 여겨져 문득 용왕이 말했던 작갑이 떠 올려졌다. 그 자리를 파헤쳐 보니 전란에 폐허가 된 대작갑사의 절터였음을 알게 됐다. 스님은 그 터에 절을 크게 중창했으며 절 이름을 작갑사라 했다.

이 불사가 원광국사에 이은 바로 운문사의 두 번째 중창이고 시기는 후삼국이 통일되기 직전으로 추정한다. 스님이 작갑사를 짓고 불도를 펴가자 역시 용왕의 예언대로 후삼국의 혼란이 종식되었다. 이때 통일의 과업을 이룬 태조 왕건은 보양선사가 작갑사에 머물고 있다는 소식에 또 나라의 재물 밭 500결을 내렸다.

보양선사가 운문의 개산조였다

그리고 후삼국이 통일된 이듬해인 937년에 운문선사 현판을 내림으로써 절 이름이 운문사로 된 것이다. 일연스님은 삼국유사에서 보양선사를 운문의 개산조로 기록했다.

신령스런 야사를 옮겨본다. 이무기는 늘 절 옆 작은 못에 살면서 보양의 불법교화를 몰래 도왔다. 어느 해 심한 가뭄에 밭작물이 타 들어가게 돼 보양이 이무기에게 비를 내리라고 명령했다. 충분할 정도의 비가 내렸다. 천제는 자신도 모르게 비를 내렸다하여 이무기를 죽이려 들었다. 위급함을 들은 보양은 마루 밑에 이무기를 숨기고 살려냈다.

이보다 앞서 운문사를 첫 중창한 원광국사에 대해서다. 원광국사는 텅 빈 성품이자 늘 고요함 속이다. 말할 때는 언제나 미소 띤 얼굴이고 그 어떤 때라도 성난 안색을 보이지 않았다. 원광은 중국에 유학하고 600년에 귀국하여 불교 유파의 하나인 대승의 가르침을 널리 폈으며 나라 왕으로부터 성인으로 공경 받았다. 신라 진평왕 30년에 고구려를 정벌하고자 수나라에 군대를 청하는 내용의 걸사표를 썼다. 원광은 여기에서 '자기가 살려고 남을 멸하는 것은 승려로서 온당한 처신이 아니다. 하지만 승려 이전에 대왕의 나라 한 백성이기에 어찌 명령을 좇지 않을 수 있는가' 큰 틀에서 이 글을 짓는가하면 진평왕의 왕권강화에 중요한 역할을 했다. 그가 나이가 들어 수레를 타고 궁궐에 드나들었는데 당시 덕망과 인의를 두루 갖춘 선비가 많았어도 그를 넘어선 사람이 없었다. 뛰어난 문장력은 한 나라를 기울일 만했다는 역사의 평가다.

원광국사에 의한 운문사 중창은 그가 중국에서 돌아온 600년 이후로 볼 뿐 연대가 명확하지 않다.

차근차근 들여다 본 운문사의 역사가 어쩜 이토록 찬란한가? 근대 1950년대 들어 교단이 바로 세워지고 난 1955년 비구니 정금광스님이 오늘의 면모를 일궈냈다는 데서 우리들의 심금을 울리기까지 한다.

여기 일명 처진소나무는 드넓은 가지가 늘어졌어도 반듯한 자세를 지녔기로 유명하다. 옛 어느 선사가 이곳을 지나다 버려야했던 나뭇가지를 꽂아 둔 게 뿌리를 내려 오늘에 이르고 있다. 해마다 음력 삼월 삼짇날 막걸리 열두 말을 희석하여 영양제로 부어준다고 하니 나무도 술을 먹을 줄 아는가보다 피식 웃음이 나온다.

절간을 두루 돈다. 그런데 두 대웅보전이다. 운문사하면 으레 보물 대웅보전을 염두에 둔다. 근데 가장 중심법당의 자리이자 우람한 크기의 또 하나 대응보전이 석가모니를 주불로 하여 1994년 세워졌다. 이때 한 절에 대응보전이 둘 될 수 없다하여 기존의 대응보전보물835호을 비로전현판으로 바꿨다.

비로자나불을 주불로 한 보물 대응보전은 문화재청에서 관리하는 문화재로써 보물로 지정될 때의 명칭이 대응보전이었기에 바꿔서는 안된다는 제동이 걸렸다는 것에 고개를 갸우뚱해하지 않을 수 없다. 때문에 비로전 현판은 내려지고 원래의 대응보전이 걸리게 됐다한다.

그러기에 절 안내도에는 비로전 그대로다.

이 전각 법당 천장 줄에 매달린 한 중생의 애달픈 모습을 보는 내 가슴이 찡하다. 양 쪽으로 길게 늘어뜨린 용머리형상의 배가 반야용선이다. 곧 깨달음의 반야를 나타냈다. 또 하나의 줄에 매달린 사람이 악착보살이다. 반야용선에 오르지 못한 악착보살은 줄이라도 매달고 그곳으로 가고자하는 중생의 애달픔을 고스란히 표출했다.

구전되는 이 보살의 이야기는 옛 적 불심 깊은 중생들을 서방의 극락정토로 인도해가는 반야용선에 미처 타지 못한 사람이었다. 이미 용선은 떠나가고 그나마 배에서 던져준 밧줄에 악착같이 매달려서 서방극락정토로 가게 되는 광경인데 그래서 악착보살이라고 붙여졌다.

이 대응보전 앞뜰에 동·서삼층석탑보물678호 두 기가 나란하다.

우리나라에서 규모가 가장 크다는 만세루 앞에 상대적으로 아주 자그마한 작압전이 있다. 그 안에 석조여래좌상보물317호과 좌상 양 옆으로 석조사천왕상보물318호이 각각 두 기씩 서 있다. 전각 앞 표지석에는 이 네 구의 보물을 사천왕석주로 표기했다.

지금의 종무소 지점에 위치했던 작압전을 해체복원하면서 이곳으로 이건한 것이다. 그 해체에서 석불좌상 대좌 밑에서 돌로 된 사리함과 사리구를 발견했다. 이 발견을 통해 작압전이 있기 전 이곳에 위치했던 전탑의 건립연대를 9세기로 짚게끔 했다. 원 작압전은 보양선사가 까치가 땅을 쪼는 그곳에 작갑사를 세웠다하는 자리이며 삼국유사의 기록에서 누런탑이 보였다는 그곳이기도하다.

금당앞석등보물193호은 팔각형이다. 운문사엔 이외에도 동호보물208호 등 중요문화재를 많이도 지니고 있다.

운문사 동쪽에 일연선사의 행적비가 있었다고 하나 현존하지 않는다. 일연선사는 1277년 일흔이 넘은 나이에 충렬왕의 추대로 운문사 주지로 머무는 동안 삼국유사의 대부분을 이곳에서 집필했다. 그러나 군위 인각사에서 마지막으로 완성하였다하여 인각사가 집필한 곳으로 알려지게 됨으로써 청도사람들의 역사적 안타까움을 어느 매체에서 읽었다.

일정에 잡혀있는 운문사 회주 명성스님의 법문을 새로 지은 큰 대웅보전에서 듣는다. 사리암의 뜻과 홀로 도를 이루었다고 하여 독성이라고도 하는 나반존자에 대한 설법을 저마다의 가슴에 담는다.

우리나라 4대 관음기도 성지에 운문사 사리암이 든다. 사리암은 현판에 쓰인 대로 삿될 사, 여월리 자를 써서 삿됨을 여의는 암자란 뜻이다. "삿된 모든 것을 타파하고 올바른 정의, 바른 것을 내세우는" 이곳 사리암이라고 명성스님은 다시 한 번 힘주어 말했다. 사리암 독성각에 나반존자가 모셔져 있다한다.

사리암의 쌀 나오는 전설이 재밌다. 이곳에 한 사람이 있을 때면 한 사람이 먹을 분량의 쌀이, 또 열 사람이면 그에 상응하는 쌀이 나왔다. 하루는 욕심 끝에 구멍을 넓혀 한꺼번에 많은 쌀을 받으려 했으나 그만 물이 나오고 말았다는 것이다.

명성스님은 우리 도반들을 못내 아쉬워하며 손수 준비한 염주를 하나하나 건네는 자상함을 보였다.

내려오는 길에 원응국사비보물316호와 나란한 설송대사비 앞에 섰다. 원응의 비문은 금강거사 윤언이 짓고 명필 대감국사가 썼다. 설송비는 이천보가 짓고 이정보가 썼다.

운문사의 담장을 절에 들 때부터 눈여겨봤었다. 궁궐의 온 착각을 일게 한다. 담장의 모양새는 층층이 지그재그로 한 아주 특이한 예술작품이다.

석|남|사
울산 가지산

울산시민의 휴식 공간

　울산 울주군 상북면에 있는 석남사는 울산시민에게 가장 친근한 산사다. 무엇보다 석남사를 말한다면 가지산을 먼저 꼽아야함은 물론이다.
　석남사 골짝물이 울산의 젖줄인 태화강의 발원지이기에 곧 울산 땅을 만들어주는 고마운 존재이기도 하다. 신불산 간월사가 가까이고 근방에 영축산 통도사가 있다하여도 석남사가 그 중심이다. 강원도 태백준령이 남쪽으로 뻗어내려 운문사가 있는 청도의 호거산을 형성했다. 다시 늘어진 영봉들이 가지산이요 신불산이고 영축산이다.
　그 가운데서 가지산의 높이가 해발 1,241미터로 울주 7봉 중 최고봉에 든다. 산림청 선정 100대 명산의 하나로 바위와 억새가 조화롭게 잘 어우러진 가지산사계가 울주8경에 드는 비경을 자랑하고 있다. 우리나라 산들 중 가장 먼저 일출을 보는 곳이다.

나는 가지산사계를 이렇게 그려낸다.

지금 한여름에 흘러내리는 계곡물줄기가 소와 폭포를 이루면서 한껏 물의 세계를 드러내고 있다. 곧장 오색영롱한 화려함으로 가득한 단풍과 억새의 가을 물결이 넘실거릴 게다. 눈 내린 겨울이면 석남사를 더욱 꼬옥 껴앉아 어머니의 품안마냥 따스함을 안겨주거니와 가지산을 찾는 누구에게나 맘껏 감상하게 하는 설경이다.

이내 해 바뀐 새봄이면 개나리와 진달래가 지천으로 깔리고 이어지는 철쭉이 봄의 향기를 안겨다준다. 외진 한 곳에 녹지 않은 눈발의 겨울모습에 나의 여린 마음마저 처연해지고 만다지만 그래서 석남사사계가 우리 곁이다.

등산객에게마저 가지산은 부드러운 숲길과 험한 바윗길 산행을 모두 즐길 수 있는 매력적인 트레킹코스다. 오르기까지 심심찮게 바윗돌이 부닥치지만 정상에 오르면 장쾌하기 이를 데 없는 시원스런 선물을 맛보게 한다.

석남사가 창건 이래 허물어지고 다시 세우기가 여러 차례 반복됐으며 임진왜란수난을 피해가지 못해 소실된 절간을 언양헌감 강옹의 시주로 중창하였다. 그 후 한국전란을 맞은 때는 신라고찰의 흔적마저 모조리 파괴되고 말았다.

가장 규모다운 비구니 종립특별선원

1957년 비구니 인홍스님이 주지로 부임하면서부터 다시금 당우를 일으켜 세우면서 오늘의 석남사를 있게 하였다. 이때부터 비구니의 수도처로 자리매김하면서 우리나라에서 가장 큰 비구니 종립특별선원이 됐다. 대한불교조계종 통도사 말사에 속한다.

　세간에서 인홍스님을 가지산 호랑이로 일컫는다. 가야산 성철스님과 비교하여 겨눌 만큼 성품이 엄격하기로 유명하다. 그랬기에 석남사의 대 역사를 세울 수 있었다하겠다.

　석남사창건시기를 824년신라헌덕왕16년으로 보며 설악산 진전사에서 가지산으로 내려온 도의국사가 처음 절을 세웠다는 걸로 전해진다.

　도의는 어머니 뱃속에서 39개월 만에 세상에 나왔다고 알려지는데 그가 나고 죽은 연대도 미상이다.

　보물인 도의선사탑이 강원 양양 진전사지터 작은 언덕에 세워져 있다. '도의는 784년에 당으로 가서 불교의 한 종파인 선종을 이어받고 37년만인 821년 귀국하였다. 그로부터 설법을 했으나 당시 참선을 위주로 한 교종을 중요시한 시대적 배경에서 받아들여지질 않았다. 도의는 그만 진전사에 들어 40년 동안 수도하다가 입적하였음.'을 문화재청 문화유산정보에서 본다.

　도의는 진전사에서 염거에게 선종의 법의를 전하고 염거는 다시 체징에게 전했다. 체징은 법도를 넓히려는 목적을 지니고 당으로 들어가 고승을 만났으나 도의가 전한 법외에 구할 게 없다며 귀국했다. 때마침 헌안왕의 윤허에 힘입어 전남 장흥의 가지산에 가지산파를 세워 크게 선풍을 일으켰다. 이때 체징은 도의를 1세, 염거를 2세, 자신을 3세로 하여 도의를 가지산파의 개산조로 삼았다. 다시 말해서 보림사를 체징이 창건하였지만 맨 먼저 선종이 종착된 곳이라 하여 도의국사를 종조로 받들고 있음을 살피게 된다.

　앞 태안사에서 잇는 말이다. 선종을 도입한 도의국사가 진전사에서 제자를 양성하는 가운데서도 때맞춰 이곳 가지산에서 명당절터를 발견하고 석남사를 창건한 것이 된다.

　이로 미루어보면 전남 장흥의 보림사가 있는 산이 가지산인데 체징이 보림사를 창건하면서 선종의 종조가 창건한 석남사의 가지산을 그대로 따간 것 아니냐는 나만의 추측이다. 시대적으로 석남사가 824년이고 보림사가 860년임을 볼 때 가능한 발로다.

　이를 뒷받침할 만한 또 하나는 보림사와 가지산이름에서다. 인도 가지산의 보림사와 중국 가지산의 보림사와 함께 장흥의 보림사가 더해져 세 보림사와 가지산이라 일컫고 있다.

　피서 철이라 석남사 일주문부터 북적댄다. 울산사람들의 휴식처라지만 한여름인 이때는 아마도 전국에서 몰려든 인파로 보였다. 일주문을 벗어나 오른쪽으로 늘어진 계곡을 따라 오르면서 미리 깨쳤던 감상 속에 가지산과 석남사의 아리따운 정취를 맘껏 들이켰다. 반야교를 건너고 침계루 밑 계단을 오르니 대웅전이 바로 앞이다.

　마침 대웅전에서 사시예불이 열렸다. 모두 비구니스님으로 보였고 구순이 훌쩍 넘어 보이는 노스님도 부축을 받으면서 법당에 들었다.

　1974년 인홍스님에 의해 해체 복원된 대웅전이다. 외벽에 석가여래의 생애를 여덟 장면으로 나타낸 팔상도가 그려졌다. 국화와 모란, 초화문 장식의 대웅전 수미단이다.

　물고기를 물고 연잎 속에 노니는 바다 게와 또 다람쥐에서 묻어나는 평화로움이 그지없다.

　큰 절간 마당에 우뚝한 삼층석가사리탑은 824년 도의가 세운 당시 15층탑의 후신이다. 원 15층탑은 임진왜란으로 파괴됐다. 1973년 인홍스님이 다시 일으켜 세운 탑이 삼층석탑이었다. 그 후 스리랑카 승려 사타시씨가 지니고 온 부처사리 1과를 봉안하기 위해 지금의 삼층석가사리탑이다.

이 사리탑으로 하여금 석남사 역사의 획이 다시 그어진 셈이다.

대웅전과 마주한 침계루가 사리보탑전이다. 보탑전에서 투명하게 트인 유리문을 통해 석가사리탑이 보이게 함으로써 적멸보궁이나 다름없다하겠다.

이 사리성전만으로도 인홍스님의 업적은 한없이 위대하다.

이뿐 아니다. 대웅전과 극락전, 심검당 이외 여러 당우를 반듯하게 일으켜 세워 석남사가 비구니 종립특별선원다운 면모를 잘도 갖췄음을 이번 절길에서 보고 느낌 받기에 충분했다.

절 가장 윗자리에 있다하는 도의국사사리탑보물369호을 보기위해 오른다.

잠시 쉬어가는 자리에서 가지산 정상에 있는 쌀바위 전설을 흥밋거리삼아 얘기를 나눈다. 옛날 한 승려가 큰 바위 밑에 자그마한 암자를 얽어매고 수도에 들었다. 며칠마다 한 번씩 마을로 내려가는 동냥으로 연명하곤 했다.

그런 어느 날 중이 염불을 외다 바라보인 바위틈에 쌀이 소복했다. 이상하게도 이날부터 한 사람이 먹을 수 있는 쌀이 매일 바위틈에서 물방울 흐르듯 또닥또닥 나오는 것이었다. 중은 구멍을 크게 뚫으면 쌀이 많이 나올 것이라는 과욕에 그만 구멍을 크게 뚫었다.

하지만 그 후로 쌀은 나오지 않고 물만 흘렀다한다. 이러한 일이 있은 뒤로 사람들은 그 바위를 쌀바위라 불렀다. 운문사 사리암도 쌀 나오는 전설이 있었던 것처럼 우리나라 여러 절에서 쌀 전설이 전한다.

이 전설은 사람은 분수를 지켜야한다는 가르침의 이야기일 것이다.

내려오는 길 한 도반이 "아차! 하나 빠뜨린 게 있다"고 느닷없는 말을 뱉었다. 다름 아닌 500년 전 간월사에서 옮겨왔다는 엄나무구유를 보는 것이다. 이 구유는 옛날 절에서 대중이 공양할 때 밥을 퍼 담아뒀던 나무그릇으로 1천명이 먹을 정도의 크기다.

석남사 바깥으로 나와 조금만 돌아 나오니 한적한 다른 계곡이 우리네를 기다렸다는 듯 맑은 물에 어서 발 담그라고 재촉했다. 땀이 흘러 축축하던 러닝이 뽀송해지면서 기분은 상쾌해졌다. 산사를 찾으면서 이처럼 여유롭고 담뿍한 낭만을 맛봄이 그 언제 있었던가? 다들 좋아했다.

금강산도 식후경이라 했거늘 곧장 모두가 밥솥도 걸고 찬거리도 장만하고 과일도 씻느라 손놀림이 바쁘다. 맛깔스럽게 보이는 국물이 보글보글 끓어오른다. 막걸리 한 사발 생각에 목줄이 한바탕 튕긴다.

석남사가 보배로운 여름이란 선사를 우리에게 건넸다.

울산시민의 휴식공간이자 나아가 생활불교의 도량으로 성큼 다가선 석남사다.

인|각|사
군위 화산

삼국유사 민족성지

입추의 문턱에 들자 서늘한 바람기가 스쳐오는 한날, 산사 찾는 발걸음이 한결 가볍다. 함께 나선 한마디들이 올 겨울에는 아무리 춥다한들 춥다 소리 말라 오갈만큼 유난히도 무더웠던 지난 여름을 질책이라도 하는 듯하다.

삼국유사 민족성지의 사찰로 내세우는 군위 인각사로 향하는 버스는 중앙고속도로를 잘도 미끄러져 간다.

차창 밖 들녘의 풍성함이 가슴에 전달돼 요 몇 년 사이 흘러간 날들은 물론 근래에 생겨나는 많고도 많은 일들이 뒤섞여 다시 창밖으로 흩뿌려진다.

옆 자리를 같이 한 여류시인이 건네는 말이다. "이번 문학기행은 군위 인각사와 제2 석굴암을 찾는 만큼 산사순례나 다름없다지요?"

묵묵히 오는 동안 표현은 하지 않았어도 내 심중을 그가 읽어줘 반가웠다. "그렇고말고요. 불교와 연을 맺은 모임이 아닌데도 한 곳도 아닌 하루를 몽땅 절 찾는 여정이니 말입니다" "더욱이 작가 멤버들로 하여금 이런 하루를 잇는다니 의미가 더 깊다 하겠습니다." 이어 여러 해 동안 산사를 찾으면서 그 글, 엮는 이가 이 사람임을 소개하고 오고가는 말들에 금세 군위 땅 제2석굴암마당에 발이 디뎌졌다.

불과 몇 해 만에 다시 찾게 됐음은 예사로운 인연이 아니다, 그때 군위 석굴암을 글로 다뤘기에 여기까지 한다.

인각사사적374호는 천년고찰이다.

643년신라선덕여왕12년 원효대사가 창건했다. 다른 하나는 한 해 앞선 선덕여왕11년 의상대사가 창건하였다는 두 설이다.

보존돼 오는 유물은 통일신라시대 창건을 뒷받침하고 있다. 절의 옛 모습을 추정하고 그대로 복원하기 위해 현재까지 여남 차례에 걸쳐 발굴조사 중에 있다는 인각사의 설명이 따른다.

특히, 오늘날 인각사가 삼국유사 민족성지로 부각되는 것은 일연선사가 우리 민족의 정신을 모은 역사를 이곳 인각사에서 펴냈기 때문이다. 군위군에서 「삼국유사의 고장 군위」라고 진즉부터 마케팅화하고 나선 측면 또한 한몫한다.

삼국유사가 김부식이 편찬한 삼국사기와 쌍벽을 이루는 한국 고대 사적의 하나인데다 여러 사관이 엮은 삼국사기에 비해 삼국유사는 일연스님 혼자의 손으로 쓴 이른바 수많은 고대 사료를 담은 야사로써 가치를 지녔기에 더욱 그렇다는 게다.

신라시대 이후 고려시대까지 우리나라 역사전통을 문화 사상 종교적기반이 불교중심으로 이어져 왔음을 삼국유사에 담고 있음은 삼국사기의 유교적 정치사관 흐름과는 사뭇 다르다는 데도 있다.

무엇보다 불교의 전래과정과 수용, 불교의 융성과 여러 고승의 행적이야기, 탑과 불상 및 사찰의 유래, 신라의 뛰어난 학승과 율사의 전기와 밀교, 신승들의 이적이야기가 기이하면서도 너무나 사실적이다. 신앙의 감흥과 영험, 세상을 피하여 은거하던 승려들의 아름다운 자취와 불교적 선행과 효도에 따른 보답이야기, 이 또한 사실적이라는데 있다.
　인각마을의 내력에서 보면 인각사가 있는 맞은편에 가파른 절벽을 이룬 학소대가 있다. 여기서 노닐던 기린이 그만 암벽에 떨어지는 바람에 뿔이 빠졌다하여 인각마을이라 했고 절 또한 인각이란 이름을 붙였다. 다른 하나는 절과 맞닿은 화산이 화려하고 기품 있고 당당함이 마치 기린의 형상과도 같은데다 그 마을의 위치가 기린의 뿔 지점에 있다하여 인각마을이자 인각사로 유래됐다 한다. 인각의 사전적 의미는 기린의 뿔이란 뜻으로 지극히 드물고 귀한 물건을 비유적으로 이르는 말이다.
　좀 더 깊이 들여다보면 여기에서 기린은 사슴의 몸에 말의 발굽과 소의 꼬리를, 온몸에 영롱한 비늘이 여기에서 덮여 있다는 성스런 상상의 동물이다.
　중국인들에게는 성인이 세상에 태어날 때면 기린이 나타난다는 속설이 있다. 기린은 풀을 밟지 않을 뿐 아니라 살로 된 뿔이어서 다른 동물을 헤치지 않는 인자한 동물로 희망과 행복을 심어주고 용과 봉황과 거북과 같은 상서로움을 지녔다.
　인각사의 마당에 든다. 역시 남쪽으로 화산이, 북서쪽으로 옥녀봉의 가파른 줄기로 쭉 뻗었음이 뚜렷함은 물론 아름답기가 그지없다. 또 절 앞으로 유유히 흐르는 위천은 한 폭의 산수화와도 같다. 그 북쪽으로 병풍처럼 펼쳐진 학소대에다 화려하고도 수려한 화산의 면모가 상상의 동물 기린을 빼닮았다는 실감을 한눈에 주기에 충분했다.

가을을 여는 풀벌레소리마저 절간에까지 드는 그 짜랑짜랑함에 매료되면서도 이내 인각사의 본전 국사전에 참배를 올린다.

비교적 평탄하게 자리한 절 마당으로 일연스님의 효심을 증명하듯 아침 동이 틀 때면 탑의 광채가 노모의 묘에 비춰졌다고 하는 보각국사정조지탑보물428호이 석불좌상과 나란하다.

보각국사비각 앞면 비문 맨 끝머리에 담았다는 "겁화가 모든 것을 살라 산하가 다 재가 되어도 비석은 홀로 남아 이 글은 마멸되지 않으리다." 안내판 글귀의 힘에 좀체 디뎌진 발길이 띄지 않는다.

이 비는 1295년 세운 것인데 당시 문장가 민지가 왕명을 받들어 지은 비문이다. 글씨는 일연의 제자 죽허대사가 진나라까지 가서 왕희지의 글씨를 집자하여 새겼음을 국립문화재연구소 보각국사비 탁본해석문에서 살필 수 있다.

민지는 비문 서두에서 일연을 보각국존이라고 극찬했다. 국존의 속세 이름은 김견명이고 경주 출신이다. 어느 날 어머니의 꿈에 태양의 빛이 방 안에 가득하기를 사흘 밤이나 계속된 끝에 1206년 6월 일연이 탄생하였다. 날 적부터 준매하며 몸가짐이나 예절을 갖춘 태도가 남달랐다.

아홉 살 때 무량사로 가서 공부를 시작한 총명함에 비길 자가 없었다. 그로부터 다섯 해가 흐른 열네 살 때 진전사 대웅장로를 은사로 하여 득도하고 구족계를 받았다. 팔 년 뒤 승과에 응시하여 장원급제했으며 곧장 지금의 대구 달성군 비슬산에 있었던 보당암에 머물렀던 일연이었다.

그 뒤 목우화상 지눌의 법통을 이었으며 개성 선월사, 포항 오어사, 달성 인흥사와 청도 운문사 등에 머물렀다. 충렬왕4년이 되는 1277년 운문사에 있는 때 헤아리기 어려울 정도의 깊고 미묘한 풍경을 자아내게 하거나 감추어진 것을 찾아 널리 퍼지게 하는 일연에 대한 공경심은 왕에게 날로 깊어만 갔다. 충렬왕은 찬시를 지어서까지 일연에게 보내는가하면 1283년 국존으로 책봉했다.

일연이 국존으로 책봉되기까지 극구 사양했음에도 왕의 간절한 청을 꺾지 못하였다는 이어지는 비문은 이렇다.

'충렬왕은 신하였던 장작윤과 김군을 일연에게 보내는 등 일연을 청한 법문을 즐겨 들었다. 더러는 한겨울을 마다 않고 왕은 수레를 타고 친히 일연을 찾아 나서면서까지 법문을 들었다. 그때마다 임금의 얼굴에 기쁨이 가득하였다.

이즈음 임금이 군신들에게 이르기를 선대의 임금들은 덕이 높은 스님을 왕사로 모시고 더 큰 스님은 국사로 추대하였거늘 나만이 그렇게 하지 않을 수 있는가? 하며 우승지 염승익을 일연에게 보내 '합국존사'의 예를 행하려 했으나 일연은 정중하게 사양했다. 그러나 임금은 사신을 세 번이나 반복해 간청한 끝에 마침내 허락을 받고 '국존'으로 삼고 호를 원경충조라 하였다. 국존이라 하게 된 데는 상국이었던 원나라 제도인 국사란 칭호를 피해서다.'

국존으로 삼는 의식은 왕이 몸소 신하들을 거느리고 예를 표하는 지극히 이례적인 것이다.

군위를 내세우는 중심에 선 인각사

임금이 일연에게 부친 한 편의 시는 이렇다.

"심오한 뜻을 전함에 어찌 옷을 걸을 필요가 있겠는가/ 좋은 땅에서 만나 부르며 또한 기이하도다/ 그대를 궐 아래 맞아들이고자 하나/ 스님은 어찌 흰구름 나뭇가지를 길이 애태우게 하는가"

효행을 헤아린 왕은 일연이 78세 때 노모 곁으로 가게 허락하였다. 일연이 어머니 이씨에게 돌아 온 그 다음해 아들을 곁에 두고 아흔여섯의 나이로 비로소 눈을 감을 수 있게 된 것이다.

그 해 조정에서 인각사에 토지를 내려 일연이 편안하게 지내게끔 했다.

국존 일연의 입적을 전후한 대목을 살핀다. 1289년 와병에 든 때가 6월이었다. 7월 7일 충렬왕에게 올릴 편지를 손수 쓰고 다음날 새벽 일찍 목욕재계하고 오늘 내가 떠난다고 대중에게 알렸다. 평소와 다름없는 담소를 나누고 조용히 눈을 감았다. 바로 "오늘 내가 떠난다" 했던 7월 8일이다. 얼굴모양은 생전과 같았으며 몸가짐과 동작마저 생시와 조금도 다르지 않았다. 일연의 입적소식을 듣고 몰려든 사람의 운집이 마치 담장과도 같았다고 한다. 입적 사흘 만에 시신을 수습하고 임금께 상소를 올렸다. 부음을 접한 충렬왕은 크게 슬퍼했으며 그로부터 왕명에 의해 인각사 동쪽 산등성이에 탑을 세우게 하고 탑호를 정조라 하였다. 또 보각이란 시호를 내렸다.

일연이 마지막 남긴 "뒷날에 돌아오면 다시 여러분과 더불어 거듭 한바탕 흥겹게 놀겠소" 생생한 이 말은 역사 속 조금도 바래지지 않는다.

생애 얼마나 틈이 없었으면 이 말을 남겼을까? 나에게 물어봄이다.

다음은 탁본 해석문에서 이렇게 덧붙였다. '스님의 사람 됨됨은 말할 때는 농담하는 일이 없고, 천성은 가식하는 일이 없다. 항상 진정으로 사람을 대하고, 많은 대중과 같이 있으나, 마치 홀로 있는 것과 같이 조용하였다. 국존의 위치에 있으나, 항상 자신을 낮추었으며, 배움에 있어서는 스승으로부터 수학하지 아니하고, 스스로 통달하였다.'
　이어 비문 음기에서 묻어나는 일연의 잔잔함을 살폈다.
　내용인 즉 일연스님이 열반한지 육칠년이 지난 때였다. 인각장로가 보경사 주지 통오진정대선사 산립을 찾아 지금까지 왕명에 의한 정조탑이 세워지고 향사를 받들게 하는 식종의 예가 모두 끝났다는 말을 시작으로 한 부탁이었다.
　일연스님이 닦아온 길을 비의 음면에 열거하여 후세에 알리고자함인데 이 일은 오직 산립만이 할 수 있다는 청을 기꺼이 받아들였다.
　비문 일부다.
　'일연스님은 깨달음의 수행실천이 고매하였다. 국존의 행장을 살펴보니 그가 임종할 때 대중을 모아 놓고 유언을 남기고 눈을 감았다. 황망 중에 기도 다 떨어져 탑 세울 자리조차 물어보지 못한 후회막급을 제자들은 탄식했다.
　이때 해탈과 열반의 경지라 하는 적정에서 조용히 깨어난 일연스님은 대중을 돌아보고 말했다. "여기서 동남쪽으로 2킬로미터 쯤 지나 지형의 기복이 청룡과 백호가 제대로 짜인 곳이 있다. 마치 오래된 무덤과 같기도 한 명당이니 탑세우기에 적합하다." 하고는 다시 처음과 같이 눈감았다.
　옛날 광복 선이라는 스님이 있었는데 입적하여 갖는 다비에서 영구를 화장 섶나무에 싸여 불을 붙이려는 순간 곽을 뚫고 일어나 "남겨 둔 쌀과 돈을 어려운 사람들에게 나누어 주도록 하라" 당부하였다. 이 같은 신비와 불가사의를 어찌 의문만이라 하겠는가?

다비를 마치고 장차 입탑하려는 때, 마침 인공이 운흥사 암자에 있을 적에 꿈에 일연스님이 찾아옴을 보고 맞아들여 묻기를. "다비를 하려는 순간 다시 일어났으니, 이는 무슨 도리입니까?" 일연이 대답하되, "죽지 아니한 이치이니라." 또 묻되 "그렇다면 불이 능히 태우지 못하는 것입니까?" 대답하되, "그러하느니라." 또 묻되, "그러시다면 명일에 탑을 세우는데, 스님께서 다시 들어가시렵니까?" "다시 들어갈 것이니라." "그러시다면 탑이 문득 스님을 죽였다, 살렸다 하는 것입니까?" 이에 대한 대답은 너무 많아서 기록하지 않는다. 또 묻기를 "그렇다면 꿈과 생시가 같은 동열인 것입니까?" 대답하되 "같은 것이라." 하였다.

운흥사 인공이 꿈에서 깨어나, 이상히 여겨 말하기를 "다비한 다음 다시 탑을 세움에 곧 탑 속으로 들어간 것이 마치 청풍이 마음 내키는 대로 슬슬 거닐며 돌아다니고, 백운이 출몰하는 것과 같으니, 그 어찌 덕 높은 사람의 경지가 아니겠는가?" 하고, 곧 찬사를 지어 스님을 공경하였다.

어느 날 꿈에 한 고찰에서 일연이 보배스런 연꽃모양의 자리에 앉았다가 내려와 어디론가 가고 있었다. 산립이 인흥사 선린스님과 뒤를 따랐다. 이때 선린이 산립에게 이르기를 일연스님은 이미 수행을 쌓아 성인이 돼 얻은 진정한 과로써 맨발로 칼을 밟고 지나가도 발바닥이 전혀 상하지 않았다했다.'

한쪽 일연선사 생애관에서 일연의 넋이 흩날려온다. 마침 「일연 삼국유사 문화축제」 서예초대전을 얼마나 진지하게 살피는지 늘어진 행렬의 끝은 좀체 줄어들 줄 모른다.

2006년에 조성됐다는 보각국사비 재현탑을 찬찬히 둘러보고 인각사와 가까이 한 일연공원에 닿는다. 잠시 후면 삼국유사 문화의 밤 행사가 걸쭉하다한다. 올해 열두 번째 맞는 삼국유사문화제가 좀 전 인각사 생애관에서도 봤듯 이곳 또한 후끈한 열기다. 올해는 경주에서 개최된 제78차 국제펜대회참가 작가를 초청해 함께 뮤지컬을 관람하고 일연선사 열반 723주기 다례제가 묶여져 열리는 예사의 풍성함이 아니다.

군위에는 일제 당시 화본역을 그대로 보존하여 역사의식을 심는데 앞섰으며 이 화본역을 일대로 '살아있는 추억박물관 화본마을 이야기'를 구워내고 있다. 여기에 갖가지 형태로 군위 특유의 볼거리와 먹거리 일색으로 관광벨트화 한, 인구 2만여 명을 조금 넘는 군위 사람들의 한없는 인정을 이 글에 담지 않을 수 없다.

요즘 각박한 세상에 보기 드문 인정미 아닌가? 부산에서 자기 고장을 찾는다 하여 따뜻하게 맞아들이는 군 의원의 환대에 너무나 감격스러웠다.

이 고장 문인들도 나와 부여잡는 손과 손은 오래도록 놓이지 않았다.

언제였는지 버스좌석마다 그들의 순정을 담은 선물꾸러미에 감사한 마음이 더해 미끄러져가는 버스를 보며 흔드는 손은 내려지지 않았다.

삼국유사의 고장 군위를 내세우는 그 혼의 중심에 선 인각사, 부산 연제문인협회와 나눈 숨결 길에 인각사를 포근하게 보듬은 화산의 몸통이 오늘만큼은 분명 꿈틀댔을 것이다.

유|가|사
대구 비슬산

일연스님이 반평생 머물렀던 곳

　군위 인각사에 이어 일연스님이 머물렀다던 비슬산으로 솔솔 이는 가을바람타고 치닫는다. 이곳 비슬산은 예부터 영험한 산으로 알려졌으며 성인 천 명이 난다는 전설이 전해지기도 한다.
　일연스님이 35여년 비슬산에 머물면서 삼국유사를 집필하기 위한 사상적 기반을 일으켰던 곳이며 이어 청도 운문사에 들어 곧장 집필에 들게 했다는 것이다.
　오늘날 비슬산은 옛날엔 소슬산이라 했으며 포산이라고도 했다. 대구 달성군과 경북 청도군의 경계에 우뚝 솟은 명산이다. 해발 1084미터의 장중한 산세에 기암괴석과 울울창창한 수목 속에 있는 유가사와 더불어 소재사, 용연사와 대견사 등 전통사찰을 연계한 관광명소로 널리 알려진지 오래다. 북쪽의 팔공산이 대구의 진산이라면 비슬산은 남쪽에서 대구를 든든하게 받쳐주는 버팀목의 역할에 있다.

산의 모습이 거문고를 닮아서 비슬산이라 했다. 달리 산꼭대기 바위 모습은 마치 신선이 거문고타는 모습과 흡사하다하여 비슬산이라 불렸다고도 한다.

더 짚어야함은 비슬산의 암괴류 분포가 세계를 넘나들 정도의 광활함을 자랑하는 천연기념물435호이다. 비슬산 참꽃과 나란히 달성12경에 든다. 유가사 절 뒤쪽으로 가까이한 참꽃군락지에서 매년 사오월에 펼치는 참꽃문화제는 세상 사람들의 인기를 독차지하는 것으로 유명하다. 비슬산 얼음축제도 마찬가지다.

동화사 말사인 유가사 창건에 있어서 신라 혜공왕 대765~780년로 볼 뿐 확실하지 않다. 그 후 흥덕왕 2년827년에 도성국사가 창건했다는 설이 있으나 이 또한 설일 뿐이다.

이름 유래는 유가사가 있는 지역명이 유가면이기에 그러하리란 견해와 비슬산의 바위형체가 아름다운 구슬과 부처의 형상과 같다하여 한자음의 '아름다운 옥' 유 자와 '절' 가 자를 땄다는 두 설이다.

유가사일주문을 들어서니 올망졸망한 돌탑들이 요소요소에 무성하다.

수많은 사람들의 간절한 소망을 담은 돌탑이라 하겠다. 마치 운주사 천불천탑을 보는듯하다. 저마다의 돌탑에서 띄는 느낌은 모양새나 장중함에서 제각기 다르다. 개중에 용 몸통에 용머리를 자아낸 특이한 하나의 탑을 무어라 형용하기가 쉽지 않다.

유가사 주지 계성스님은 탑의 정의를 인도어 '스투파'에서 온 말로 '탑파'라 번역돼 그로부터 탑이라 불리게 됐다. 이와 더불어 '백팔돌탑을 세우며' 제목을 단 비를 세워둬 절을 찾는 이에게 읽게끔 했다. 비문 내용은 이렇다.

'절에는 탑이 있다. 법당이나 불상보다 미리 생겨난 것이 탑이며, 탑에는 부처의 사리가 모셔졌기에 중생들은 탑돌이를 하면서 소원을 빌고 원을 성취해 왔다. 이처럼 우리 민족은 마을 어귀 성황당 돌탑에 하나하나의 돌을 얹어두고 소원을 빌었다. 여기 유가사에 백팔돌탑을 세운 건 세세생생 이런 전통문화를 계승하고자 함이다.'

그 곁으로 포은선생의 단심가 비가 이웃하고 있다. 비문 앞에 서니 선죽교가 성큼 했다. 이방원이 포은에게 '하여가'로 포섭하려 했으나 포은 정몽주는 그 즉석에서 '단심가'로 응수하면서 무너져가는 고려를 끝까지 지키려 했었다. 이방원은 자기 뜻대로 되지 않음을 직시하고 조영규에게 시켜 선죽교를 지나던 포은선생을 죽이게 한 구슬픈 역사에 후손의 한 사람으로 솟구침이 인다.

비슬산 유가사 계곡에 흘러내리는 폭포수가 절정인데다 절을 에워싼 노송이 풍기는 그윽함에서 탄성이 저절로 나온다. 과연 이름의 유래에서 살폈던 유가사임을 더욱 실감케 한다.

으레 경건한 마음가짐으로 이저리 절간에 발을 옮겨 딛는다.

대웅전 법당의 석가모니불상과 문수보살상과 보현보살상은 금칠이 돼 특이한 옥재질로 만들어졌는지를 미처 몰랐다는 절의 소담이다. 하긴 그럴 수도 있겠구나하는 수긍으로 머리가 끄덕여진다. 유가사의 아픔은 많다. 영산회상도와 지장탱화, 괘불을 그리고 여덟 점의 나한도를 도난당한 아픔이다.

그 후 1996년에 영산회상도, 칠성탱화, 신중탱화를 새로 제작하여 봉안하였다하나 아픔의 치유는 완전하지 않다하겠다.

절의 홈페이지에 소개된 도난당한 괘불이야기를 간추려 본다. '개불 이야기'로 전해지는데 한 노인은 오랜 가뭄의 방편으로 불상을 재단에 모셔놓고 기우제를 지내자는 것이었다. 이 제의에 코웃음만 보이던 마을의 젊은이들이 극심해지는 가뭄과 민심마저 흉흉해지는 그제야 노인을 찾아 '개불'을 모셔서 기우제를 지내자고 야단들이었다.

일부 마을사람들이 정성을 다한 며칠간의 기도에 빗방울이 내렸으나 해갈에 미치지 않았다. 뜻밖의 빗방울에 모두 나온 마을사람들의 불심과 정성이 더해진 기도에 하늘이 뚫린 듯 큰 빗줄기가 내렸다.

깊은 산속 짐승들이 마을에 나타나 가축을 잡아먹고 사람들을 해칠 때도 괘불을 대웅전에 걸고 스님과 주민이 함께 빈 이후로 짐승들이 나타나지 않았다. 이런 소문이 번져나간 어느 날 이 괘불을 도난당하였다는 것이다.

비슬산의 불교성지 유가사

쉼터 공간으로 널찍한 시방루에서 풍기는 여유만만은 유가사를 한껏 드러내보였다. 2층 법당엔 개개인 이름을 넣어 소망하는 부처 2천여 원불이 있다.

유가사의 역사에서 사찰이 한창 번성했을 무렵 99개의 암자와 3천 명의 승려가 머물렀다고 소개하고 있다. 일연스님도 이곳에서 기거했었다고 덧붙였다. 여기에서 99개의 암자는 역사에서 사라진 보당암을 비롯해 비슬산에 산재했던 모두의 암자를 말하는 것 아닌지 내 나름의 생각이다.

유가사에 '시가 있는 등산로 일연문학공원'을 두고 있다. 비슬산 온 산천에 일연의 향기가 유난하다.

유가사에 딸린 비구니의 도량 수도암과 도성암이 있다. 비슬산 중턱에 위치한 도성암은 영남지역에서 가장 유서 깊은 선원이라고 알려지는데 삼국유사에 담고 있음은 이렇다.

신라 때 두 성사가 포산에 살았다. 관기는 남쪽고개에 지은 암자에서 살았고 도성은 북쪽 굴에 살아 그 거리가 10리2.5킬로미터 정도. 이들은 구름을 헤치고 달을 노래하며 매일 오갔는데 산속의 수목이 남쪽을 향해 구부러지면 도성이, 그리고 나무가 북쪽으로 구부러지면 관기가 온다는 징후를 자연이 미리 알렸다는 것이었다.

늘 그렇듯 도성이 살고 있는 뒷산 높은 바위에 조용히 앉은 어느 날 바위틈에서 몸이 솟구쳐 나와 공중으로 날아간 그곳을 알지 못했다. 어떤 이는 지금의 대구 수성구옛수성군에 닿아 죽었다하며 관기도 그 뒤를 따라 죽었다. 달성 비슬산에 있는 도성암品바위암은 높이가 두어 길이나 되는데 후세 사람들이 그 굴 아래에 절을 세웠다. 지금의 도성암 뒤 거대한 바위가 바로 이 바위라 하겠다.

이 글 맨 앞의 비슬산을 언급하면서 성인 천 명이 난다는 전설에 대해 역시 산신령 정성천왕으로 이어지고 있다. 982년 승려 성범이 처음으로 이 절에 와 50여 년 도를 닦았다. 특이한 여러 조짐 가운데 현풍의 신도 20여 명이 해마다 정성스레 절에 바친 향나무에서 밤이 되면 촛불처럼 빛을 발했다. 이는 두 성사의 영감이 여기에 나타난 것인데 산신령이 도운 것이라 한다.

일찍이 가섭불 시대에 부처님의 부탁으로 맹세한 말은 이랬다. "산속에서 일천 명의 출가를 기다린 후 남은 업보를 받겠습니다."

이어지는 삼국유사에서 지금 산중에는 자세하지 않지만 관기, 도성, 성범 등 아홉 성인의 행적에 대한 기록이 있다고 적고 있다. 관기와 도성 두 성인은 오랫동안 바위사이에 숨어 지내며 나뭇잎을 엮어 옷으로 삼는가하면 인간 세상과는 가까이하지 않았다. 일연은 잇는 글에서 옛날 숨어 산 신승들의 운치가 예사로움이 아니었으나 그대로 본받기가 어렵다하였고 내가 일찍이 포산에 살 때, 두 승려가 남긴 아름다운 덕을 기록한 것이 있기에 여기에 함께 싣는다했다.

'자색 띠풀과 거친 수수로 배를 채우고,/ 입은 옷은 나뭇잎이지 베가 아니더라./ ~중략~ 구름은 무심코 떠가는데 두 암자의 터에는/ 산사슴만 제멋대로 뛰놀고 인적은 드물다.

임란 때 승병의 훈련장이기도 했던 유가사 아니던가? 이 장엄함도 모른 왜적이 천왕문에 들어서기가 무섭게 신비한 힘을 지닌 승려들로 하여금 적들의 무기를 젓가락 꺾듯 무기력이 뭣인지를 보여줬다. 바로 승병들을 단련했던 유가술에 밀려 왜적은 줄행랑을 쳤던 것이다.

그럼에도 그들의 끈질긴 복수극에 잿더미가 된 수난을 겪어야만 했던 유가사였다. 승병을 이끌었던 영규대사와 사명대사의 부도가 유가사 뒤편에 남아 있음으로써 다시 오늘의 새 면모를 차곡차곡 다지게 하고 있다.

"눈 덮인 광야를 걸어갈 때는 이리저리 함부로 걷지 말라/ 오늘 내가 남긴 발자국은 반드시 뒷사람의 길이 되리니," 절간 은은한 풍경소리와 맞물려 들려오는 서산대사의 선시 한 구절이 가을을 짙게 물들이고 있다.

월|정|사 · 상|원|사 · 중|대|사|자|암
오대산

오대산은 온통 문수성지

　불교의 성지로 손꼽는 강원도 오대산관문에 다다르자 먼 곳이지만 다들 오기를 잘했다고 다투듯 한마디씩 거든다. 평창군 월정사를 비롯해 상원사와 중대 사자암을 품은 오대산을 먼저 살핀다.
　지금의 1급 공무원격인 조선시대 정3품 통정대부 김휘진이 월정사 중건사적비문에 적은 오대산 표현 글을 글머리에 올린다.
　'나라 안에 이름난 산과 우뚝한 산이 많다. 그 가운데 바닷가 동쪽 오대산이 강릉 서쪽 100리에 있다. 멀리 구불구불한 산맥이 광대하게 펼쳐져 면류관을 쓴 듯하다. 금강산과 더불어 서로 앞서거니 뒤서거니 할 정도로 불가에서 치켜들고 있다.'
　세간에서 오대산을 일컫기를 백두대간 중심축이라 말함은 날카롭고 기암으로 이루어진 설악산과 달리 크고 깊으면서도 화려하거나 날카롭지 않기 때문이다.

더욱 장쾌하면서도 듬직한 흙의 산, 오대산은 자신을 내세우지 않으면서 찾는 그 누구에게나 따뜻하게 보듬어주는 어머니의 산과도 같은 그 비유는 가는 눈길마디마다 묻어났다.

오대산지구와 소금강지구, 계방산지구로 나뉘는 오대산은 양상이 조금씩 다르다고 평소 듣는 바다. 오대산 주봉인 비로봉 정상 동대너머 청학산 쪽의 소금강지구는 바위산으로서 금강산에 견줄만한 절경이며 평창 쪽으로 내려가는 오대산지구와 계방산지구는 산세가 수려하고 대부분의 산봉우리가 평평하거니와 봉우리를 잇는 능선마저 완만한 경사를 이루고 있다한다.

무려 32산봉우리와 31계곡, 12폭포를 품은 오대산은 수백종류의 희귀식물을 지닌 자연림을 자랑하는데다 그에 버금한 동물들의 보금자리이기도하다.

가을철인 지금 형형색색의 단풍에 이어 곧 겨울의 설경은 한 폭의 그림과도 같겠다. 다시 온통 꽃동산을 이루는 봄일 때나 울창한 계곡과 숲에서 시원함을 발산해내는 여름을 생각만 해도 사람들의 가슴이 벅차다.

맑고 시리게 흐르는 물에서 노니는 천연기념물 열목어를 그려보는 순간이기도 하다.

오대 봉우리마다 저마다 세상 사람들의 발길을 끊이지 않게 하는 독특한 샘물이 있다. 곧 동대 관음암 청계수, 서대 염불암 우통수, 남대 지장암 총명수, 북대 미륵암 감로수에 중대 사자암 옥계수가 그것이다. 포항 기림사에 나오는 다섯 유형의 오종수를 떠올리게 한다.

오대산 호명골, 중대골, 서대골, 신성골, 동피골, 조계골 등의 여러 계곡물이 하나 된 오대천은 동대천과 만나 정선을 지나 남한강으로 흘러든다.

　서대 우통수는 염불암 사립문에서 불과 10여 미터 앞이다. 먼 옛날 찻물과 탕약을 끓이는데 최고로 쳤던 한국 3대 명수의 하나다.
　1987년 국립정보지리원에 의해 강원도 태백산 금대봉골에 있는 검룡소가 한강의 발원지라고 공식 인정했다. 인공위성이 찍은 사진을 토대로 측정한 거리와 답사에서 검룡소의 물 흐름이 우통수보다 32킬로미터나 더 길었다는 사실 확인에서다. 이전까지 만도 한강의 발원지는 우통수였다.
　염불암은 그 옛적 수정암이라 했다. 지붕에 돌덩이를 얹어 집 공간을 이어가는 이를 두고 암자라 하기에는 너무나 초라하다는데 지금은 몇 스님만이 머물고 있다.
　저만치 월정사 일주문이 눈에 든다. 너무나도 잘 알려진 월정사 전나무숲길도 맞닥뜨리게 된다. 그러나 상원사를 거쳐 중대 사자암에 올랐다가 내려오는 길에 들리게 된 일정이기에 전나무숲길에 거는 기대감을 잠시 접어둔다.
　이곳 오대산 구석구석이 지혜의 상징 문수보살성지임을 앞서 고성 문수암에서 잠깐 살폈었다.
　오대산이 명명되기를 남대 북대 동대 서대 중대를 두고 또는 주봉인 비로봉을 비롯해 호령봉 상왕봉 두로봉 노인봉을 통튼 것이라고도 한다.
　이보다 "그대의 나라 동북쪽 경계에 오대산이 있는데 1만의 문수보살이 언제나 그곳에 머물러 있으니 가서 뵙도록 하시오" 삼국유사에 나오듯 중국 오대산을 그대로 옮겨 놓은 데서 명명됐다함이 옳다.
　월정사 홈페이지에서 중국의 불교성지 4대 명산의 하나인 오대산

신앙과 한국의 오대산 신앙을 무엇보다 문수성지로 대칭하고 있음에서도 이를 뒷받침한다. 중국 오대산의 오대는 동대의 망해봉, 남대의 천수봉, 서대의 괘일봉, 북대의 두봉에다 중대의 취암봉이다.

이어지는 오대산의 5만 진신과 심국유사에 나오는 이야기를 골고루 불러온다.

'자장법사가 643년 중국에서 오대산으로 와 진신을 보려고 띠로 엮은 움막을 짓고 살았다. 이것이 오늘의 월정사다. 그 뒤 신효거사가 이었고 신라 때 구산선문 사굴산파의 개산조였던 범일의 제자 신의가 와서 살면서 암자를 지었다. 또 유연이 뒤이어 살면서 점점 큰 절이 되었다. 한때 신의가 죽은 뒤 오랫동안 버려졌던 암자를 유연이 일으켜 세웠다.'

여기 신효거사가 어머니를 극진히 모셨던 얘기도 이 대목에서 이어진다. 얘긴즉 '어머니가 고기 아니면 밥을 먹지 않았기에 거사는 산과 들을 찾아다니다 길에서 학 다섯 마리를 보고 화살을 날렸다.

그 가운데 한 마리가 깃털을 떨어뜨리고 날아갔다. 거사가 주운 학 깃털로 눈을 가렸더니 사람들이 모두 짐승으로 보였다. 세상을 돌이켜 자신의 허벅지 살을 잘라 어머니에게 드린 그 후 출가를 하게 되고 자기가 살던 집 자리에 절을 지었다.

그러고서 깃털로 가린 눈에서 대부분 사람으로 보였다는 것이다. 길에서 나이 많은 아낙을 만나 물은 대답에서 "서쪽 고개를 넘으면 북쪽으로 향한 고개가 있는데 그 곳이 살 만합니다." 그러고는 사라졌다. 거사는 이것이 관음보살의 가르침이라 깨닫고 자장법사가 처음 지은 띠 집으로 들어가 살았다.

갑자기 다섯 승려가 나타나 말했다.

"당신이 가지고 온 가사 한 폭은 어디 있습니까?"

거사가 어떤 말을 해야 할지 몰라 하자 승려가 말했다.

"당신이 주워 사람들을 본 깃털이 바로 그 가사입니다."

거사가 깃털을 꺼내 바쳤다. 승려가 그것을 떨어진 가사 폭에 갖다 대니 그 사이가 꼭 들어맞았는데 깃털이 아닌 베였다. 거사는 다섯 승려와 헤어진 뒤에야 그들이 다섯 성중의 화신임을 알았다.'

절의 다섯 성중과 구층 석탑은 모두 성자의 자취라고 삼국유사 '오대산 월정사의 다섯 성중' 편에 있다.

'자장법사가 신라로 돌아온 이후 때였다. 정신대왕의 태자 보천과 효명 두 형제는 각기 1천명의 무리를 이끌고 지금의 강릉에 당도하여 며칠 머물다 그 무리를 이탈하여 오대산으로 숨어들었다.

두 태자가 산 속에 이르자 느닷없이 푸른색 연꽃이 땅을 뚫고 올라온 곳에 형이 풀로 암자를 얽어매고 보천암이라 이름 짓고 살았다. 여기에서 동북방향 6백여 걸음 가량 되는 북쪽 대 기슭에도 푸른색 연꽃이 피었기에 동생 또한 암자를 얽어매고 부지런히 업을 닦았다.

하루는 형제가 함께 다섯 봉우리에 예불하기 위해 올랐는데 동쪽 대인 만월형태의 산에 1만의 관음진신, 남쪽 대인 기린산에 8대보살을 우두머리로 한 1만의 지장보살이 서쪽 대인 장령산에 무량수여래를 우두머리로 1만의 대세지보살이 나타났다. 또 북쪽 대인 상왕산에 석가여래를 우두머리로 한 500의 대아라한과 중앙 대인 풍로산이라고도 하는 지로산에 비로자나불을 우두머리로 1만의 문수보살이 나타났다. 두 형제는 5만의 진신에게 하나하나 경배했다.'

이처럼 동대는 관음지신, 남대는 지장보살, 서대는 대세지보살, 북대는 대아라한이며 가운데인 중대는 문수보살이라 하여 다섯 성중이라 했다.
　또 동대는 푸른색, 남대는 붉은색, 서대는 흰색, 북대는 검은색 그리고 중앙대는 노란색으로 오색이라 하였음은 두 태자가 처음 산 속에 이를 때 땅을 뚫고 올라온 연꽃의 푸른색과 그리고 경주까지 뻗쳤다는 오색구름광채와 오묘함이 있는 듯하다.
　'매일 새벽이면 문수대성이 진여원에 이르러 서른여섯 형상으로 변하여 나타났다.
　그 아침마다 골짝의 물로 차를 끓여 1만 문수보살에게 공양을 올렸다. 이즈음 정신왕의 동생이 신라의 왕위를 다투다 죽임을 당했다. 나라에서 보내온 네 장군이 오대산 효명태자 앞에서 외친 만세에 오대산에서 신라까지 뻗친 오색구름광채가 일주일 동안이나 주야장천 뿜어났다.
　이에 나라사람들이 두 태자를 모시고 돌아가려 했으나 형은 끝내 가질 않겠다하여 효명태자만이 귀국하여 왕위에 올랐다.'
　형이 함께 가지 않았던 것은 동생이 왕권을 갖게 함이란 생각이 인다.
　'형 보천태자는 늘 골짝의 신령스러운 물을 마셨으므로 육신이 허공으로 떠 유사강에 이르러 울진대국의 장천굴로 들어가 종일 수구다라니경전 외우기에 정진했다. 이에 장천굴의 신이 나타나 "내가 이 굴 신이 된지 2천년이 지났건만 오늘에야 비로소 수구다라니경의 진리를 들었습니다. 청컨대 보살의 계를 받고자 합니다." 했다.
　신이 보천에게서 불교수행의 덕목으로 삼는 행동규범인 계를 받은 다음 날에 굴의 형체가 없어졌다. 보천이 하도 놀랍고 이상하게 생각하며 머문 지 20일 만에 오대산 신성굴로 돌아와 5십년 동안 수도했다.
　이때 불교의 우주관 즉, 상상의 수미산 꼭대기에 있는 '도리천의 신이 하루 세 번 보천에게 와서 설법을 듣는가하면 성인이 사는 다섯 천국의 무리들이 차를 끓여 바치기도 했다. 또 마흔 명이나 되는 성인이 언제나 열 자 높이의 공중을 날면서 주위를 호위했다. 보천이 지닌 지팡이는 하루 세 번씩 소리를 내며 방을 세 바퀴씩 돌아다녔으므로 이를 쇠북과 경쇠소리로 여겨 이에 맞춰 설법했다.

문수가 가끔 보천의 이마에 물을 붓고는 곧 부처가 제자에게 미래에 성불할 것이란 뜻의 성도기별을 주기도 했다.'

이 부문에서 일연스님은 신라 정신왕과 보천, 효명 세 부자에 대한 기록이 명확하지 않다고 언급했다. 여러 사관에서 볼 때 정신왕은 신문왕의 와전인 듯하며 효명은 효조 또는 소의 잘못인 듯, 그리고 효명이 왕위에 오른 것만 이 기록에 있을 뿐 터를 닦아 절 지었다는 자세함은 없다. 하지만 일연은 성덕왕이 제위 기간 중 절을 세웠다고 했다.

따라서 삼국유사의 이 야사를 정리하면 효명이 곧 성덕왕임은 알 수 있다. 효명태자만이 오대산에서 신라 경주로 돌아가 왕위에 오른 해가 702년이다.

즉위 4년째 되는 705년 3월 초 나흘에 진여원을 고쳐 세웠다는 기록은 성덕왕이 모든 신하들을 거느리고 불전과 불당을 짓고 오랫동안의 공양비용으로 곡식과 맑은 기름을 바칠 것을 규칙으로 정했다는 것과 결부된다.

이는 효천이 머문 초라한 절을 동생 성덕왕의 도움으로 진여원을 일으켜 세웠음이다.

어찌 보면 성덕왕의 불심도 깊었지만 형의 배려로 왕위에 오른 보은이라 할 수도 있다. 반면 705년 터를 닦아 절을 지었다는 내용은 앞뒤와 맞지 않다고 봐야겠다.

    진여원은 지금의 상원사다. 매 새벽마다 문수대성이 서른여섯 형상으로 상원사에 나타났다는 삼국유사의 기록이 길지만은 너무나 기이하기에 원문 그대로 인용한다.

    그러기를 '어떤 때는 부처의 얼굴 모양으로, 어떤 때는 보배구슬 모양으로, 어떤 때는 부처의 눈 모양으로, 어떤 때는 부처의 손 모양으로, 어떤 때는 보탑 모양으로, 어떤 때는 만 가지 부처 머리 모양으로, 어떤 때는 만 가지 등 모양으로, 어떤 때는 금 다리 모양으로, 어떤 때는 금 북 모양으로, 어떤 때는 금 종 모양으로, 어떤 때는 신통 모양으로, 어떤 때는 금 누각 모양으로, 어떤 때는 금 바퀴 모양으로, 어떤 때는 금강으로 된 방앗공이 모양으로, 어떤 때는 금 항아리 모양으로, 어떤 때는 금비녀 모양으로, 어떤 때는 다섯 색이 밝게 빛나는 모양으로, 어떤 때는 다섯 색이 둥글게 빛나는 모양으로, 어떤 때는 길상초 모양으로, 어떤 때는 푸른 연꽃 모양으로, 어떤 때는 절 모양으로, 어떤 때는 불각 도량 모양으로, 어떤 때는 부처의 발 모양으로, 어떤 때는 번개 모양으로, 어떤 때는 석가가 솟아 나오는 모양으로, 어떤 때는 땅 귀신이 솟아 나오는 모양으로, 어떤 때는 금봉황 모양으로, 어떤 때는 금 까마귀 모양으로, 어떤 때는 말이 사자를 낳는 모양으로, 어떤 때는 닭이 봉황을 낳는 모양으로, 어떤 때는 푸른 용 모양으로, 어떤 때는 흰 코끼리 모양으로, 어떤 때는 까치 모양으로, 어떤 때는 소가 낳은 사자 모양으로, 어떤 때는 노는 돼지 모양으로, 어떤 때는 푸른 뱀 모양으로 나타났다' 는 삼라만상을 다 다루고 있음이다.

우리나라 최고의 종 보유한 상원사

여기 오대천을 낀 비포장 산길을 따라 고공행진을 하듯 이리고불 저리고불 오르는 버스가 처연하기까지 하다. 하지만 무르익은 가을 단풍이 버스머리가 바뀌는 방향마다 또 다른 오색찬란함을 보여주는 데서 버스 안 함성이 유리창을 꿰뚫고 산천을 울리고 남을 정도다. 달리 섬뜩한 하나는 길섶의 푯말, 뱀 그림이 드문드문 눈에 띠면서다. 깊은 계곡을 오르고 있다는 실감이 절로 밀려들었다.

상원사를 거개 오르자 울창하게 솟은 아름드리 적송이 눈에 든다. 개울가를 끼고 있는 이곳에서 세조가 의관을 풀고 목욕했다하여 '갓걸이' 혹은 '관대걸이'라 불리는 이 돌의 설화 하나가 이렇다.

조카였던 단종을 비롯하여 많은 사람들을 죽음으로 몰았던 세조가 벌을 받아 종기를 앓았다는 그때부터 시작되는 얘기다. '세조가 영험한 기도터로 알려진 월정사를 찾고 나서 상원암으로 향하는 길이었다.

종기 범벅인 몸을 겉으로 드러내기 싫었던 세조였지만 무더운 날씨에 흠뻑 젖은 땀을 말끔하게 씻고 부처님 성전에 서야겠다함에서 주위를 물리치고 계곡물에 스르르 몸을 담궜다.

놀랍게도 마침 동자승이 나타났다. 세조는 그에게 몸을 보인 터라 등을 밀라하며 단단히 일렀다.

"너, 어디서든 임금의 옥체를 씻었다고 말하지 말라."

그러자 "대왕도 어디 가서 문수보살이 등을 밀어주었다고 말하지 마시오." 이렇게 응수한 동자는 잠깐 사이에 사라졌다. 왕은 놀라 주위를 살피다가 자신의 흉물스런 몸의 종기가 씻은 듯 다 나았음을 크게 감격한 왕은 궁으로 돌아오자마자 화공을 불러 자신이 본 문수동자상을 그리게 하였다.

모두가 그리지 못했는데 나중에 나타난 노승이 동자상을 그려냈다. 이 노승 역시 문수보살이었다. 세조는 상원사에 행차함으로써 연달아 두 번이나 문수보살을 친견한 셈이다.

이렇게 그린 동자상을 상원사에 봉안토록 하면서부터 세조는 지극한 불심에 젖어 부처께 귀의하게 된다.

이 그림은 오늘날 상원사에 남아있지 않고 목조 문수동자상이 있다한다. 문수동자상 몸체에서 세조의 딸 의숙공주의 발원문을 비롯하여 많은 복장물이 쏟아져 나왔으니 이 이야기를 감응설화로만 여길 수 없다.

월정사 홈페이지에서 읽음이다. '문수동자상을 옛날 상원사 화재 때에도 선객들이 불길로부터 구해내는 데 온 힘을 쏟았다. 문수동자상은 나무로 만들어진 불상으로, 관을 씌우지 않은 머리양쪽을 묶어 올리고 자연스럽게 내려 이마를 가린 앞머리며 양면이 도톰한 얼굴이 천진해 보인다.

이목구비는 온화하고 적당히 가는 목에는 삼도가 보인다. 가슴에는 목걸이를 걸치고 오른편 가슴 쪽으로 치우쳐 드러난 통견의 천의를 걸쳤다. 가슴 밑으로 띠를 맸는데 옷 주름이 선명하다. 손모양은 오른손을 들어 엄지와 중지를 맞대고 왼손을 내려서 엄지와 약지를 맞댈 듯 아미타구품인을 하고 있다. 다리 왼쪽은 안으로 접고 오른쪽은 밖으로 둔 반가부좌를 하였다.'

상원사 문수동자상은 불상으로서는 우리나라에서 유일하다는데 주목된다.

'아미타구품인'은 극락에 왕생하는 중생들의 성품은 모두 다르다는 데서 비롯됐다. 때문에 아미타부처가 그에 걸 맞는 설법을 위해 중생들을 상·중·하 세 분류하여 이를 3등급으로 나누고 다시 3등급으로 세분하는 즉 상품상생, 상품중생, 상품하생 그리고 중품~에서 셋, 하품~에서 셋 이런 식의 아홉 나눔을 구품이라 한다.

아미타도량 영주 부석사를 오르는 계단이 구품으로 이뤄졌음을 이미 살폈었다.

세조는 본래 불교신심이 두터웠음을 역사에서 보아왔다.

왕위에 오르자 이전까지의 배불정책에서 벗어나 부처나 불교를 높이 우러르는 정책을 썼다. 일찍이 석가를 공자에게 견주기를 그 가르침이 하늘과 땅과 같다한 세조였으니 이 짐작만으로도 꿰뚫어 보인다.

즉위 3년인 1457년 왕세자의 명복을 위해 왕이 「금강반야경」을 직접 엮었으며 「능엄경」, 「법화경」 경전을 간행했다. 그로부터 2년 후 「월인천강지곡」과 「석보상절」을 합본한 「월인석보」 간행은 앞서 기림사에서 읽혔다. 이외, 불교음악 「영산회상곡」과 불교가무극인 「연화대무」를 지었는가 하면 1461년 간경도감을 설치하여 불교경전을 훈민정음으로 번역하여 간행케 했다.

1465년에는 현 탑골공원에 원각사를 창건하는 등 불사를 크게 일으켰다.

여기에 세조는 평소에 신미대사를 경애했으며 왕위에 오르고부터는 신미를 불교의 중흥을 주관하게 하였으며 혜각존자 시호를 내렸다.

이렇듯 신미와의 친교가 두터웠던 세조였기에 상원사에 쏟았던 애착의 큰 덩어리들이 뚜렷하다. 신미가 1464년 상원사로 왔던 그해 세조에게 올린 상원사 중창 건의문을 받아들였다. 이로써 경상감사에게 명하여 쌀 5백석을 강릉부로 가져오게 하였고 비단 1천 필을 충당하여 상원사를 중창하게 했던 것이다.

신미의 이 같음은 임금의 만수무강을 빌고자 상원사를 새롭게 단장하면서 지은 글과 이 사실을 들은 세조가 쌀, 무명, 베와 철 등을 보내면서 쓴 글이 하나 된 바로 중창권선문국보292호이다.

세조의 딸이 상원사에 문수동자상을 봉안한 때가 1466년이다. 상원사 문수동자를 친견하고 종기가 나은 세조가 문수동자상 그림을 그려서 상원사로 보낸 때가 이 이전일 테고 세조의 목숨을 살린 고양이 이야기와 고양미 또한 이 이전일 테다.

이후 세조에 의해 1469년 우리나라 최고의 종을 안동에서 상원사로 옮겨짐을 보면 신미가 상원사에 온 때부터 세조가 죽은 1468년까지 다섯 해나 임금과 왕사 간에 무한한 감응이 아로 새겨진 상원사다.

'번뇌가 사라지는 길' 푯말과 마주친 눈길은 상원사 절간으로 이어진다. 세조의 혼이 서린 문수동자상도 그리고 세조의 목숨을 살려낸 고양이 석상도 봐야하는 걸음마저도 바쁘다.

드디어 상원사 본당 문수전 불단 좌우로 목조문수동자상국보221호과 문수보살상이 나란함을 본다. 이미 문수동자상을 짚었듯 문수성지로서의 그 무언가가 법당 안 가득하다. 동자상과 보살상에서 풍기는 자비스러움에서 더욱 그렇다.

목조문수동자상에서 발견된 복장유물보물793호은 월정사성보박물관에 소장돼 있다는데 이 발견으로 하여금 작품이 만들어진 시대와 유래를 고증케 했다. 곧 복장유물에 있던 발원문에서다.

세조 12년1466년 임금의 둘째 딸 의숙공주와 남편 정현조가 임금과 왕실의 안녕을 위해 여러 불·보살을 만들어 여기에 모셨다고 발원문에 담았던 것이다.

불단 오른 쪽 문수보살좌상 또한 중요문화재다. 이 역시 머잖은 때

문수보살좌상·복장유물과 복장전적이 함께 보물로 지정될 것으로 언론에 여러 차례 등장했다.

문수전을 드는 계단 왼쪽 두 고양이 석상이 세조와 인연 깊은 전설의 주인공임을 새겨보는 동안 설화가 통통한다. 얘기의 대강은 세조가 상원사를 찾아 종기치료를 한 이듬해 다시 찾았을 때다.

예불을 위해 법당에 들 때 갑작스레 고양이 한 마리가 나타나 왕의 곤룡포 자락을 물고 늘어져 더 나아가지 못하게 했다.

꺼림칙한 순간을 맞은 세조는 절간을 샅샅이 수색케 했다. 아니나 다를까 불당 밑에 세 명이나 되는 자객이 숨어 있음을 발견하게 돼 화를 입지 않았던 것이다.

곧장 찾아 나섰으나 찾지 못했다는 고양이도 문수보살의 화신이 아닌가 싶다. 고비마다 오대산 문수보살이 세조에게 다가갔음은 예사로움이 아니다.

고양이 덕에 목숨을 구한 세조는 그 은혜에 보답키 위해 상원사 사방 80리20킬로미터의 땅을 일명 고양미라 하여 상원사에 하사했다. 이 말이 변하고 변화를 더해 오늘날 공양미라 하는데 어휘로 보면 그럴싸하다.

상원사 동종국보36호이다. 커다란 종각 안에 두 개의 종이 보인다. 유리 막을 갖춘 왼쪽이 신라 성덕왕 때인 725년에 만들어진 우리나라 최고의 걸작이다. 때문에 문화유산 보존차원에서 일상적으로 사용하는 복제품을 오른 쪽에 하나 더 두고 있다.

다른 절의 종각 혹은 범종각 표현과 달리 현판의 글씨가 '동정각'이다. 이 종은 현존하는 우리나라 종 가운데 가장 오래고 무척 아름다운 것이며 고유한 특색을 모두 갖췄다고 한다.

종 몸체의 아래와 위 끝부분이 안으로 좁혀지는 고풍스런 모습을 띠고 있다. 종소리에 있어서도 유명한 에밀레종에 뒤지지 않는다고 전한다.

안동에서 오대산까지 올라온 상원사 동종은 국립경주박물관에 소장하는 성덕대왕신종국보29호,에밀레종 그리고 임진왜란 때 일본에 의해 노획당한 진주의 연지사 종과 함께 신라 3대 범종으로 꼽힌다.

원래 안동루문에 있었던 상원사 동종이 나라왕의 명에 따라 앞에서 짚었듯 옮겨온 때가 1469년이다.

전해지는 옛 얘기다. 세조가 상원사에 종을 불사하려고 수소문한 끝에 안동루문에 있는 종이 가장 아름다운 소리를 낸다하여 상원사로 옮겨오게 된다.

말 백 필과 500명의 힘을 모은 운구로 소백산 죽령고개에 이르자 종은 요지부동이었다.

지나는 승려가 이르기를 "이 동종이 죽령을 넘으면 다시는 안동 땅을 못 보는 한이 있다. 그 방편으로 동종 유두 하나를 떼 안동루문 아래에 묻고 재를 올리면 될 것이라"하여 그대로 따랐더니 비로소 움직였다는 것이다.

그래서 동종의 유두 하나가 없다 하는데 사람들은 동정각 실물 앞을 유심히 서성이고 있다.

동종 윗부분에 네모꼴의 유곽 네 개가 있고 그 안에 연꽃 모양의 유두가 각 아홉 개씩 하여 모두 서른여섯 개다. 젖꼭지모양과 같다하여 젖 유자를 써서 유두라 한다.

이 동종 앞에 선 나는 무한한 자긍심이 일어난다. 내 고향 안동에 그대로였다면 하는 아쉬움도 함께 교차한다.

다행히 안동에서 동종 복원운동을 전개하여 상원사 동종과 똑 같은 형태로 만든 '안동시민의 종'을 옛 관아 터 안동 웅부공원 안에 세워 2004년 10월 3일 첫 타종을 울렸다. 역사의 안동루문이 어디였었는지 미처 알지 못하고 있음은 나 자신의 부끄럼이기도 하다.

상원사에 임금의 손길이 미친 유구한 역사 속, 한암스님이 남긴 일화는 놀랍다. 6·25전쟁으로 무수한 문화유산이 짓밟히고 화재로 소실되는 1·4후퇴 때였다. 중공군에 의해 남쪽으로 밀리는 열악함에서 우리 국군 한 장교가 몇 부하들과 상원사에 나타나 전시 작전 상 절을 불태워야 한다는 것이었다.

한암스님은 한 발짝도 물러서지 않고 결가부좌하고 "법당을 지킴은 불제자의 도리이니 나도 같이 불사르라" 맞섰다. 장교가 상관의 명령을 어길 수 없다고 항변하고 나서자 스님은 "문짝을 떼어 태우면 연기가 솟아 너의 상관은 상원사가 불탄 줄 알 것이다." 그러므로 너의 임무도 다요. 부처께서도 보존됨이다하여 상원사 문수전은 물론 3점의 국보 동종과 문수동자상, 중창권선문이 불타지 않고 오늘날까지 건재하다.

한암스님의 말에 따라 절을 불 지르지 않았던 그 장교의 신상은 전하고 있지 않으나 그의 현명함은 오랜 세월에도 빛바래지 않고 상원사에 혼백이리다.

한암스님은 27년 동안 요동 않고 상원사를 지켰던 큰스님이다. 법당에 앉아 불 지름을 막아낸 그 석 달 후가 되는 1951년 음력 2월 처소에서 꼿꼿이 앉은 채로 눈을 감았다. 중생에게 무한한 깨침을 던져 주는 대목이다.

하나의 깨침을 더 덧붙인다.

한암스님은 1923년 서울 봉은사 조실로 추대 받았으나 거절했다.

일제에 나라 온통을 유린당하고 불교마저도 친일불교로 전락돼 파계승이 들끓는 이 마당에 "천고에 자취를 감출지언정 춘삼월에 말 잘하는 앵무새는 되지 않겠노라" 그리고는 상원사로 왔다. 훗날 선우휘 소설가가 한암스님의 상원사 이야기를 전해 듣고 월간중앙에 실었던 '상원사' 제목의 단편소설이 쭉 우리에게 있다.

중창권선문은 내려가는 길 월정사 성보박물관에서 본다는 상념으로 중대 사자암으로 오른다.

5대 적멸보궁 중대 사자암

상원사에서 이십여 분 오솔길을 따라 올라가야만 한다. 토실한 다람쥐가 도토리를 먹다말고 친구를 맞는 마냥 쫑긋하며 반겨준다. 일정 간격으로 앉혀놓은 부도탑에서 흘러나오는 염불로 하여금 속세에서 버리지 못한 번뇌를 씻게 하는 오늘이야 말로 참 행복하다.

상원사에 들면서 눈길과 마주쳤던 번뇌가 사라지는 길이 바로 이 길인가 싶다.

금세 중대 사자암에 이르렀다. 꿈이 이루어지는 거울에 비친 내 얼굴이 놀랄 만큼의 일그러짐이었다. 근래 상심이 컸던 때문일 테다.

잠시 머뭇거림을 추슬러 먼저 중대 사자암 5층 비로전에 들어 합장했다. 화엄경의 주불 비로자나불을 봉안한 전각이다.

비로자나부처는 보통사람의 육안으로는 볼 수 없는 광명의 부처임을 살폈고 고정된 빛깔이나 형상이 없는 우주의 본체인 진여실상, 즉 진리 그 자체를 상징함이다.

비로전 벽체 사방 여덟 면에 문수보살을 중심으로 상계 500문수보살상과 하계에 500문수동자상 세계가 펼쳐졌다고 설명 돼 있다. 양각형태로 새긴 삼존불상 후불탱화는 세계 최초의 것이라 한다.

적멸보궁에도 들어 마음 다잡는 기도가 한결 뜨겁기까지 했다.

적멸보궁 법당 마당에서 내려다보이는 저 산천을 보노라니 문제는 모두가 나 자신의 부덕함에서 비롯되는 세상만사라는 결론이 지긋하게 감고 뜨는 눈에 묻어난다. 잠깐일지라도 이래저래 교차하는 만감 가운데 마냥 불심에 젖는다.

이곳의 사리가 어디쯤에 모셔졌는지 정확히 알 수 없다하며 때문에 적멸보궁 뒤에 세워진 마애불탑으로 상징하고 있다.

월정사 중대 사자암은 신라 자장율사가 중국 오대산에서 기도하던 가운데 지혜의 상징인 문수보살을 친견하고 얻은 석가모니 정골사리를 이곳 오대산에 봉안하면서 보배스런 궁전이 됐다. 월정사 산내 암자로 부처의 진신사리를 모신 오대적멸보궁의 하나다.

오대산비로봉에서 흘러내린 산맥들이 주위에 병풍처럼 둘러싸여 그 중심축에 위치한 적멸보궁이다. 아래에 용의 눈 즉 용안수라 불리는 두 개의 샘이라면 옥계수를 비롯한 또 하나의 샘을 두고 하는 말일 테다. 조선시대 암행어사 박문수는 이 일대를 천하의 명당이라 했다는데 과연 그럴만하다. 나는 아예 이곳을 떠나고 싶지 않다는 말을 남긴다.

월정사의 시월은 오대산 문화축전으로 후끈

월정사의 창건을 자장율사가 중국에서 돌아온 그 해 643년임을 절에서 말한다. 반면 국립문화재연구소 금석문자료에서는 월정사중건사적비를 근거로 신라 선덕왕 때인 645년 자장이 창건했다고 기록했다. 이 비문은 통정대부 이휘진이 1752년 6월 지어 글을 부탁한 승려에게 건넸다고 말미에 적었다. 아무튼 상원사의 전신 진여원과 월정사의 창건연대에 대한 고증이 필요하다.

어느덧 월정사구나! 전나무숲길도 저 앞이다! 숨죽였던 함성들이 토해져 나온다. 지난 여름에 내소사전나무숲길을 걷고서 한 철이 막 바뀐 때 또 전나무를 맞닥뜨리는 풍요는 즐기는 그들만이 알 것이다.

일주문과 이어진 전나무숲은 월정사까지 1킬로미터 남짓하게 이어졌다.

쭉쭉 뻗은 전나무 숲을 수령 80년 정도 되는 1800여 그루가 떠받치고 있다. 이 터널을 걷는 중생 내지는 단풍객 모두가 예외 없는 부처님의 가피가 온 몸에 가득해진다.

도심에서 벗어나 보송한 흙길에다 힐링 산책을 맘껏 들이키는 이번 오대산길, 오래오래 간직됐으면 한다.

세조가 동으로 행차할 때면 한결같이 머무르기도 하거니와 공양을 올렸던 곳이 오대산 월정사다. 왕조와 오대산과 불가분의 관계에서다. 이어지는 왕조에서 조선왕실족보인 선첩실록을 소장케 하는 사각을 월정사 근처에 마련하고 월정사가 이 실록을 관리하는 사찰이 됐다. 평상 때에도 나라에서 보살폈거니와 크고 작은 일이 있을 때면 어명에 의한 사신이 오곤 했던 월정사였다.

그러니 절에서는 숙소와 음식준비를 위해 심지어 역마까지도 소홀히 할 수 없는 분주한 나날로 이어졌다는 역사의 자취 월정사에 다다랐다.

'오대산월정사' 현판을 드리운 용금루 밑 네모공간으로 드러내는 팔각구층석탑국보48호의 위용 앞에 나 자신은 숙연해진다. 그 뒤 적광전도 성큼한다.

월정사중건사적비문 해석문이다.

'절 마당의 팔면 구층석탑 그 안에 우파사다 존자의 사리를 안치하였는데 새들이 감히 그 위에 집을 짓거나 앉지 않아 지금까지 기이한 일로 징험되고 있다.' 이 구절의 지금이란 비문을 지은 1752년이다.

탑을 향해 마주보는 석조보살좌상보물139호에서 묻어나는 부드러운 미소에 나도 웃음 짓는다. 곧 국보문화재로 승격될 것이라 한다.

오늘날 월정사의 주 전각은 적광전이다. 외부 18기둥에서 16개는 오대산 소나무고 내부 10기둥은 오대산 전나무로 세워졌다고 한다. 6·25때 우리 군에 의해 불탔다는 걸 보면 상원사를 불태우려던 그 작전에서 벗어날 수 없었던 모양이다.

1964년 만화스님에 의해 다시 절을 일으켜 세우면서 석굴암의 불상 형태 그대로 따른 석가모니부처를 봉안하였다는 절의 안내다. 물론 주 전각을 대웅전이라 했다.

그 이후 적광전 주불은 대개 비로자나부처를 봉안하는 통례를 깨고 석가모니불을 그대로 둔 채 대웅전 현판만을 적광전으로 바꿔 달았다. 이유인즉 오대산이 화엄도량이자 문수도량이고 한암 탄허 대종사가 주석하면서 불교최고경전인 화엄사상을 널리 펼쳤기 때문이다. 이런 역사적 인연을 바탕으로 화엄경의 교주인 비로자나불을 함께 모신다는 상징적인 의미에서 적광전이라 하였다는 것이다.

비문 즉 1752년 기록에서 팔각 구층석탑을 마주하는 전각이 칠불보전이었음을 보면 바로 지금의 적광전이고 그 이전 대웅전이었다는 변천사를 알 수 있다.

　이 전각은 1744년에도 화재로 소실 돼 근 팔구년 만에 중건하였다고 함께 적었다.

　여기서 '석굴암의 불상 형태 그대로 따른 석가모니부처를 봉안하였다.' 표현에 대해 석굴암의 본존불상이 석가모니부처인지 아미타부처인지 금세에 이르도록 밝혀지지 않고 있다는 것을 덧붙여 둔다.

　성보박물관이다. 수많은 유물 가운데 상원사의 중창권선문과 목조문수동자좌상에서 나온 복장유물을 세심하게 살핀다. 월정사 팔각구층석탑 사리장엄구보물1375호도 돋보인다.

　매 시월이면 1500년 역사가 살아 숨 쉬는 오대산문화축전이 월정사에서 후끈하다.

　성보박물관에 모셔둔 석가모니부처의 사리를 친견하는 이 문화축제는 대표적으로 '스토리성' 산사음악회를 축전기간 안에 여러 번 반복하는 게 특색이다.

　특히 폐막공연을 장식하는 음악회는 오대산 깊은 산 속의 나무들이 너울춤을 추고 산새와 다람쥐, 토끼 등 온갖 생명체가 나서 반주를 맞추고 흥을 한껏 돋운다면 과장이라 하겠으나 그렇지 않다.

　오대산 월정사 산내 암자가 남대 지장암과 동대 관음암, 서대 염불암과 북대 미륵암이 더 있다. 언젠가는 이곳에도 발길 닿을 것이라는 구층석탑 앞에 다시 서서 합장의 묵언으로 대신해 둔다.

　철철이 아름다운 오대산 사계를 그때마다 그려내지 않는다 해도 월정사 사방에 드리운 가을단풍에 내 취했다면 이 글을 읽는 독자께서는 충분한 상상에서 오대산에 다가설 것으로 믿는다. 전나무숲길 따라 벗어나는 걸음에 뉘엿뉘엿 또 하루가 다 간다.

향|일|암
여수 금오산

해를 머금고 있는 천혜의 도량

여수 금오산 향일암전남문화재자료40호, 남해에서 으뜸가는 관음기도도량이다.

해를 바라본다하여 붙여진 향일암이라 전제하면서도 자세히 살피면 해를 머금고 있는 사찰임을 강조하는 향일암의 첫마디 변이다.

남해 보리암, 낙산사 홍련암과 강화도 보문암을 포함한 우리나라 4대 해수관음도량으로 꼽히기에, 따라서 수많은 불자에다 관광인파가 철철이 북적댄다. 한때 잿더미가 됐던 향일암이었다. 우리 기억에서 생생한 가운데 전국 곳곳의 불심이 하나 돼 복원됐다는 소문 또한 세간에 알려져 손님맞이에 분주한지가 벌써 오래다.

2009년 12월 20일 난 화재로 앗아갔던 향일암이 복원된 그 무렵부터 나로선 근 다섯 해만에 세 차례나 온 셈이다. 지금의 이 돌계단을 반듯반듯 융단대리석으로 깔고 매끄럽게 가꿔놓은 주변 환경이 새로운 절길 느낌이다.

　여수10경 향일암은 돌산도 끝자락이자 남해바다 지평선 저 멀리까지 가득 담았기도 하거니와 금오산의 기암괴석 절벽과도 잘 어우러졌다.

　아름드리동백나무 군락지로 이룬 금오산 역시 그 형상이 마치 금거북이가 경전을 등에 업고 훤히 펼쳐진 남해바다 용궁으로 드는 모습과 같다하여 풍수지리 상 붙여진 이름이라 한다. 크고 작은 거북이 등 바위의 표면을 향일암 주변에서 볼 수 있다. 이 같은 바위 표면이 용암이 냉각될 때 줄어든 체적이 육각 또는 오각형의 주상절리가 된다는 자연현상이다.

　향일암의 창건연대가 정확하지 않다하나 여수시관광문화편에서 644년 원효가 원통암이란 이름으로 창건한 것으로 적고 있으며 향일암을 드는 관문안내판에서도 또한 같다. 여수시가 표기한 의장왕 13년은 바로 잡아야할 부문이다.

　고려 때 윤필대사에 의해 금오암으로 고쳐 불리다 1715년 인묵대사가 남해바다 수평선에서 떠오르는 해돋이 풍광에 매료돼 옮겨오면서 고쳐 부른 게 오늘의 향일암이다.

　바로 원효가 창건했다는 원통암에서 옮겨 옴인데 두 관음전에서 가장 위쪽 관음전이 원통암 자리였다 한다.

　전설에서 향일암을 들고나는 일곱 바위동굴이나 틈새를 모두 통과하면 한 가지 소원은 반드시 이룬다고 전해지고 있는데 그 중 하나인 해탈문에 비견되는 좁다란 석문을 비집고 들어선다.

　누구보다 기회 닿으면 가 본 곳이라 하여 마다않는 나다. 누구와 가느냐에 따라 새 의미부여가 있기에다. 그리고 보니 오늘까지 이 석문만을 네댓 번 통과한 것이고 보면 담뿍담뿍 내 가슴에 담기는 듯한 '소원성취' 네 글자가 오물오물 거려진다.

　내게 소원은 무엇보다 이 책이 곧 시중에 나갈 텐데 많은 애독자가 있어야 한다. 불자를 망라한 불교신도 모두에게 읽혀져야 한다. 산을 찾고 절을 찾고 자연의 숨소리를 가까이 하거나 짙은 감성을 지녔다면 더더욱 읽을 것이다.

　석문을 빠져나와 아담하고도 산뜻하며 나의 가슴마저 푸근하게 하는 원통보전 마당에 들어선다. 향일암의 대웅전 격이다. 화재로 소실되기 이전엔 대웅전이었다.

　"절 마당 앞으로 탁 트인 남해의 지평선을 말로 다 형용할 수 있을까?" 내게 묻는 물음이다. 그때마다 하나같다함은 이곳에 서면 인묵 대사가 남해바다 해돋이 풍광에 매료돼 향일암으로 고쳐 불렀다는 그 감응에서다.

　시원스럽게 펼치는 드넓은 앞바다에 보이는 섬이 부처가 머물렀다는 세존도인가 싶다. 그 왼쪽 하나의 섬이 중생의 소원이 이루어지도록 기원하는데서 비롯된 감응도, 반대 편 오른쪽은 미타도로 보이는데 아미타불이 중생을 교화하고 구제하려 여러 모습으로 변해 세상에 나타났다는 섬이다.

　향일암 새해 해맞이는 우리나라에서 가장 각광받고 있다. 새해 문턱에 이르면 전국 방방곡곡에서 수많은 인파가 여수를 찾고 이곳 향일암에 몰려든다. 관음기도도량 향일암에서 새해소망을 빌면 반드시 소원을 이룬다는 때문이다. 곧 이곳 새해맞이 축제행사에서 저마다 뜻을 이룰 것이다.

　불타기 전 대웅전 벽체단청은 순금이었다 한다. 무려 5킬로그램

1333돈이나 되는 거금으로 칠해진 황금사찰이었다는데 상상만으로도 놀랍다. 그래서 복원된 원통보전에서 금단청을 대하지 못하는 아쉬움은 자못 크다.

마침 불사 봉사에 매달려 진종일 바쁜 가운데서도 한 보살은 이렇게 들려주었다.

"새 원통보전이 들어서기까지 터다지기와 뒤뜰 대리석 쌓기에 있어서 갖은 고초가 따랐다. 그러는 사이 여러 해가 훌쩍 지나기도했으나 마침내 2012년 5월, 복원공사를 마무리하게 됐다."

미처 묻지 못한 하나가 있다. 절을 복원하는 그 시기까지도 방화냐 누전이냐는 화재원인이 안개속이었다는데 원인이 밝혀졌는지 하는 궁금함이었다.

새 원통보전 현판이 새로이 등장한 법당 안으로 모두 든다.

기도효험 특별하다는 향일암

관음성지 향일암에 사부대중이 외는 기도소리가 1년 365일 내내 가득하다는 소문만큼이나 이 저 법당에서 '관세음보살' 소리가 가느다란 음률을 타고 끊임없이 배어나온다.

향일암의 기도효험이 특별하다함은 어떤 어려움이나 괴로움에 있는 중생들이 관세음보살을 외며 의지하며 마음속에 간직하고 공경하면 고난과 불행에서 벗어나고 해탈을 얻는다는 데서다.

그런지 '아침에 관세음을 외고 저녁에 관세음을 외면서 부처 본래의 마음자리에서 떠나지 않는다면 사람이 고난에서 벗어나고 고난이 내 몸에서 떠나 온갖 재앙은 사라질 것이다.' 자꾸만 빠져드는 자아이게 한다.

기도 공덕이 원만히 회향하기까지 마음자세가 가장 중요하다는 것은 우리네 몸에 배여서다. 그 마음가짐의 첫째가 믿음이다. 기도로써 부처의 가피가 내게 주어진다는 깊은 믿음이며 참회함은 더욱 그렇다. 평소 우리 자신의 삿된 생활에 대한 반성을 기도와 더불어 자신의 마음을 비우는데 있다. 나 또한 주변의 이웃 모두에게 자비로써 베푸는 것임을 뇌는 두 손 합장이 쉬이 풀리지 않는다.

앞에서 살짝 짚었듯 향일암에는 관음전이 둘 있다. 가장 위쪽 관음전은 원효가 이곳에 수도할 때 친견했던 관세음보살을 모신 전각이다. 또 하나 아래쪽은 천수관음전인데 용왕전이라고도 한다. 주된 불상 관세음보살은 해상용왕과 남순동자를 곁에 두고 있다. 천개의 손과 귀로써 모든 중생의 괴로움을 구제한다는 천수관세음보살과 용왕을 두었음을 보면 이 지역이 바다를 끼고 어획을 하는 만큼 풍어를 기원하고 고기잡이에 나선 가장의 무사를 비는 중생들의 기도처였던 것이다.

'해상용왕은 관세음보살의 오른편에 둔 보살이고 남순동자는 그 반대편 보살이다.'

해수관세음보살이 바다를 바라다보고 있다. 온종일 일으킨 몸으로 바다를 향하고 있음은 중생들을 무한하게 살피고 있음이다.

원통보전 뒤 암벽이 금오산의 또 하나 성전이라 할 경전바위다.

두부모처럼 생긴 큰 바위가 일명 불경바위다. 이 바위에 전해져 오는 전설이 있다. 옛날 원효가 수도를 끝내고 향일암을 떠날 때 가져갈 수 없는 많은 불경 책을 공중으로 날렸더니 멀리가지 못한 책이 이곳 바위가 됐다. 바위를 한 사람이 흔들던 열 사람이 흔들던 그 흔들림의 정도는 다르지 않으며 한 번 흔들림은 한 권의 경전을 읽는 공덕과도 같다.
 은은함의 풍경소리를 마곡사부터 들어왔건만 여기 향일암의 풍경소리는 나름 다르다. 오후에 비치는 태양의 따스함마저 더해 원효가 망망대해를 바라보며 참선했다는 좌선대에 나를 앉게 했다.

 나는 이번 여수 향일암에 오르기 전 많은 것을 담아왔다.
 여수하면 명진 박수관 거사를 말하지 않을 수 없음이다.
 여수에서도 자그마한 섬 남면 출신인 명진거사는 고향 여수를 잠시도 잊어본 적 없다는 걸 우리들이 지켜봄이다. 수백억대에 이르는 기부천사인지는 오래다.
 여수시민들이 명진한마음봉사회를 모르는 이 없다함은 수십 년 세월이도록 그늘진 이웃 찾아 한결같은 마음을 쏟은 명진거사를 그 중심에 두기 때문이다.
 명진한마음봉사회는 올해도 수많은 사업을 펼쳤다. 그 가운데 최대명절인 설과 추석이면 사랑의 쌀을 나누고 장학금을 전하는 깊이가 보통 상상을 초월하지 못할 정도다.
 장애인을 비롯해 저소득층 나아가 장애인시설과 고엽제전우회에 손길을 뻗치고 고향 땅 남면에까지 온정의 마음을 전하는 것은 물론이다. 이러기를 그 시작이 1984년부터였다니 좌선대에 앉은 나를 꿈쩍이지 않게 했다.
 꿈쩍하지 않게 함은 명진거사의 베풂이 줄줄 이어짐에서다.
 올해 대학생 50명을 장학생으로 선발하여 한 학기 등록금을 장학금으로 지원했다. 이들의 장학생이 기준성적을 유지한다면 졸업 때까지 학비 걱정 없는 학업이도록 지원한다는 것이다.
　명진거사의 여수사랑은 대단하다. 여수관광발전을 위해 여수밤바다불꽃축제 첫 시동을 걸었다. 만만찮은 사업비 가운데 거의 절반을 명진거사의 쾌척으로 사업이 시작됐고 지난 8월 이틀 간 한여름 여수밤바다를 뜨겁게 달궜다.
　또 하나, 여수지역 봉사문화 확산을 위해 올 부터 매년 이어지는 여수자원봉사문화대상 또한 명진한마음봉사회가 주최가 돼 거금의 시상금이 주어진다.
　명진거사의 고향 땅 여수에 발 닿아 오늘도 한참을 젖는다.
　부산도 여수에 못잖게 따뜻한 온정을 쏟아 붓는 그는 불가에 표상이다.
　법정스님의 수제자란데 이론이 없다. 법정스님의 숭고함을 잇는 맑고 향기롭게 부산모임을 이끈 지가 이십 성상이 훌쩍 넘었으며 조계종부산불자회 역시 반석을 깔고 도반의 긍지를 심는 그 중심에 있은 지도 무척 오래다.
　베트남과 인도네시아에서도 신발소재를 개발하고 생산하는 글로벌 기업가이자 베트남명예총영사로 민간외교에까지 혼신의 힘을 쏟는 명진거사에 대해 우리는 다시금 조아려본다. "우리라 함은 이 자리 조계종부산불자회 도반은 물론 헤아리지 못할 만큼의 사부대중이요, 여수시민이고 부산시민이라 한다면 지나침인가요?" 결코 아니다.

　좌선대 자리를 털고 일어난다.
　불교의 생활화, 불교의 대중화, 불교의 현대화를 모토로 내건 부산불교교육대학으로 하여금 마곡사 풍경소리를 듣는 첫 시작이 됐다.

그리고 「산사의 풍경소리❶」 종편이 되는 향일암을 조계종부산불자회가 대미장식의 그 중심이다.

한때 불교 도반으로 한 걸음을 걸었던 그를 내려놓았어도 간간이 떠올려진다.

이젠 허무에서 벗어나 '색즉시공공즉시색' 하나만으로 조용한 걸음 한걸음씩 내려딛는다.

「산사의 풍경소리❷」를 향해 간다.

살핀 문헌

일연 지음 김원중 옮김 『삼국유사』 민음사, 2014
『한국불교사찰사전』 불교시대사, 1996
조용헌 『휴휴명당』 불광출판사, 2015
월간불교문화
국립문화재연구소 한국금석문 종합영상정보시스템
대한불교조계종 간행 불교신문 구독(2010년~현재)
사찰 안내리플릿 및 책
유홍준 『나의 문화유산답사기2』 창비, 2014
유홍준 『나의 문화유산답사기3』 창비, 2014
『한국사찰사전』 이화문화출판부, 1994
문화재청 문화유산정보
서문 성 『사찰이야기1』 미래문화사, 2006
서문 성 『사찰이야기2』 미래문화사, 2007
이철헌의 한국불교사
지방자치단체 관광정보
지방 향토지

절 홈페이지

갑사	개암사	골굴사	기림사	내소사	능가사	대원사	대승사
도리사	도림사	동화사	마곡사	미황사	백련사	부석사	불국사
사성암	석굴암	석남사	선석사	신원사	선운사	쌍봉사	안심사
옥천사	운문사	운주사	운흥사	월정사	유가사	은해사	중대사자암
직지사	축서사	향일암	흥국사				

『산사의 풍경소리 ❶』 함께한 단체

조계종부산불자회	부산문인협회
부산불교교육대학총동창회	부산가산문학협회
로터스불교대학총동창회	영일정씨부산종친회
부산영호남문인협회	부산불교교육대학
연제문인협회	로터스불교대학
(사)맑고향기롭게부산모임	부산불교문인협회
부산불교대학봉사단	부산수필문학협회

정훈교 작가가 엮는
산사의 풍경소리 ❶

인쇄일 2016년 12월 17일
발행일 2016년 12월 26일

지은이 정훈교
펴낸이 박철수
펴낸곳 도서출판 해암

등록번호 제325-2001-000007호
주소 부산시 중구 백산길 17 삼성빌딩 702호
전화 051)254-2260, 2261
팩스 051)246-1895
메일 haeambook@daum.net

ISBN 978-89-6649-112-4 04810
      978-89-6649-111-7 (세트)

값 20,000원

*본 도서는 2016년 부산문화재단 지역문화예술육성지원사업의 일부 지원으로 제작되었습니다.
*이 도서의 국립중앙도서관 출판예정도서목록(CIP)은 서지정보유통지원시스템 홈페이지(http://seoji.nl.go.kr)와 국가자료공동목록시스템(http://www.nl.go.kr/kolisnet)에서 이용하실 수 있습니다. (CIP제어번호: CIP2016030805)